Die WARE Landschaft

2. Auflage 1978

© 1977 by Residenz Verlag, Salzburg · Alle Rechte,
insbesondere das des auszugsweisen Abdrucks und
das der photomechanischen Wiedergabe, vorbehalten
Printed in Austria by R. Kiesel, Salzburg
ISBN 3-7017-0183-0

Die WARE Landschaft

Eine kritische Analyse des Landschaftsbegriffs

Herausgegeben von
FRIEDRICH ACHLEITNER

Residenz Verlag

Inhalt

Vorwort

Der Titel „Die WARE Landschaft" ist absichtlich provokant, und natürlich trifft er nur einen Teil des Themas Landschaft, wenn auch einen heute entscheidenden. Das Buch liegt im Spannungsfeld zwischen Ästhetisierung, Mystifizierung, Ideologisierung, Verkitschung, Ausbeutung und Vermarktung von Landschaft und hat eigentlich nichts anderes vor, als unseren Begriff von Landschaft unter die Lupe zu nehmen und mit Nachdruck auf dessen Wirkungen hinzuweisen.

Der Herausgeber hatte nicht den Ehrgeiz, ein umfassendes oder gar vollständiges Buch vorzulegen, die ersten Besprechungen mit den Autoren hätten auch ähnliche Illusionen sofort zerstört. Das Thema, das sich auf Distanz so harmlos zeigte, hatte in kurzer Zeit schwer überschaubare Dimensionen angenommen. Eines stand jedenfalls von vornherein fest: Landschaft ist heute ein Reizwort geworden. Überall, wo es auftaucht, erzeugt es Spannung, spontan werden Positionen bezogen, und es gehen, um bei einem alpinen Bild zu bleiben, gleich Lawinen von Emotionen nieder. Es handelt sich hier ausdrücklich um Landschaft, nicht um Umwelt. Es geht auch nicht um eine wissenschaftliche Analyse unseres Lebensraumes, nicht um eine Formulierung von „objektiven Tatsachen" oder „allgemeingültigen Qualitäten", sondern um Begriffe, Anschauungen, Deutungen, Vorurteile und Reaktionen.

Trotz der thematischen Einschränkung mußten auch im näheren Bereich einige Gebiete unberücksichtigt bleiben. Aus der Nachbarschaft der Architektur fehlt ein Beitrag über Gartenkunst, aus dem Bereich von Literatur und Kunst ein Essay über Photographie und Film, außerdem konnte die ganze semantische Ausbeutung von „Natur" und „Natürlichkeit" nicht behandelt werden, also der ganze Komplex Werbung bis zum Phänomen Kitsch.

Das Buch ist in drei Teile gegliedert: Im ersten kommen Soziologie, Semantik, Literatur, Kunstgeschichte, Architekturtheorie und die Kunst selbst zu Wort, es wird das Terrain abgesteckt und der Begriff Landschaft in seiner vielfältigen kulturgeschichtlichen Verflechtung aufgespürt.

Im zweiten Teil wird eine konkrete Konfrontation gesucht: Stadt und Land Salzburg zeigen sich geradezu als Modellfälle für die Darstellung der Probleme. Natürlich könnte jedes österreichische Bundesland als Beispiel dienen, aber in keinem ist vielleicht die Diskussion um diese Frage so weit gediehen. Der dritte Teil bringt noch eine Vertiefung in Richtung Wirtschaft, Politik, Technologie und Gesetzgebung, aber auch eine Kritik verschiedener Phänomene und Entwicklungen.

Das Buch möchte in erster Linie eine Diskussion eröffnen, die über die so heile Welt der allgemeinen Umwelt-Diskussion hinausgeht, die es auch wagt, die fast tabuisierten Bereiche des Natur-, Landschafts- und Denkmalschutzes zu hinterfragen. Die Betonung liegt auf „fragen".

Der heutige Landschaftsbegriff ist zwar nirgends formuliert, er wird aber in Form von baulichen Entscheidungen in unserem Lebensraum überall sichtbar. Wenn wir der Meinung sind, daß sich etwas ändern oder bessern sollte, so müssen wir zuerst diese Ursachen aufspüren und die Aufmerksamkeit der Öffentlichkeit darauf lenken. Nicht mehr und nicht weniger wurde hier in diesen Beiträgen versucht.

Friedrich Achleitner

LANDSCHAFT
Ästhetisches Objekt oder Produktionsstätte? Mythos oder Zeichensystem? Gegenstand der Träume oder Ausbeutung?
Natur oder Menschenwerk? Illusion oder Lebensraum?

LUCIUS BURCKHARDT

Landschaftsentwicklung und Gesellschaftsstruktur

Die Landschaft scheint ein alltägliches Ding, das uns entgegentritt, sowie wir aus dem Eisenbahnfenster schauen, und dessen Abbild in großen Auflagen die Prospekte unserer Fremdenverkehrsorte schmückt. Daß wir aber die vielen und verschiedenen Dinge, die uns umgeben, das verschneite Feld mit den Zaunstummeln, den Rauch des Fabrikschlotes, der allmählich in den Abendwolken aufgeht, und die Gruppe der heimkehrenden Arbeiter mit ihren blauen Schirmmützen als eines, als „Landschaft" sehen, daß wir über die Summe dieser verschiedenen und informationsreichen Phänomene beruhigt den Begriff der „Landschaft" stülpen können wie einen Kätscher, mit dem wir Kleintiere aller Art gefangen haben, dieses Kunststück hat ideologischen Charakter. Nicht in der Natur der Dinge, sondern in unserem Kopf ist die „Landschaft" zu suchen; sie ist ein Konstrukt, das einer Gesellschaft zur Wahrnehmung dient, die nicht mehr direkt vom Boden lebt. Diese Wahrnehmung kann gestaltend und entstellend auf die Außenwelt zurückwirken, wenn die Gesellschaft beginnt, ihr so gewonnenes Bild als Planung zu verwirklichen.

Bei unseren Gedanken zur Landschaft als gesellschaftlichem Phänomen geht es darum, die Spiegelung der Landschaft im Bewußtsein der Gesellschaft aufzuspüren, also etwas auszusagen über die gesellschaftliche Bedeutung oder die „Sprache" der Landschaft. Diese Sprache ist, wie jedes Zeichensystem, einer Entwicklung und einem Verschleiß unterworfen, die Hand in Hand gehen mit den Strukturveränderungen der Gesellschaft. Wir selber beeinflussen, indem wir Landschaften gestalten, die Entwicklung ihrer Bedeutung und Aussage; und wenn wir diese Tatsache nicht in unsere Pläne einkalkulieren, so kann es geschehen, daß unsere Planungen falsch oder vergeblich sind. So

berichtet Helmut Krauch aus Japan, daß die Regierung in dem beliebten Ausflugsgebiet um den Fuji Yama, das die anstürmenden Touristen kaum mehr fassen konnte, eine entsprechende Infrastruktur von Straßen, Rasthäusern und Versorgungseinrichtungen geschaffen hat, worauf es mit der Beliebtheit dieses Ausflugsziels, insbesondere bei der jüngeren Generation, vorbei gewesen sei.

Wie die Bedeutung aller Zeichensysteme, so muß auch die gesellschaftliche Aussage der Landschaft gelernt sein. Es gibt keine naive Beziehung zur Landschaft vor aller Gesellschaft, es sei denn die des Ausbeuters zu dem Auszubeutenden. Der Naive kann die Landschaft nicht sehen, denn er hat ihre Sprache nicht gelernt. Oder, um es mit dem tiefgründigen Satz des Medienforschers Marshall McLuhan zu sagen: „Environments are invisible"; – die Landschaft ist so unsichtbar, wie die Sprache unhörbar ist; sichtbar oder hörbar sind nur Farben und Laute, aber die Erscheinungen, die sie in den Sinnen der Empfänger hervorrufen, müssen erst erforscht werden. Ist es ein Zufall, daß der erste Schilderer der Landschaft blind war – Homer?

Wenn wir so die Landschaft als ein Zeichensystem, eine Sprache betrachten, und dieses nicht in einem allegorischen, sondern einem wörtlichen Sinn, so geraten wir sogleich in Schwierigkeiten über die Frage, welches nun dabei das Darstellende und welches das Dargestellte sei. Daß die Landschaft natürlich sei und kein Menschenwerk, kann in den uns umgebenden Gegenden nicht behauptet werden. Andererseits wäre es auch falsch zu sagen, das Artefakt der Landschaft sei bewußt und zum Zwecke einer Aussage gestaltet worden. Weder also kann die Landschaft das Objekt oder Motiv, noch kann sie der Inhalt ihrer Aussage sein.

9

Gerade dieses aber macht den gesellschaftlichen Charakter der Bedeutung der Landschaft aus: daß die Aussage nicht im Objekt selbst, sondern in seiner kulturellen Interpretation, im Kulturgut liegt, durch das wir die Landschaft sehen und verstehen lernen. Dieses Kulturgut nun besteht zweifellos aus den kulturellen Leistungen der Dichtung und der Malerei, zum überwältigenden Maße aber reicht es in die abgesunkenen Bereiche hinein, welche den Massen der Menschen zugänglich sind: in die Urlaubsprospekte, in die naiven oder sentimentalen Lesebuchtexte, in die Landschaftsschilderungen des Trivialromans und in die billigen Öldrucke, wie sie in Hotelzimmern zu sehen sind.

Wenn wir uns nun bemühen, die Landschaft wörtlich und nicht nur paradigmatisch als Sprache zu betrachten, so müssen wir gleich die Erkenntnis der modernen Semiotik beifügen: Es gibt kein Lexikon. Ein solches Lexikon – Zypressen sind traurig, Birken fröhlich, Felsen heroisch, blühende Obstbäume friedlich usw. – wäre nicht nur beckmesserisch und abgeschmackt, sondern auch rasch konsumiert. Wie rasch hat sich beispielsweise die Bedeutung von Fels und Eis als äußerster Schrecklichkeit zerschlissen und aufgelöst in der allgemeinen Lustbarkeit von Winterferien im Skigebiet!

Grammatik und Wortschatz der Landschaft entstammen den dichterischen Anfängen unserer Kultur. Die römische Dichtung der Kaiserzeit nimmt den von Homer geschaffenen Kanon auf und transportiert die sizilianische Kulturlandschaft in ein halbgöttliches Nirgendwo: Arkadien. Das Mittelalter nimmt den so etablierten Schatz an Anordnungen auf und verfestigt die Requisiten der Quelle, des schattigen Baumes, des Röhrichts, aus welchem der Hirte die Flöte schneidet, und der mittags schlafenden Herde, die so friedlich ist, daß selbst der Löwe ihr nichts antun will. Was wir mit modernen Ausdrücken wie „Sprache", „Zeichensystem" usw. beschrieben haben, war wohl allen Lesern früherer Generationen, insbesondere den Verfassern der mittelalterlichen

Poetiken, Topiken und Rhetoriken in anderer Form bekannt. Die Kenntnis davon, daß die geschilderte und wahrgenommene Landschaft nicht ein natürliches, sondern ein von der Gelehrsamkeit und von der Poesie geschaffenes Gebilde ist, verwischte sich erst durch die moderne Verwechslung von Landschaft und Natur. Man ist geneigt, diese Verwechslung Jean-Jacques Rousseau zuzuschreiben; zu Unrecht, wie wir sehen werden. Wir möchten nun im folgenden noch einige Blicke in die Entwicklung des Verhältnisses der modernen Gesellschaft zur Landschaft werfen.

In England kehrten sich im 17. und im 18. Jahrhundert die überkommenen Verhältnisse um: Die Stadt, bisher Ort des Verbrauchs der in der Landwirtschaft erworbenen Reichtümer, wird nun selbst der Ort der Bereicherung. Die Landgüter, die vorher dem in der Stadt sich vergnügenden Herrn das Einkommen zu liefern hatten, werden damit zu Lustgärten, in welchen das in der Stadt gewonnene Geld für Liebhabereien verausgabt wird. Grundlage davon ist die Enclosure, die Umzäunung, welche die Bauern von den Gütern ausgeschlossen und zu billigen Arbeitskräften der städtischen Industrie gemacht hatte. Somit war die bäuerliche Landschaft der Güter nur noch eine Darstellung. Damit aber die Darstellung von ihrem Dargestellten unterschieden, ja, damit sie überhaupt erkannt werden konnte, bedurfte sie eines Stils: des arkadischen Klassizismus. Die Geschichte des englischen Gartens soll hier nicht nachskizziert werden. Sie führt von den ersten Versuchen Lord Burlingtons und seines Gestalters William Kent bis zu den Höhepunkten der Colt Hoare (Stourhed House) und Child (Osterley Park). Das literarische Beiwerk liefern Alexander Pope und Horace Walpole. Bemerkenswert ist das Ausmaß an Gelehrsamkeit, welches dazu aufgewendet wird: die Sichtbarmachung der bäuerlichen Landschaft Englands durch die Anspielung auf die arkadischen Paradiese des alten Italien. Horace Walpole hat Mühe, die ökonomische Basis dieser Wende seinen adeligen Freundinnen klar zu machen: eine halbe Acre in der Londoner City, das ist das Rittergut, und das Stadtschloß liegt auf dem Lande ... So schildert er die Verhältnisse des Banquiers Child.

Wir sagten, die Verwechslung der gestalteten Landschaft mit der Natur werde oft Jean-Jacques Rousseau in die Schuhe geschoben. Kein Leser seiner „Nouvelle Héloïse" wird sich dieser Beschuldigung anschließen. Wohl hat der elfte Brief des vierten Teils dieses Romanes in Briefen die englische Gartenmode recht eigentlich ins französische Sprachgebiet gebracht und den Besitzer von Ermenonville zur Anlage eines Naturgartens angeregt. Bei genauer Lektüre aber erkennt man die raffinierte Dialektik, die Rousseau zwischen Zierde und Nützlichkeit, zwischen Kunst und Natürlichkeit entwickelt. Der Garten vor dem Schlosse ist die Domäne des Herrn: hier hat der Gatte der Baronin einen ererbten Monumentalgarten in einen Nutzgarten umgewandelt: an die Stelle der nutzlosen, aber leicht in große Formen zu schneidenden Roßkastanien pflanzte der junge Herr Maulbeerbäume und regte so die Bauern der Gegend zur Seidenzucht an. Der Genuß der schönen Anlage ist nun angereichert mit dem philanthropischen Gedanken, einer Bevölkerung neuen Verdienst zugeführt zu haben. Der Leser wird im Glauben gehalten, damit das eigentliche Gartenideal Rousseaus vor Augen zu haben, bis die Baronin den Besucher durch ein enges Pförtchen hinter das Schloß in den ehemaligen Nutzgarten führt. Hier ist das Umgekehrte geschehen: der Nutzgarten wurde in einen Ziergarten umgewandelt. Die kunstvolle Verwilderung wird in allen Details geschildert: Waldreben wurden gepflanzt und über die Obstbäume hingeführt. Ein entferntes Bächlein wurde in seinem Lauf geändert und durch den Garten geleitet. Das Obst, das dennoch reift, darf nicht gepflückt werden und soll den Vögeln als Anreiz zum Aufenthalt dienen. Um vollends jeden Zweifel an der Künstlichkeit dieser Natürlichkeit zu zerstreuen, werden selbst die hohen Kosten dieser Anlage erwähnt.

Goethe hat vor allem das Unnütze dieser scheinbaren Nützlichkeit beschäftigt, und er sah darin einen der Anlässe der Revolution. Das Drama „Die Aufgeregten" läßt zwar die revolutionäre Partei nicht eben im besten Licht erscheinen: bürgerlicher Stolz wird aber immerhin Louise, der Gouvernante, zuerkannt, die den Naturgarten der Gräfin mit Mißbilligung betrachtet. Es ist der Anblick des wirklichen Nutzens, der die Augen des bürgerlichen Standes erfreut, der, wie Louise doppeldeutig bemerkt, „an's Notwendige zu denken hat". Das Notwendige: an das für den finanziell bedrängten Stand Nötigste, oder aber: an die Lebensgrundlage für alle Stände ...

In burlesker Weise befaßt sich Goethe mit dem Paradoxon der geschaffenen Natur des Landschaftsgartens. Die beiden heterogenen Teile seines „Triumphs der Empfindsamkeit" waren vermutlich zu separater Verwendung bestimmt; schließlich hat sie Goethe zu einer unterhaltsamen Charade zusammengefügt. Zentrale Figur des einen Teils ist die Höllengöttin, die von einem verstorbenen englischen Lord dazu überredet wird, die Hölle in einen Landschaftsgarten umzuwandeln. Den anderen Teil beherrscht ein empfindsamer Prinz, dem der Ruf vorausgeht, die Natur zu lieben. Zu seinem Empfang wird gleich ein Picknick im Walde arrangiert, was der Prinz aber als durchaus abgeschmackt empfindet. Seine Natur führt er vielmehr in seinen vielen Kisten und Koffern mit sich, in welchen sprudelnde Quellen, der Gesang der Vögel und Mondschein, also die Requisiten des lieblichen Ortes, verpackt sind.

Der bürgerlichen Philosophie Immanuel Kants gelang es schließlich, in der Dialektik zwischen dem Unnötigen und dem Nützlichen den Grundstock der Ästhetik zu finden. Unter den Künsten, welche Kant in seiner „Kritik der Urteilskraft" heranzieht, steht die „Lustgärtnerei" obenan: sie allein entspricht in vollkommenstem Maße jener Forderung, zweckmäßig und zugleich ohne Zweck zu sein. Sie allein kann, um es mit etwas moderneren Worten zu sagen, Zweck darstellen, ohne solchen zu haben. Damit hat sich auch das künstlerische Produkt von seinem Bewunderer entfremdet: Während noch in den „Aufgeregten" die Tochter der Gräfin auf nichts anderes sinnt, als im neugeschaffenen Naturpark einen Hasen zu erlegen, ist nun der Weg zu jener nur noch sachwalterischen Haltung gegenüber dem Grundeigentum geöffnet, die später die Helden von Stifters „Nachsommer" auszeichnen sollte.

Nachdem wir einige Grundlagen des abendländischen Landschaftsverständnisses aufgezeigt haben, möchten wir im folgenden einige weniger harmlose Kapitel der weiteren Entwicklung im 19. Jahrhundert berühren. Dabei fällt vor allem auf, wie in diesem Zeitraum die Dialektik zwischen Natur und Landschaft weitgehend zu spielen aufhört und eine eigentliche Verwechslung zwischen dem organisch Gewachsenen und dem Artefakt stattfindet.

Das erste Kapitel könnten wir überschreiben mit *die Ideologisierung der Natur*. Hier wird die – „unberührte" – Natur dem Menschen gegenübergestellt oder, anders ausgedrückt: der Mensch wird aus der Natur herausgenommen, so daß er sie nun als ein Fremder betrachten kann. Der lehrreichste Vorgang in dieser Entwicklung ist die Entdeckung der Alpen. Nachdem jahrhundertelang die Alpen dem unfreiwilligen Besucher Furcht und Schrecken eingeflößt hatten, werden sie nun Stück um Stück nicht nur erschlossen, sondern zum landschaftlichen Schönheitsideal erhoben. Wie Jahresringe schreitet die Entwicklung voran und ist in den hinterlassenen Prospekten und Kupferstichen nachzuvollziehen: Es beginnt mit den tiefliegenden Gebirgsseen, Vierwaldstättersee, Thunersee, Brienzersee, steigt dann einige Jahre später auf die ersten Anhöhen, es folgt die Serie der Wasserfälle, Staubbach, Gießbach; dann erscheinen die Schluchten und nach ihnen die höhergelegenen Täler der Voralpen; eine nächste Stufe wird erklommen mit den großen Hochtälern der Alpen: widerwillig und auf ärztlichen Rat hin zunächst Davos, kurz darauf aber schon freiwillig das Oberengadin. Es bleibt

nun die Zone oberhalb der Baumgrenze, die eigentliche Alp und darüber der Fels und das Eis; war diese einmal erklommen und dem europäischen Schönheitsideal einverleibt, so stand auch der Vermarktung des Winters nichts mehr im Wege.

Diese Entwicklung vollzog sich auf dem Hintergrund entsprechender Lektüre: Darwin lehrte die Entstehung und Erhaltung der Arten unter den Bedingungen der Grausamkeit der Natur; Nietzsches Heroismus ist mit der Landschaft von Sils verbunden; Patriotismus und Nationalismus entbrannten am Heldentum der Schweizer und Tyroler Bergbauern; ein seiner industriellen Grundlage entfremdetes Bürgertum predigte gemäß solcher Klischees das einfache Leben. Aus der Verwechslung von Landschaft mit Natur und der Forderung der unberührten Grausamkeit dieser Natur entstand in der Schweiz die Gründung des Nationalparks: In dem hochalpinen Terrain sollten die Gewalten der Natur, vor dem Menschen geschützt, ungestört miteinander ringen, Bäume im Sturme fallen, Gemsen dem Lawinentod ausgeliefert sein. Leider tut die so losgelassene Natur dem Menschen nicht den Gefallen, ein natürliches Gleichgewicht herzustellen, und seit Jahren ist die „Natur" nicht durch den Menschen, sondern durch die zuwandernden Hirsche bedroht.

Das zweite Kapitel, die *Manipulation des Naturbildes*, beruht auf dem Paradox, daß die Natur ja doch auch besichtigt und zu diesem Behufe erschlossen werden muß. Der Mensch kann der Natur nicht gegenübertreten, ohne sie zu verändern. Irgendwo zwischen Bauernhaus und Schloß etabliert sich die Architektur des großen Gebirgshotels. Seine Lage bestimmt, was an diesem Kurort als „Natur" geboten werden soll. Den jeweiligen Kanon des lieblichen Ortes bestimmt die Postkarte; so schaffen Grandhotel und Postkarte die für den jeweiligen Zeitpunkt aktuelle Ausdruckssprache der Natur. Neue Symbole entstehen: die Alpenrose, das Edelweiß; die Sympathie wendet sich von der siegreichen Art ab und der bedrohten zu; der Tourist verursacht das Aussterben des

Edelweiß und bewahrt dieses gleichzeitig davor.

Damit entsteht die (von Enzensberger* entdeckte) Dialektik des Tourismus: Der Besucher zerstört durch seine Anwesenheit die Einsamkeit, die er aufsucht. Der Tourismus verschleißt sich fortwährend, immer neue Orte werden von der modischen Avantgarde aufgesucht, vom großen Troß der Mitläufer überschwemmt und schließlich wieder dem wirtschaftlichen Absinken anheimgegeben. Tourismus wird zum Spekulationsgeschäft. Wer aufstrebende Orte entdecken kann, ist ein gemachter Mann. Mit dem Mittel des Wochenendhauses ist jedermann eingeladen, sich an diesem Reichtum zu beteiligen. Wer richtig einkauft, kann aus seinem Ferienhobby noch ein zweites Einkommen schaffen. Vielleicht gelingt es der Zukunft, in diesem hektischen Treiben einen gesunden Kern zu entdecken, nämlich die Anteilnahme des Ferienhausbesitzers an Landschaften, die von ihrer natürlichen Bevölkerung sonst verlassen würden ...

War schon die Entdeckung der Alpen nicht frei von Nationalismus, so erfolgt nach dem Ersten Weltkrieg nun die eigentliche *Politisierung der Natur*. Unter den nationalistischen Bewegungen, welche den Nationalsozialismus vorbereiten, bieten die „völkischen", die „bündischen" und die „Landvolkbewegung" je ihre besondere Interpretation der Natur und der Beziehung des deutschen Volkes zu ihr an. Franz von Wendrin erklärte im Jahre 1924 die alttestamentliche Paradiesvorstellung als Raub einer germanischen Überlieferung und verlegt das echte Paradies nach Mecklenburg, wobei Rügen und Usedom die Inseln der Seligen sind**. Den Boden, auf welchem diese Früchte und Ausgeburten schulmeisterlicher Gehirne wuchsen, bildete die deutsche Kulturkritik nach dem Muster von Langbehn, Lagarde und Moeller

* Hans Magnus Enzensberger: „Vergebliche Brandung der Ferne — eine Theorie des Tourismus", in: „Merkur" 8/1958
** Vgl. Armin Mohler: „Die konservative Revolution in Deutschland", 1950 und 1971

van den Bruck. Literarische Erscheinungen symptomatischer Art sind einerseits das „Einfache Leben" von Ernst Wiechert, welches dem im Nationalsozialismus kompromittierten Bürgertum die bequeme Illusion liefert, der Aufenthalt in der freien Natur bleibe selbst unter diesen Umständen unpolitisch; ferner Ernst Jüngers symbolistische Käfersammelei, deren Bezüge zur Grausamkeit der Autor selber darlegt. Inwieweit Rassenkunde und Antisemitismus mit in diesen ideologischen Komplex gehören, mag man in den „Erinnerungen des Herrn Dame" der hellsichtigen Gräfin zu Reventlow nachlesen.

Das einfache Leben in dieser zweiten Auflage, also die Verwurzelung des deutschen Volkes in der Scholle, brauchte Platz; infolgedessen eignete sich die Ideologie auch zur Erzeugung eines Volkes ohne Raum. Die Nachfolger der deutschen Kulturkritik, insbesondere Alfred Rosenberg und Paul Schultze-Naumburg forderten vom Nationalsozialismus eine ländlich orientierte Siedlungspolitik und als Konsequenz davon eine Expansion in den leeren oder nur von minderwertigen Rassen besiedelten Osten, eine Politik, die nur mit dem Verlust eben des Ostens enden konnte.

Nach dem Zweiten Weltkrieg und nicht zuletzt als Folge der Kriegsanstrengungen speziell der Vereinigten Staaten folgte eine Epoche der ökonomischen Expansion, welche auch nicht vor der *Rationalisierung* der Landwirtschaft und *der Landschaft* zurückschreckte. Nach amerikanischem Vorbild wurden jahrhundertealte Traditionen und Wirtschaftsweisen in Frage gestellt und die Landwirtschaft bis hinein in die Lebensweise des Bauern neu gestaltet. Hierzu gehörten vor allem die Monokultur und die Aufgabe der Selbstversorgung; der Bauer produziert nun nur dasjenige Produkt, welches in der von ihm besiedelten Gegend am besten gedeiht. Aufgelöst werden insbesondere die Nutzungskombinationen, die uns so vertraut waren: Aus dem Landschaftsbild verschwindet die Vielzahl der unterschiedlich getönten Äcker und Äckerchen; es verschwindet auch der Hochstämmler als Ausdruck der Kombination von Graswirtschaft und Obstbau. Vom Bauernhof verschwinden die Beigaben, gackernde Hühner, trocknende Maiskolben, der Schinken im Rauchfang: Was der Hof nicht hervorbringt, kauft die Bäuerin wie die Städterin im Laden. Diese Veränderungen versetzen der überkommenen Symbolwelt einen Stoß, den wir wohl noch nicht voll realisiert haben. Noch werden die Kinder mit Lesestoff erzogen, in welchem das Pferd beschlagen, das Korn auf der Tenne gedroschen und das Vieh vom Hirten gehütet wird. Welche Folgen dieser Verlust der vertrauten Symbolik in der Wirklichkeit haben wird, können wir nicht abschätzen. Wir haben oben angedeutet, daß der Ferienhausbesitzer unter Umständen partizipatorisch am Schicksal seines Wahlortes beteiligt werden kann. Es ist durchaus möglich, daß auf Hobbybasis die alte, für uns aussagekräftige Landwirtschaft weitergeführt wird.

Inzwischen hat *der Verschleiß der Landschaft*, wie wir ihn für das 19. Jahrhundert in den Alpen geschildert haben, weltweite Ausmaße angenommen. Mit Hilfe von Charterflugzeuggesellschaften werden die entferntesten Winkel der Erde nach Landschaften abgesucht, welche dem Auge noch einen Reiz bieten können. Mit dem Auftreten des immer gleichen Tourismus verliert sich die Exotik der besuchten Gegenden in rascher Folge. Weder die nordische Tundra noch der afrikanische Busch und schließlich nicht einmal mehr die urtümliche Welt der Galapagos-Inseln vermögen den Reiz des Neuen zu bewahren. Angesichts dieses Verschleißes stellt sich die zugleich bange und hoffnungsvolle Frage: Was kommt nachher?

Das vorläufig letzte Kapitel müßte als das der *Entdeckung der Umwelt* überschrieben werden. Dabei benützen wir das Wort Umwelt in dem Sinne, den es in den letzten Jahren angenommen hat: das uns tragende Ökosystem, das durch eine falsch wirtschaftende Gesellschaft seiner Nachhaltigkeit beraubt und damit zerstört wird. Beklemmend ist vor allem die Entdeckung, daß unsere westliche Gesellschaft eine Wirtschaftsweise und einen Lebensstandard angenommen hat, die, würden sie von allen Bewohnern der Erde geteilt, die ökologischen Ressourcen augenblicklich aufbrauchen müßten. Bleibt uns also nur noch ein „Zurück zur Natur", ein „einfaches Leben", das zu erreichen politische und wirtschaftliche Erschütterungen erzeugen würde, wie wir sie in den dreißiger Jahren erst erahnt haben? Oder wird die Entdeckung der bedrohten Umwelt von jenen mißbraucht, die darauf eine neue Technologie errichten und die Schäden an der Natur beheben anstatt an der Gesellschaft? Oder wird es dieses Mal der Menschheit gelingen, die ideologischen Schleier, wie sie sich vor der Natur und Landschaft errichtet haben, zu zerreißen und eine zugleich rationale und doch von ethischen Urteilen getragene Politik zu entwickeln?

Die Interpretation der Natur als einer Umwelt beruht auf der Vorstellung eines „Ökosystems", also eines Systems von Naturkräften, die sich, wenn im Gleichgewicht, nachhaltig und selbständig regenerieren. Darin, in dieser Interpretation der Natur als System, stecken zweierlei Gefahren, die beide bewirken können, daß sich die heutige Gesellschaft über die Folgen ihrer Handlungsweisen täuscht. Die erste: In der Tat wohnt unserer schönen Natur, insbesondere in der Alpenwelt, eine gewisse Stabilität inne. Der Artenreichtum der Pflanzen und Tiere und andere Faktoren sorgen dafür, daß Störungen aufgefangen werden und ein neues Gleichgewicht entsteht. Die Biotope außerhalb der gemäßigten Zone sind weit labiler; sie kippen rasch und endgültig um, wenn sie von Immissionen oder Bauwerken belastet werden. Nur bei uns konnte die Illusion entstehen, die Natur sei nicht nur anpassungsfähig, sondern sogar so etwas wie ein zielbewußtes Reglersystem, das um einen Normalzustand oszilliere. Die zweite: Die Natur, was immer das sei, umfaßt auch den Menschen. Dieser aber fügt sich aus einem ganz bestimmten Grunde nicht in ein selbstregulierendes System. Regelsysteme verlangen Elemente, die auf Stimuli reflexartig und proportional reagieren. Der Mensch aber

14

reagiert „linguistisch", er faßt das Stimulus als ein Zeichen auf, das er „lesen", verstehen und interpretieren muß. Sein Verhalten ist Gesellschaftsprozessen, Lernprozessen unterworfen, ist dem historischen Augenblick verpflichtet und damit politisch. Die Veränderungen der Natur werden ignoriert oder wahrgenommen unter dem Bilde der „Landschaft"; das Bild der Landschaft als historisches Konstrukt im Kopfe des Menschen bestimmt sein Verhalten und seine Maßnahmen, die deshalb keineswegs regelnd oder gar selbstregelnd, sondern irreversibel sind und geschichtsschaffend wirken – zum Guten oder zum Schlechten.

↓ auch neue Arten "interpretieren" die Milieus neu !!!

↓ doch nicht nur der Mensch

Wenn die ~~Heuschrecken~~ eine Philosophie hätten ...
Kaninchen.
(Argument gegen eine Metaphysik der menschl. Geschichte!

↓ jede neue Art !!!
Wenn Dinosaurier philosophiert hätten, dann wohl n. der Art d. Bauernverbände

GERHARD HARD, ADELHEID GLIEDNER

Wort und Begriff Landschaft anno 1976

1. Das Wort *Landschaft* und die Praxis der Landschaftsgestaltung

Welches Interesse kann derjenige, der die Umwelt verändern will, an den Wörtern haben, mit denen diese Umwelt gemeinhin beschrieben wird?

Das wesentliche Interesse dürfte in Folgendem liegen: In den Wortbedeutungen (Wortinhalten, Sprachbegriffen) ist eine spezifische Weltperspektive, eine bestimmte Sicht der Dinge enthalten, die meist von vielen geteilt wird und mit der der Handelnde rechnen muß: Auch wenn er diese Sicht der Dinge nicht teilen oder sogar für falsch und schädlich halten sollte.

Wer Umwelten verändert, verändert die Umwelten bestimmter Leute. In diesen Umwelten verlaufen die Aktionsradien und Spekulationshorizonte bestimmter Individuen und Gruppen. Infolgedessen haben sich die Handelnden zu ihrer Orientierung mentale Landkarten von diesen „Territorien" geschaffen, „mental maps", in denen das reale Gelände auf bestimmte Weise gegliedert, zusammengefaßt, akzentuiert, interpretiert, bewertet und emotional besetzt ist. Die Wörter und Wortbedeutungen sind ein wesentlicher Bestandteil dieser „mental maps". (Ohne diese Terminologie unbedingt für ideal zu halten, legen wir fest, daß wir ein „Wort" als ein Ensemble aus einem „Lautkörper" einerseits, einem „Wortinhalt" oder einer „Wortbedeutung", einem „Sprachbegriff" andererseits betrachten.)

Diese Wortinhalte, d. h. sprachlich fixierten Begriffe b e s c h r e i b e n nicht nur die Wirklichkeit auf eine historisch und gruppenspezifisch bedingte Weise; sie enthalten darüber hinaus W e r t u n g e n der so beschriebenen Wirklichkeitsausschnitte; sie provozieren E m o t i o -

n e n und setzten N o r m e n. Sie sagen oft nicht nur, was (und infolgedessen: wie) etwas ist, sondern auch, was und wie etwas sein s o l l t e. Dies etwa ist gemeint mit den verbreiteten Formeln, daß die Sprache nicht nur eine „kognitive Landkarte" (vgl. Hörmann[*] 1967, S. 228) darstelle, sondern darüber hinaus eine „gebrauchsfertige Weltorientierung" (vgl. Topitsch 1965, S. 18; 1966, S. 100).

Annahmen dieser Art über den Zusammenhang von Sprache, Wahrnehmung und Handeln sind heute auch empirisch (wahrnehmungs- und sprachpsychologisch) in wesentlichen Zügen bestätigt (vgl. als leicht zugängliches Resümee Ullmann 1975). Wir können voraussetzen, daß der Wahrnehmende am Wahrnehmungsprozeß aktiv, selektiv und konstruktiv beteiligt ist. Wir können ferner voraussetzen, daß in diesem Selektions- und Konstruktionsprozeß auch die gegenständlichen Umwelten und ihre Bestandteile weithin gemäß sprachlicher Linien, sozusagen durch die Begriffe, die Wortinhalte hindurch wahrgenommen, d. h. gegliedert, zusammengefaßt, klassifiziert, bewertet und interpretiert werden. Zwar kann ein Individuum auch Phänomene, Gegenstände, „Gestalten" wahrnehmen, für die es keine Wörter hat; man kann sogar wahrnehmen, was man (zunächst) überhaupt nicht zu verbalisieren vermag. Zwar können Wörter und Wortinhalte, Termini und Begriffe kollektive Sehweisen nicht nur nahe- und festlegen, sondern auch „aufbrechen" und verändern. In unserem Zusammenhang interessiert aber vor allem, daß die Wahrnehmung von Außenwelt durch semantische Muster nachdrücklich kanalisiert und fixiert werden kann.

[*] Die Zitatverweise beziehen sich auf das Literaturverzeichnis S. 153.

Neben Wortinhalten, die die gegenständliche Umwelt g l i e d e r n , gibt es solche, in denen diese Umwelt „s y n o p t i s c h" und „s y n - t h e t i s c h" e r f a ß t wird. Das Wort *Land-schaft* enthält eine solche spezifisch „synopti-sche" und „synthetische" Sehweise, legt eine solche Perspektive nahe und verfestigt sie denn auch.

Hier und im folgenden geht es um *Landschaft* im Sinne von (englisch) „landscape" oder (französisch) „paysage", also um die gemein-sprachliche, vor allem hoch- und bildungs-sprachliche Verwendung des Lautkörpers *Land-schaft*. Es geht z. B. n i c h t um die mehr s o n d e r sprachliche Verwendung von *Land-schaft* im Sinne von (englisch) „region" oder (französisch) „région". Die zuerst genannte Bedeutung *(Landschaft₁* als „landscape") ist die „normale"; sie dominiert etwa in der literarischen Sprache, in der „Sprache der Ge-bildeten", in der hochdeutschen Umgangs-sprache (und kommt außerhalb dieser Stil-ebenen und „Sprachschichten" kaum vor). Die an zweiter Stelle genannte Wortverwendung *(Landschaft₂* als „region") ist heute i m w e - s e n t l i c h e n auf einige philologisch-histo-rische Fachsprachen begrenzt. „Volkssprach-lich" beziehungsweise Bestandteil des Lexikons von Dialekten ist weder *Landschaft₁* noch *Landschaft₂* – es sei denn als Fremdkörper be-ziehungsweise „gesunkenes Kulturgut".

Daraus folgt, daß man sich bei Befragungen und Tests zu diesen Sprachinhalten vor allem an die Teilhaber der Hoch- und Gebildeten-sprache halten muß – z. B. an Studenten.

Das Wort *Landschaft₁* (also *Landschaft* im Sinne von „landscape") ist übrigens erst im 18. Jahrhundert fester Bestandteil der Allge-meinsprache geworden (und auch dies nur in der Gebildetenschicht und auf einer relativ gehobenen Stilebene); nur *Landschaft₂* (also *Landschaft* im Sinne von „region") reicht bis in die Anfänge der deutschen Sprachgeschichte zurück. *Landschaft₁* „landscape" stammt übri-gens aus der (früh)neuzeitlichen Sondersprache der Maler, wo es zunächst die g e m a l t e Landschaft, dann erst auch deren „Vorwurf in der Natur" bezeichnete.

Wer das Wort *Landschaft₁* benutzt, f a ß t ein Aggregat höchst verschiedenartiger Phänomene zu einer „Gesamtheit" z u s a m m e n , o r - g a n i s i e r t ein weitläufiges, vieldeutiges und diffus begrenztes Wahrnehmungsfeld als eine „Figur" oder „Gestalt" (nämlich als eine Landschaft); er k l a s s i f i z i e r t eine Reiz-situation, einen bestimmten Umweltausschnitt als *Landschaft₁* und s c h r e i b t ihm damit bestimmte Merkmale und Werte z u , auch wenn diese gar nicht unmittelbar wahrzunehmen sind. Er weiß darüber hinaus stillschweigend, wie ein Repräsentant dieser Klasse *Landschaft₁* i d e a l e r w e i s e s e i n s o l l t e , um zu verdienen, eine „(richtige) Landschaft" ge-nannt zu werden.

Wahrnehmungs- und sprachpsychologische Ex-perimente legen die folgenden Thesen nahe: Eine Ansammlung von Objekten wird dann als bloße „Ansammlung" aufgefaßt, wenn diese Objekte (z. B. Wolken, Hügel, Bäume, Wiesen, Häuser...) bloß mit spezifischen Wörtern bezeichnet werden können (also als *Wolken, Hügel, Bäume, Wiesen, Häuser);* wenn aber ein übergreifendes Wort zur Ver-fügung steht (etwa *Landschaft),* dann s u c h t man nach einer „Gemeinsamkeit" oder einer „Synthese" dieser heterogenen Phänomene, nach einer umfassenden Objekt k l a s s e oder einer umfassenden „Gestalt", und man be-merkt vorzugsweise genau d i e „Gemeinsam-keiten" oder diejenigen „Zusammenhänge", die das synoptische Wort (hier: das Wort *Land-schaft)* „suggeriert". Ist dann ein komplexes Wahrnehmungsfeld einmal bezeichnet (etwa als eine *Landschaft),* so gilt es vor allem als Exemplar eines Genus, als e i n F a l l von *Landschaft₁,* und das Wahrnehmungsbild wird vorzugsweise (und vorzugsweise nur noch) durch Züge ergänzt, die bereits im Allgemein-begriff stecken: „Die verbale Klassifikation (als *Landschaft)* schließt die visuelle Exploration ab oder legt die Richtung weiterer Exploration fest" (Ullmann 1975, S. 91). Eine derart zustande gekommene Wahrnehmungsfigur und Auffassungsgestalt blendet andererseits auch vieles ab, und sie ist nur mehr sehr schwer aufzulösen.

Nun handelt der Mensch nicht gemäß der Wirklichkeit, wie sie wirklich ist, sondern gemäß der Wirklichkeit, wie er glaubt, daß sie sei – und wie er glaubt, daß sie sein s o l l t e. Beides ist durch die Wortinhalte seiner Sprache mitbestimmt. Infolgedessen spielen diese Wortinhalte eine Rolle auch in seinen Entscheidungen und in seinem Handeln. „Überlegen" und „Denken" kann man auffassen als eine Art Probehandeln auf einer mental map, in einem symbolischen Milieu, an einem „inneren Modell der Außenwelt"; an Genese und Struktur dieses „inneren Modells" aber sind die Sprachinhalte wesentlich beteiligt. Auf diese Weise sind Wirklichkeit und Sprache, der Gegenstand Landschaft und der Wortinhalt *Landschaft* rückgekoppelt. „Landscapes are made by landscape tastes" (Lowenthal and Prince 1965, S. 186) – und der kommune Landschaftsgeschmack wird nicht zuletzt im Wortinhalt *Landschaft₁* tradiert.

2. Der semantische Hof des Wortes *Landschaft₁*

Welches sind nun die in unserem Zusammenhang wesentlichen Züge des Wortinhaltes *Landschaft₁*? (Da es sich weiterhin nur noch um *Landschaft₁* handelt, kann der Index im Folgenden wegbleiben.)

Ein sorgfältig konstruiertes P o l a r i t ä t e n - p r o f i l aus einer Reihe von adjektivischen (und anderen) Wortpaaren ergibt in unserem Falle wohl die kompakteste Information. Die „polare" Struktur zahlreicher deutscher Adjektive (d. h. die Tatsache, daß sie vielfach in Oppositionsbeziehung zueinander stehen) kommt der Konstruktion sehr zustatten. Zwischen den „Polen" kann die Versuchsperson auf einer Skala (hier: 1–7) wählen.

Ein Polaritätenprofil sollte f r u c h t b a r e Polaritäten enthalten. Diese muß man vor allem den typischen Kontexten des Wortes oder derjenigen Wortgruppe entnehmen, die man testen will. Gute Hinweise gab zunächst eine systematische Sammlung aller bibliographisch erreichbaren Buch- und Aufsatztitel seit 1900, in denen das Wort *Landschaft* vorkam. Der Suchprozeß kann weiterhin mittels einer Reihe von Tests systematisiert werden. Im einfachsten (aber nicht unfruchtbaren) Fall läßt man die Versuchspersonen schlicht aufzählen, was ihnen zu *Landschaft* spontan einfällt (Adjektive, Substantive und Verben; Gegenstände, Gedanken und Gefühle . . .). Einige weitere Suchinstrumente seien wenigstens angedeutet: Die Rekonstruktion der außersprachlichen Gebrauchsbedingungen des Wortes mittels Bildertests; Erfragen der typischen Redesituationen, Umweltkonstellationen und Redekontexte, in denen das Wort „normalerweise" gebraucht wird; Produktion von „typischen" und „passenden" Komposita, Adjektiven und Sätzen durch Versuchspersonen . . . (einige Ergebnisse solcher Tests findet man bei Hard 1970[*]).

Aufgrund solcher Tests (und natürlich auch mittels einer Auskultation des eigenen Sprachgefühls) stellt man die Wortpaare des Polaritätenprofils zusammen. Die Ergebnisse von Tests, die mittels dieses Polaritätenprofils 1965/66 durchgeführt wurden, findet man andernorts (Hard 1970, 1972). Im folgenden wird über die Ergebnisse einer Wiederholung im Jahre 1976 berichtet (Abb. 1, dicke Linie).

[*] In einer Anzahl von Spontanäußerungen deuteten sich (wenn auch mehr nebenbei) auch Ironie und Distanz an. *Landschaft* wird nicht nur als ein „eher literarischer Ausdruck" bezeichnet, der „etwas veraltet und altmodisch klingt". „Ich benutze das Wort höchstens im Gespräch mit alten Damen", heißt es, oder: „Landschaft – das hat viel mit Kitsch zu tun", und: „Landschaft – primär denkt man an Ländlich-Sittlich-Sentimentales. Gebildete schwärmen von herben, kargen und öden Landschaften, weil das die Sentimentalität unauffälliger macht." In der Literatur von Rang hat die Landschaft denn auch längst ein verändertes Requisit und veränderte Attribute (vgl. Hard 1970, S. 61 und 1969 S. 255 ff.); der Wortinhalt *Landschaft* enthält eine Perspektive, die inzwischen auch der „Gebildete von Geschmack" in manchen Zügen als trivial, ja als kitschig empfindet.

LANDSCHAFT

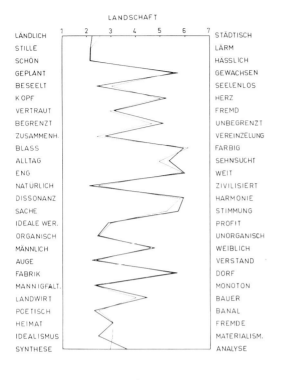

LÄNDLICH	STÄDTISCH
STILLE	LÄRM
SCHÖN	HÄSSLICH
GEPLANT	GEWACHSEN
BESEELT	SEELENLOS
KOPF	HERZ
VERTRAUT	FREMD
BEGRENZT	UNBEGRENZT
ZUSAMMENH.	VEREINZELUNG
BLASS	FARBIG
ALLTAG	SEHNSUCHT
ENG	WEIT
NATÜRLICH	ZIVILISIERT
DISSONANZ	HARMONIE
SACHE	STIMMUNG
IDEALE WER.	PROFIT
ORGANISCH	UNORGANISCH
MÄNNLICH	WEIBLICH
AUGE	VERSTAND
FABRIK	DORF
MANNIGFALT.	MONOTON
LANDWIRT	BAUER
POETISCH	BANAL
HEIMAT	FREMDE
IDEALISMUS	MATERIALISM.
SYNTHESE	ANALYSE

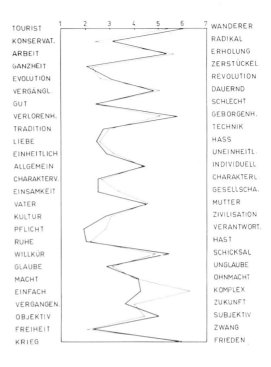

TOURIST	WANDERER
KONSERVAT.	RADIKAL
ARBEIT	ERHOLUNG
GANZHEIT	ZERSTÜCKEL.
EVOLUTION	REVOLUTION
VERGÄNGL.	DAUERND
GUT	SCHLECHT
VERLORENH.	GEBORGENH.
TRADITION	TECHNIK
LIEBE	HASS
EINHEITLICH	UNEINHEITL.
ALLGEMEIN	INDIVIDUELL
CHARAKTERV.	CHARAKTERL.
EINSAMKEIT	GESELLSCHA.
VATER	MUTTER
KULTUR	ZIVILISATION
PFLICHT	VERANTWORT.
RUHE	HAST
WILLKÜR	SCHICKSAL
GLAUBE	UNGLAUBE
MACHT	OHNMACHT
EINFACH	KOMPLEX
VERGANGEN.	ZUKUNFT
OBJEKTIV	SUBJEKTIV
FREIHEIT	ZWANG
KRIEG	FRIEDEN

AUSDRUCKSV.	AUSDRUCKSL.
STRUKTURIE.	STRUKTURL.
ERKENNEN	ERLEBEN
TOT	LEBENDIG
GEIST	SEELE
MASSE	GEMEINSCHA.
KLEIN	GROSS
ABSTRAKT	KONKRET
GEGENWART	SEHNSUCHT
BILD	FLÄCHE
UNPERSÖNL.	PERSÖNLICH
POLITISCH	ÄSTHETISCH
NAH	FERN
EINFACH	KOMPLIZIERT
GLÜCK	UNGLÜCK
RÜCKSICHTSV.	RÜCKSICHTSL.
ANGENEHM	UNANGENEHM
KRANK	GESUND
VERWURZELT	ENTWURZELT
AKTIVITÄT	PASSIVITÄT
FREIHEIT	UNFREIHEIT
UNFRIEDE	FRIEDE
QUALITÄT	QUANTITÄT
LEER	VOLL
KONSERVATIV	FORTSCHRITTL.
BESTIMMT	UNBESTIMMT
ZWECKHAFT	ZWECKFREI

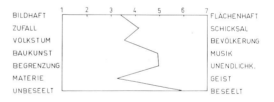

BILDHAFT	FLÄCHENHAFT
ZUFALL	SCHICKSAL
VOLKSTUM	BEVÖLKERUNG
BAUKUNST	MUSIK
BEGRENZUNG	UNENDLICHK.
MATERIE	GEIST
UNBESEELT	BESEELT

Polaritätenprofil zu *Landschaft* im Sinne von „landscape" nach einem Test von 1976; dicke Linie: 153 Nicht-Geographen, dünne Linie: 37 Geographiestudenten höherer Semester.
Abkürzungen: Zusammenh(ang), ideale Wer(te), mannigfalt(ig), ausdrucksv(oll), ausdrucksl(os), strukturie(rt), strukturl(os), Gemeinscha(ft), rücksichtsv(oll), rücksichtsl(os), konservat(iv), Zerstückel(ung), Verlorenh(eit), Geborgenh(eit), charakterv(oll), charakterl(os).

19

Die Abweichungen gegenüber 1965/66 sind minimal.

Wie ist das Ergebnis zu interpretieren? (Vgl. Abb. S. 19; das Folgende bezieht sich auf die kräftigere Linie dieser Abbildung.) Die Wortpaare eines Profils können durchgehend als Ideen- oder Satzkerne gelesen werden, grammatischer gesprochen: als „Sinnkopplungen", in denen bestimmte Sätze beziehungsweise Satzinhalte (oder auch ausgedehntere Kontexte) auf ihre infinite Form reduziert sind. Das Paar *Harmonie/Dissonanz* etwa liefert die Sinnkoppelung *Landschaft - Harmonie* und läßt auf die Sprachüblichkeit finiter Sätze und Satzteile wie „eine (die) Landschaft ist harmonisch (gestaltet)", „die Harmonie der Landschaft" schließen; durch das Paar *Fabrik/Dorf* läßt sich testen, ob eine Fabrik tatsächlich a priori Gefahr läuft, die Landschaft zu verschandeln; die Ergebnisse bei den Paaren *Zusammenhang/Vereinzelung, Ganzheit/Zerstückelung, mannigfaltig/monoton* legen die Vermutung nahe, daß Sätze wie „die Landschaft ist ein ganzheitlicher Zusammenhang mannigfaltiger Komponenten" als ein in finite Form gebrachtes Bündel von naheliegenden Assoziationen zu dem Wort *Landschaft* betrachtet werden können.

Viele der Konnotationen stellen relativ vage emotionale Tönungen dar und gehören nicht eigentlich zum „Begriffskern" des Wortes. Es handelt sich aber gleichwohl keineswegs um „bloß Subjektives": diese Assoziationen oder Konnotationen haben durchaus überindividuelle Geltung, und in diesen mehr „emotionalen" Gehalten eines Wortes haben sich die sprachlichen und außersprachlichen Kontexte, die kulturellen und ideologischen Milieus, in denen das Wort lebte und lebt, vielfach deutlicher und zählebiger sedimentiert als in den Denotationen (d. h. in dem begrifflichen Inhalt dieses Wortes). In diesem Sinn bemerkt etwa Martinet, „que la culture n'est pas dans les dénotations, mais dans les connotations" (1967, S. 1292).

In jeder nachgewiesenen „Sinnkopplung" können wir einen „typischen" und „naheliegenden" Gedanken über das Phänomen „Landschaft" vermuten; die Gesamtheit dieser Sinnkopplungen repräsentiert so etwas wie das Reservoir der einschlägigen Gemeinplätze. Der semantische Hof des Wortes *Landschaft* enthält im Keim und im wesentlichen die Aussagen, Vorstellungen, Wertungen, die man geneigt ist, für „evident" oder wenigstens „plausibel", für „selbstverständlich" oder wenigstens für „selbstverständlich möglich" zu halten; dieser „Hof" ist deshalb auch so etwas wie der „vocabulaire des idées reçues", der Kern allen Geredes zum Thema „Landschaft".[*] Löst man das Profil in zusammenhängende Prosa auf, so erhält man etwa folgende Trivialpoesie oder triviale Weltanschauungsprosa (wobei die kursiv gesetzten Wörter spezifische Assoziationen und Dissoziationen, Bindungen und Widerspruchsbindungen des Wortes *Landschaft* darstellen): „Die (wahre) Landschaft ist *weit* und *harmonisch, still, farbig, groß, mannigfaltig* und *schön*. Sie ist ein primär *ästhetisches* Phänomen, dem *Auge* näher als dem *Verstand*, dem *Herzen*, der *Seele*, dem *Gemüt* und seinen *Stimmungen* verwandter als dem *Geist* und dem *Intellekt*, dem *weiblichen* Prinzip näher als dem *männlichen*. Die wahre Landschaft ist etwas *Gewachsenes, Organisches* und *Lebendiges*. Sie ist uns eher *vertraut* als *fremd* und dennoch eher *fern* als *nah*, eher *Sehnsucht* als *Gegenwart*, denn sie hebt uns über den *Alltag* hinaus und grenzt an die *Poesie*. Aber

---

[*] Man muß freilich im Auge behalten, daß die Versuchsteilnehmer nach der „allgemeinen Auffassung" gefragt wurden (und nicht nach der „eigenen Meinung"). „Bedeutungen" sind verfestigte Traditionen; aus der Übernahme von Wortinhalten in den individuellen Begriffsvorrat (oder gar dem bloßen faktischen Gebrauch dieser Wörter) darf nicht unmittelbar auf individuelle Erlebnisse und Überzeugungen, persönliche Vorstellungen, Einstellungen, Wertungen und Wunschbilder geschlossen werden. Auf „Persönliches" in diesem Sinne kann also nicht geschlossen werden, wenn jemand das Wort im üblichen Sinne gebraucht, sondern nur dann, wenn er die semantischen Implikationen explizit als seine eigenen Überzeugungen und Wertungen akzeptiert.

so sehr sie uns auch ins *Unbegrenzte*, ja ins *Unendliche* weist, so bietet die *mütterliche* Landschaft dem Menschen doch auch immer *Heimat*, *Wärme* und *Geborgenheit*: Sie ist ein Hort der *Vergangenheit*, der *Geschichte*, der *Kultur* und der *Tradition*, des *Friedens* und der *Freiheit*, des *Glückes* und der *Liebe*, der *Ruhe* auf dem *Lande*, der *Einsamkeit* und der *Erholung* von der *Hast* des *Alltags* und dem *Lärm* der *Städte*; sie muß *erwandert* und *erlebt* werden, versagt aber ihr *Geheimnis* dem *Touristen* und dem bloßen *Intellekt*." (G. Hard 1970, S. 135 ff.)

Neben den dominanten ästhetischen, poetischen und ländlich-idyllischen Konnotationen haben sich sichtlich auch Konservativismen (vor allem Motive der konservativen Gegenwarts- und Kapitalismuskritik) an das Symbol „Landschaft" geheftet, daneben ein Hauch von „völkischem Realismus" und trivialer Ganzheitsphilosophie: *Landschaft* trägt *Kultur* (gegen *Zivilisation*), *Gemeinschaft* (gegen *Masse*), *Idealismus* und *ideale Werte* (gegen *Materialismus* und *Profitstreben*), *Glaube*, *Seele* und *Erleben* (gegen *Unglauben*, *Geist* beziehungsweise *Intellekt* und ‚bloßes' *verständiges Erkennen*): Man vergleiche auch die Kopplungen mit *konservativ*, *Evolution* (gegen *Revolution*) und *Tradition*. Man findet *Volkstum*, *Heimat*, *Verwurzelung*, *Geborgenheit*; *Bauern* und *Wanderer*; man assoziiert *Synthese*, *Ganzheit* und „*gestalthaftes Schauen*" (vgl. *Auge*, *Bild*) als Widerspruch gegen den „*kalten Intellekt*".

Auch die Quintessenz pseudoökologischer Slogans, die Metaphern einer quasi-lyrischen Landschaftsökologie sind ablesbar (wie man sie aus gewissen Teilen nicht nur des geographischen und landschaftspflegerischen Schrifttums kennt): z. B. daß die Landschaft einen *konkreten*, *einheitlichen* (wenn nicht *ganzheitlich integrierten*), *strukturierten Zusammenhang* von *mannigfaltigen Komponenten* darstellt, der in angemessener Weise also nur *ganzheitlich*, durch *Synthese* (vielleicht sogar nur oder vorzugsweise durch *anschauliche Synthese*, vgl. *Auge – Verstand*) erfaßt werden

könne; daß in der Landschaft die *mannigfaltigen* Teile (Elemente, Faktoren) der Geosphäre zu einem neuen, *einheitlichen Ganzen*, einer *Gestalt* von *individuellem Charakter* und *individuellem physiognomischen* (vgl. *Auge*, *bildhaft*) *Ausdruck* integriert sind; „*zu einer strukturierten Integration konkreter* und *qualitativer* Art, welche nicht nur die *Natur* eines Landes, sondern auch *Kultur* und *Tradition* des *Volkes* umgreift" (vgl. Hard, 1970, Seite 141*).

Bei der großen Anzahl der Paare im Polaritätenprofil liegt der Gedanke nahe, diese Polaritäten mittels einer Faktorenanalyse auf einige wenige, übersichtliche „semantische Grunddimensionen" zu reduzieren. (Neben *Landschaft* wurde auch eine Gruppe bedeutungsverwandter Wörter getestet und in die Analyse einbezogen.)

Die Tabelle zeigt in schematischer Weise die drei wichtigsten Faktoren (d. h. hier: die drei wichtigsten semantischen Grunddimensionen), also diejenigen Gegensatzpaare, die auf diesen Faktoren hoch laden, sei es positiv oder negativ. (Das Vorzeichen hängt natürlich davon ab, welches der beiden Wörter des betreffenden Wortpaares vorangeht.) Die Faktoren sind relativ leicht zu interpretieren**.

---

* Die Abbildung enthält (mit dünner Linie) auch die Ergebnisse bei 37 Geographiestudenten höherer Semester, die ebenfalls nach *Landschaft* (nicht im geographischen Sinne, sondern) im Sinne des allgemeinen, außergeographischen Sprachgebrauchs gefragt worden waren. Da *Landschaft* auch innerhalb der Geographie als wissenschaftlicher Terminus beziehungsweise wissenschaftliches Konzept fungiert, waren gewisse Rückwirkungen der Fachsprache zu erwarten. Die Unterschiede sind aber minimal und durchweg statistisch nicht gesichert; immerhin halten die Geographen die Landschaft unter anderm für komplizierter, komplexer, strukturierter und bestimmter als die Nicht-Geographen.

** Um einige verfahrenstechnische Details der Nachprüfbarkeit wegen wenigstens anzudeuten: Aufgrund der üblichen Regeln wurden 3 Faktoren extrahiert, die 17, 11 und 5% (zusammen also nur ein Drittel) der Gesamtvarianz erklären; interpretiert wurde die nach dem Varimax-Kriterium rotierte Dreifaktorenlösung. Schiefwinklige Rotationslösungen bestätigten die Faktoren und ihre relative Unabhängigkeit.

TABELLE

	Faktor 1	Faktor 2	Faktor 3
ländlich - städtisch	++		
Stille - Lärm	++		
schön - häßlich	++		
geplant - gewachsen			−
beseelt - seelenlos			+
Kopf - Herz	−−		
vertraut - fremd			
begrenzt - unbegrenzt	−		
Zusammenhang - Vereinzelung	(+)		
blaß - farbig	−−		
eng - weit	++		
natürlich - zivilisiert	++		
Dissonanz - Harmonie	−−		
Sache - Stimmung	−−		
Ideale Werte - Profit			(+)
organisch - unorganisch	++		
männlich - weiblich	−		
Auge - Verstand	++		
Fabrik - Dorf	−−		
mannigfaltig - monoton	++		
Landwirt - Bauer			+
poetisch - banal	++		
Heimat - Fremde			(+)
Volkstum - Bevölkerung			+
Idealismus - Materialismus			++
Synthese - Analyse			(+)
ausdrucksvoll - ausdruckslos			+
erkennen - erleben			−
tot - lebendig			(−)
Geist und Intellekt - Seele und Gemüt			(−)
Masse - Gemeinschaft			+
klein - groß	(−)		
Gegenwart - Sehnsucht	−−		
Bild - Fläche	(+)		
unpersönlich - persönlich	−−		
politisch - ästhetisch	−−		
einfach - kompliziert			+
Glück - Unglück		++	
rücksichtsvoll - rücksichtslos			+
angenehm - unangenehm		++	
krank - gesund			−
verwurzelt - entwurzelt		+	
Tourist - Wanderer			(−)
konservativ - radikal			+
Arbeit - Erholung		−	
Ganzheit - Zerstückelung		+	
Evolution - Revolution			+
vergänglich - dauernd		(−)	
gut - schlecht		++	
Verlorenheit - Geborgenheit			−
Tradition - Technik		+	(+)
Liebe - Haß		++	
charaktervoll - charakterlos		++	
Einsamkeit - Gesellschaft		(+)	
Vater - Mutter		−	
Kultur - Zivilisation		++	
Pflicht - Verantwortungslosigkeit			(+)
Ruhe - Hast		++	
Glaube - Unglaube			++
Freiheit - Zwang		+	
Krieg - Frieden		−−	
Qualität - Quantität		+	
leer - voll (Leere - Fülle)		−	
zweckhaft - zweckfrei		−	

Tabelle: Schema des Ergebnisses einer Faktorenanalyse der Polaritätenprofile zum Wort *Landschaft*. Nur die angegebenen 3 Faktoren sind gut interpretierbar. Einige Wortpaare des Polaritätenprofils sind weggelassen, weil sie mit anderen mehr oder weniger deckungsgleich sind oder aber zur Interpretation der Faktoren nicht beitragen.

Zwei Pluszeichen bzw. zwei Minuszeichen: Ladung (absoluter Wert) über 0,7; ein Pluszeichen bzw. ein Minuszeichen: Ladung über 0,5; eingeklammertes Plus- oder Minuszeichen: Ladung knapp unter 0,5. Nur solche Ladungen sind berücksichtigt, deren Quadrat mindestens den Wert $\frac{h^2}{2}$ erreicht (h^2 = Kommunalität).

Der e r s t e Faktor umfaßt die ästhetische, poetische und ländlich-idyllische Seite des Begriffes *Landschaft:* Hier laden unter anderm die Assoziationen *schön, ästhetisch, harmonisch, farbig, mannigfaltig, Auge* und *Bild;* ferner *poetisch, Herz, Stimmung* und *Sehnsucht;* aber auch der *ländliche* Charakter *(ländlich, Dorf, Stille),* die „Weite" *(weit, groß, unbegrenzt)* und die „Natürlichkeit" *(natürlich, organisch)* der Landschaft. Auch der *persönliche* Bezug und die *weibliche* Tönung der Landschaft gehören in diesen assoziativen Zusammenhang. Historisch betrachtet, dürfte dieser Faktor – nennen wir ihn den Faktor „schönes ländliches Idyll" – zum ältesten „Wachstrumsring" des semantischen Hofes von *Landschaft* gehören, der dem Wort wohl schon im 18. und frühen 19. Jahrhundert zugewachsen ist.

Der z w e i t e Faktor lädt hoch auf *Glück* und *Liebe, Friede* und *Freiheit, Ruhe* und *Erholung, Qualität* und *Fülle;* er ist mit den prägnanten Assoziationen *gut* und *angenehm* verbunden sowie einigen weiteren, offenbar in gleicher Weise zum „guten Leben" gehörenden Dingen wie *Kultur, Tradition* und *Ganzheit.* Hier sind offenbar die Attribute eines *guten Lebens* zusammengefaßt – vom Goetheschen „arkadisch frei sei unser Glück" bis zu den moderneren Urlaubsträumen und Trivial-Vorstellungen von „Lebensqualität".
Auch dieser Wachstumsring von Assoziationen ist im Grundbestand wohl alt: Zur schönen Landschaft gehört das (in Kunst und Literatur vielfach beschriebene) gute, „arkadische" Leben – oder wenigstens die Sehnsucht nach Arkadien.
Der d r i t t e Faktor enthält Motive und Werte, die in diesem Zusammenhang vor allem aus der konservativen Kultur-, Stadt- und Kapitalismuskritik sowie aus dem „völkischen Realismus" des frühen bis mittleren 20. Jahrhunderts bekannt sind: *Idealismus* und *ideale Werte* (gegen *Materialismus* und *Profit*), *Glaube* (gegen *Unglaube*), gesunde *Gemeinschaft* (gegen die „kranke" *Masse*), *Volkstum*

(gegen *Bevölkerung*), *Wachstum* (gegen *Planung*), *Synthese* (gegen *Analyse*), *Seele* (gegen *Geist*), *Erleben* und *Leben, Einfachheit* und *Geborgenheit.* Zur Bestätigung stehen die etikettierenden Begriffe *konservativ* (gegen *radikal*) und *Evolution* (gegen *Revolution*) und schließlich als passende Staffage *Bauer* und *Wanderer* (gegen *Landwirte* und *Touristen*).

3. Schlußbemerkungen

Die vorangegangene semantische Analyse des Wortes *Landschaft* hatte den Nachteil, daß sie die G e s c h i c h t e des Wortes beziehungsweise des Begriffes fast völlig außer acht ließ. Es sprang aber in die Augen, daß sich in dem dargestellten „semantischen Hof" des Wortes *Landschaft* Geschichte niedergeschlagen hat: unmittelbar Ideen- und Ideologie-, Weltanschauungs-, Literatur- und Kunstgeschichte (vor allem des Bildungsbürgertums), mittelbar aber auch die Realgeschichte vor allem der letzten zwei bis drei Jahrhunderte. Dieser interessante Aspekt des Wortes *Landschaft* war jedoch nicht unser Thema.
Wort und Begriff *Landschaft* enthalten aber wohl nicht nur Vergangenheit (etwa ein Stück ästhetischer Weltansicht des Bildungsbürgertums des späten 18. und des 19. Jahrhunderts sowie eine Gruppe teilweise diskreditierter Ideologeme vor allem des frühen 20. Jahrhunderts). Man kann in diesem Wort (unter vielen Fluchtmotiven und Illusionen) aber vielleicht auch Züge eines historischen „Vorgriffs" und „Vorscheins" wahrnehmen; um es in vagen Formeln anzudeuten: einen Vorgriff auf ein „geglücktes Verhältnis des Menschen zur Natur", auf eine „gelungene Vermittlung von Gesellschaft und Territorium", kurz: die Antizipation einer humanisierten inneren und äußeren Natur. Möglicherweise kann das Wort *Landschaft* in dieser Hinsicht künftig durchaus noch ein fruchtbarer Stimulus sein. Aber auch diese Z u k u n f t des Wortes *Landschaft* war nicht unser Thema.

Adalbert Stifter, Flußenge (Teufelsmauer bei Hohenfurt), Österreichische Galerie, Wien

REINHARD PRIESSNITZ

Literatur und Landschaft

Einige Erscheinungsformen von Natur lassen sich als dem Bewußtsein vor allem in räumlich-zeitlichen Kategorien zugängliche auffassen, die während des Verlaufes der Geschichte durch Dichtung, Philosophie und Wissenschaft zahlreichen Deutungs-, Verständnis- und Einordnungsprozessen unterzogen und dabei immer wieder modifiziert worden sind. Unter diesen sollen hier jene Phänomene des Landschaftlichen, welche die rationalen und emotionalen Elemente seiner Beschreibung, Interpretation und Einteilung sowie deren Wirkung auf die Gegenwart betreffen, besonders interessieren. In bestimmten Epochen der Literatur setzten sich Generationen von Schriftstellern in diversen Verfahrensweisen und Techniken mit der Landschaft (und damit mit ihrem Verhältnis zur Natur) auseinander, und wenn das von ihnen präsentierte Naturgefühl heute konkret kaum noch nachvollziehbar ist, so sind doch einige Reste davon insbesondere in die semantischen Dimensionen des Sprachgebrauches eingeflossen. Wie, auf welche Weise und wohin, wird noch zu untersuchen sein. Jedenfalls wird – argumentativ – mit ihnen heute vielfach und mitunter sogar erfolgreich Politik betrieben: Literatur muß als Propagandamittel für die Durchsetzung bestimmter Interessen herhalten. Es wäre Ziel dieses Aufsatzes, auf die mißliche Beziehung solcher Strategien zur Literatur hinzuweisen und auf das fragwürdige Kulturverständnis sogenannter Naturschützer aufmerksam zu machen.

Der Begriff Natur selbst ist vieldeutig und verläuft auf verschiedenen Ebenen, die im Zuge der benutzten Argumente häufig durcheinander geraten. Natur wird einmal als ein grundlegender, unabhängig und außerhalb unseres Bewußtseins stehender Bestandteil objektiver Realität bezeichnet und damit als Gegensatz von Geist, Geschichte und Kultur. Das hinderte allerdings, wie schon Mauthner bemerkte, manche nicht, die scheinbar so unvereinbaren Kontraste in Worten wie Naturgeschichte, Naturidee, Naturverband, -anschauung u. a. m. miteinander zu koppeln. Auch Hegels Begriff des „Naturschönen" gehört in diesen Zusammenhang. In materialistischen Systemen gilt Natur als die Gesamtheit aller organischen und anorganischen Bewegungs- und Strukturformen der Materie; in der christlichen Religion als etwas (alles) von einem übernatürlichen Wesen Geschaffenes und von ihm Abhängiges; im Pantheismus als eine Art Allheit (Spinozas *Deus sive natura* – Gott = Natur). Im umgangssprachlichen Sinne bedeutet Natur soviel wie Wesen, Charakter, Anlage; und schließlich Umwelt, Land im besonderen. Wenn sich Naturschutz nun als kulturelle, die Umwelt gestalten wollende Maßnahme begreift (als Teil der Ökologie etwa), so bringt er in seine Zielsetzung dadurch Verwirrung, daß er sich teilweise dichterische Anschauungen zu eigen macht, die sich von ganz anderen Ideen herleiten, z. B. der Unbegrenztheit der Natur – also gerade dem Gegenteil jener immer mehr notwendig werdenden Ökologie.

In der Dichtung wurden zahlreiche Bedeutungskomponenten von Natur gewählt und behandelt. Als Ausschnitt und damit Sinnbild bediente sie sich in erster Linie der Landschaft; diese fungierte in vielen Formen repräsentativ für Natur, und ihr verdanken wir jene Symbiose aus Beschreibung, Betrachtung und Gefühl, als die sich die Arbeiten der Dichter heute anbieten.

Die verschiedenen Formen der Landschaftsschilderung und -gestaltung durch die Literatur (und hier werden vornehmlich solche aus der deutschen angegeben), sind in einem weiten

25

historischen Spektrum aufgefächert, das etwa vom Beginn des 18. bis zum Ende des 19. Jahrhunderts, und vereinzelt auch noch darüber hinausgehend, datiert. Nach R. Gruenter hat sich die Bezeichnung Landschaft etwa im 16. und 17. Jahrhundert als *terminus technicus* der Malerei für die Ästhetik etabliert. Die Dichtung war den Darstellungen jener (vor allem den *Landschaftsporträts)* nur zögernd gefolgt. Zuvor gab es, tradiert durch die Poetiken der Antike und des Mittelalters, ideale Schauplätze, die, ausstaffiert mit überlieferten Figuren und Formen der Topik, eben jenen *locus amoenus* trefflich schmückten. In Bukolik, Idyllen (Schäffereien) wuchsen gleichfalls – in Varianten – zahlreiche stilistische und allegorische Gebilde aus dem durch die Tradition bereiteten Boden in einem ewigen Frühling.

Veränderungen der Gestaltungs- und Betrachtungsweisen umweltlicher Beobachtung kündigten sich, wenn auch zunächst noch barockem Duktus oder pietistischem Ideengut verhaftet, in den Werken von Klopstock und Brockes an. Subjektives Empfinden – eben der pedantische, wunderliche Realismus von Brockes „Irdischem Vergnügen in Gott" – ging mit einem Mal mit bislang unüblichen Darstellungsformen und unter neuen Perspektiven vor sich. Wie A. Lange in einer Studie ausgeführt hat, entstand in Klopstocks Arbeit ansatzweise jene Dynamik der von religiöser Seelensprache auf Landschaftsschilderung abgeleiteten Bewegung, die späterhin für viele weitere Arbeiten charakteristisch bleiben sollte (Lüfte etwa säuseln, kühlen; Wolken reißen sich hervor, strömen herauf; Sturm durchbrüllt die Täler; Wälder entnebeln ihr Antlitz etc. etc.). Dieses stilistische Prinzip ist in vielen Strömungen der Literatur bis in die heutige literarische Sprachpraxis vorherrschend; Wahrgenommenes kollidierte – anthropomorphistisch – mit Gefühl; innere Stimmung wurde in der Formulierung auf Landschaft übertragen, Landschaft zu psychischen Zuständen in Verbindung gesetzt. In dieser Naturbeziehung entstand dem Autor ein Reservat, das, wenn auch etwas übertrieben

(aber doch mit einem Körnchen Wahrheit) Arno Schmidt in seiner ironischen Untersuchung mit den Methoden der Psychoanalyse an Karl May versucht hat: Natur als Projektionsfläche sexueller Motive. Tatsächlich spielen solche in der Relation zwischen Mensch und Landschaft stets im Einzelfalle eine nachweisbare Rolle.

Zurück zum Historischen: Neben Heinse, Stolberg oder Chr. E. Kleist und vielen anderen kam es in der Natur- und Landschaftsschilderung – vorerst noch anmutig wie in Gessners „Idyllen" – im Irrationalismus des Sturm und Drangs zu immer größeren Affektsteigerungen. Das Freiwerden kosmisch-metaphysischer Kräfte, das Ursprüngliche und Leidenschaftliche, das Natürliche als das „Freie" schlechthin – von Rousseau und, bis zu einem gewissen Grad, auch von Herder gefordert – prägten die Landschaft in eine Seelenlandschaft um. Was bei Chr. Hirschfeld in der „Theorie der Gartenkunst" (1779–1785) zur „Bewegtheit" von akustischen und optischen Reizen für die Ausstattung eines Gartens empfohlen wurde, dröhnt und rotiert in Maler Müllers „Idyllen" etwa chaotisch und gewaltsam. Auch die Passagen aus Goethes „Die Leiden des jungen Werther", die der Landschaft gewidmet sind, gehören dieser emotionellen Sphäre an.

Etwa in dieser Zeit fällt indes auch die Entstehung der modernen Geographie durch Alexander von Humboldt und Carl Ritter. Länder und Erdteile wurden sukzessive erforscht und beschrieben. Diese Berichte von teilweise außerordentlichem stilistischen Rang waren sicherlich für die Dichtung von stimulierendem Einfluß[*]. Auch die Eindrücke und Skizzen des Mode werdenden individuellen Reisens durch Dichter und Forscher waren bestimmend. 1778 bestieg Saussure erstmals den Montblanc. Zwar sollte der Sturm auf die Gipfel erst Jahre später einsetzen, aber das Verhältnis zur Natur war bereits in einem Wandel begriffen.

[*] Die so gewonnenen Topographien einzelner Gebiete sind, wie sich nachweisen läßt, von einigen Autoren in ihren Schilderungen als Vorlage benutzt worden.

die Welt der Seele → landschaftliche Welt

Die Streifzüge durch die mittelbare und unmittelbare Umwelt des Menschen lieferten den sich mit der Natur auseinandersetzenden Stoff. Goethes Arbeiten (genannt seien hier, ihrer unterschiedlichen, gleichwohl aber immer faszinierenden Form wegen, etwa die „Briefe aus der Schweiz", die „Abhandlung über den Granit" oder die konzisen und prägnanten Registrierungen in der „Italienischen Reise") dürfen für dieses Naturinteresse, das sich in wieder anderen Facetten auch in der Lyrik reflektierte, exemplarisch gelten.

Parallel dazu, jedoch von anderen Positionen und Anschauungen ausgehend, verlief die Auseinandersetzung der Romantiker mit Landschaft und Natur. Und wieder abseits davon instrumentierte Jean Paul seine Landschaftsträume und stimmte sie sprachlich auf die Töne der Empfindsamkeiten seiner Figuren ab. („Wir sehen die ganze Natur nur mit den Augen der epischen Spieler", heißt es im § 80 seiner „Vorschule der Ästhetik"). Die Romantik, die sich als Universalpoesie verstand und deklarierte, bewegte sich in ihren Arbeiten stets zwischen Kunst und Natur sowie den rätsel- oder märchenhaften Aspekten von Wirklichkeit. Sie griff auf nationale Mythen, Sagen und Märchen zurück und stilisierte diese erneut. (Das Naturgefühl hatte schon davor zur Beschäftigung mit einer „Volkspoesie" angeregt.) Ihre Opposition richtete sich gegen vorhandene Regeln; sie verachtete Rationalität, bediente sich ihrer aber gleichzeitig in der Ironisierung ihrer Emotionen. Sie entdeckte mit Novalis Zauberlandschaften, mit Tieck Landschaftsvisionen, mit Brentano die Rheinlandschaft; und sie modulierte ihre Stimmungen jeweils nach Effekten, färbte mit den Farben des ideellen Blaus etwa oder gab ihrer Darstellung synästhetische Elemente bei. Ihre Landschaft wurde metamorph; Verhüllung. Ein anderer Teil ihres Programms enthielt – wie bei Eichendorff oder dem späten Brentano – einen höchst konservativen, aufs Einfache und Religiöse ausgerichteten Zug, dessen Sehnsucht sich auch in den Landschaftsschilderungen ausdrückte. In ihrer Flucht vor der Wirklichkeit versuchte sie vor dieser oder hinter diese zu flüchten. Und dabei projizierte sie, in Phantasie und Symbolik, korrektiv das Rätselhafte über das Alltägliche. Die romantische Philologie der Gebrüder Grimm betrieb indessen die Erforschung nationaler Altertümer und damit auch jene, in Mythen rezipierten, bestimmter Naturerscheinungen.

Schließlich manifestiert sich auch in den Dichtungen Hölderlins ein synkretistisches Naturbild, das in schwer interpretierbaren Mythologemen seinen singulären Ausdruck gefunden hat. Die Bestandteile, aus denen sich seine Naturauffassung zusammensetzt, leiten sich aus verschiedentlichen Bereichen der Denkformen her (bis zum rein Privaten) und gehen im Text vielfach eine Symbiose aus Geschichte, Mytho- und Etymologie sowie persönlichem Schicksal ein. Mehr noch: Elemente dieser Formen kollidieren miteinander; die unvereinbaren Begriffe verschmelzen in einem dialektischen Prozeß durch die Dichtung zu neuer Bedeutung. Ohne hier auf die komplexen Gebilde im einzelnen näher eingehen zu können, sei bemerkt, daß die in ihnen enthaltenen Synthesen die sich durch Begriffe und Konzepte einstellende Alienation durch das Sprach- und Geschichtsbewußtsein des Autors aufzuheben trachteten und daß die Semantik von *Natur* in ihren unterschiedlichen Dimensionen hier für die poetische Diktion genutzt wird. Die einzelnen, einander gegenüber gestellten semantischen Ebenen lassen Natur hier als einen Aggregatszustand jeweiliger Empfindsamkeit erscheinen, implizieren aber nichtsdestoweniger eine insgesamt neue Bedeutungsdimension von Landschaft und Natur.

Im letzten hier angeführten Stadium literarischer Landschaftsdarstellung, im Realismus, nimmt Landschaft wieder präzisere Konturen an. Sie wird bereits ein Gestaltungsfaktor innerhalb der Widerspiegelung gesellschaftlicher Vorgänge. Von Stifters humanistischem Hochsitz aus äußerst sich Landschaft zuweilen in entfremdeter oder befremdeter Wahrnehmung; als eine Odyssee menschlicher Orientierung innerhalb der Erkenntnis über jegliche Natur.

Bei Keller greife die Landschaft, wie Benjamin sagt, nur wirkend mit ihren Kräften in die Ökonomie menschlichen Daseins ein. Jeremias Gotthelf war bemüht, in einer wieder auf Urtümliches reduzierten Natur in Gleichnissen eine Art bodenständiger Ethik oder Moral zu entwickeln. Die sich durch die sozialen Prozesse anbahnende Entfremdung jener Zeit wurde durch Mystifizierung der Natur (etwa bei Mörike) oder durch Emanation alles Natürlichen (wie bei der Droste) abzuwehren versucht. Immer mehr aber wurden Natur und Landschaft Inventar eines bestimmten Milieus; Gesellschaft und Natur polarisierten sich in Stadt und Land, und Reduktionen auf Stimmungsbilder oder Ausflüchte ins Exotische vermochten dieser Trennung nicht mehr abzuhelfen; sie waren selbst wieder Ausdruck der Alienation. Der Naturalismus hielt es keineswegs mit dem Natürlichen; er kritisierte zumeist und je nach Sujet aus wechselnden Perspektiven die Moralbegriffe des Idealismus in der realen Praxis. Modifiziert und durch verschiedene Strömungen gefiltert findet sich in der Literatur noch einmal Naturgefühl im Expressionismus bei Däubler, bei Trakl und beim frühen Brecht; ansonsten aber erschien der Literatur der Moderne und ihren einzelnen Vertretern die Schaffung eines neuen Kunstbewußtseins vorrangig; die Naturlyrik vom Schlage Loerkes und seiner Epigonen macht da, wo sie nicht in einen reinen Atavismus abgleitet, vielleicht noch eine Ausnahme. Der Rest zerfällt, bis zum Kitsch trivialisiert, in eine Melange aus verschiedensten Strömungen, in die Reproduktion von Klischeebildern oder in säkularistische, chauvinistisch eingefärbte Abenteuer- und Reiseliteratur. Heute gilt in der Literatur die Aufmerksamkeit mehr dem Deterritorialen; nicht mehr Landschaft, sondern Sprache ist zu einem Sinnbild geworden, dem sich ein weites Feld der Dichtung und Forschung gewidmet hat. Und wenn Landschaft in der Literatur auftritt, so vor allem als private oder gesellschaftliche, jedenfalls aber ihre eigenen Entstehungsmittel stets reflektierende Topographie.

Dennoch ist aus all dem, was die Dichtung über eine lange Zeitspanne hinweg über Natur und Landschaft formulierte, ein Synkretismus entstanden, der in vielen Postulaten von Interessensgruppen seinen Niederschlag gefunden hat. Die Verheißungen der Alpenvereine oder Reiseprospekte sprechen dafür ebenso wie jene Sprachverwendung der Industrie, die Kosmetika und Fette als naturrein feilbietet.

Gerhard Hard ist in einer 1976 angestellten semantischen Analyse des Landschaftsbegriffes (vgl. S. 16 ff.) zu bemerkenswerten Resultaten gelangt. Wenn, in Umformung des Ergebnisses, Landschaft assoziativ mit einer ganzen Serie von sprachlichen Banalitäten und Klischees als „positiv" in Beschlag genommen wurde, so spricht das auch eine Art von Rezeption aller jener sprachlichen Wendungen an, die oberflächlich mit Literatur in Verbindung gebracht werden könnten.

Die Klischees selbst überraschen nicht; ihrer bedient sich ja die Politik häufig. Sie sind gleichsam das durch Trivialität und Mißbrauch in die usuelle Norm gesicherte Naturgefühl. Dieses Gefühl scheint durch die Platitüden entleert oder würde, in einer anderen Version, besagen, daß Literatur nur noch im Sinne solcher Phrasen verstanden werde. Wenn dem nun so ist, so wäre alles, was der Landschaftsschutz an kulturellen Gütern für seine Ziele in Anspruch nimmt, hinfällig. Jedes seiner Ergebnisse wäre dann gleichermaßen trivial, austauschbar, kulturell wert- und funktionslos. Landschaftsschutz und -pflege hätte sich dann aller ästhetischen Komponenten (und vor allem solcher, die sich aus der Dichtung herleiten) zu enthalten; er müßte sich, abseits vom Kulturellen, neu definieren; nicht bloß Kunstgewerbe der Ökologie sein.

Noch ein anderer Schluß liegt nahe: wenn uns Natur und Landschaft über die Kanäle der Kommunikation und die deren Verhältnisse repräsentierenden Fraktionen tatsächlich nur mehr in Trivialmustern zugänglich sind und ansonsten nur als Arbeitsstätten, Erholungszentren, Reiseziele, Spekulationsobjekte, freizeitliche Erbauungsplätze fungieren, so hat der Entfremdungsprozeß der Gesellschaft die Natur auf einen sekundären Platz verwiesen. Gesellschaft selbst dominierte dann die Natur und verlangte nach einer Neueinschätzung der Begriffe, nach einer veränderten Auffassung bestimmter Strukturen zwischen diesen scheinbaren Gegensätzen; nach Modellen zu ihrer Aufhebung. Hierzu kann die herkömmliche Literatur nichts leisten; sie mag dem einen oder anderen Individuum bestenfalls als imaginäres Museum sprachlicher Naturvorstellungen dienen.

In einer Art Einschub soll hier angemerkt werden, daß die Naturphilosophie, welche nur allzu naiv reinen Naturgenuß verhieß, auch heute noch in diversen Anschauungen unverhohlen fortwirkt. Es gibt genügend Sekten und Vereine, die einer vermeintlich kontemplativen Naturbetrachtung frönen. Die sogenannte Landflucht der Hippies in den sechziger Jahren in die zahlreichen Landkommunen mag hierfür als Beispiel dienen. Wohl ist es richtig, daß die Zivilisationsmüdigkeit einer mit einer durch und durch verwalteten Welt konfrontierten Generation seine Berechtigung haben mag; das bevorstehende ökologische Dilemma wird indessen nicht durch neue experimentelle Gefühlsduselei einiger weniger beseitigt, sondern bleibt selbstverständlich vor der großen anonymen Masse der Menschheit bestehen, die ihre Überlebenschancen eben noch berechnen darf. Ähnliches gilt für den augenblicklich weltweiten Folklorismus – mit Kamera und Reisearrangement aus offenbar schlechtem Gewissen auf der Suche nach der Natur des Menschen! – und seinen facettenreichen Safariparks; auch hier vermag die Philosophie ihren unkritischen Bewunderern keinen noch so reinen Naturwein mehr einzuschenken. Andererseits ist ein Ansatz zu einer neuen Naturphilosophie (und nicht zuletzt einer, auf die sich die Ökologie möglicherweise stützen könnte) erst in letzter Zeit durch die Evolutionstheorien von Kosmos und Leben in Diskussion. Diese hat aber, so viel läßt sich bereits sagen, mit den emotionalen Anschauungen über Natur nichts gemeinsam; im Gegenteil: ihre komplizierte Theorie läßt solchen glücklicherweise wenig Freiraum für schwärmerische Aktivitäten; ebensowenig wie die Naturwissenschaft mit den Heimatdienstlern schwerlich denselben Begriff teilen wird wollen.

Es bedürfte in jedem Falle einer neuen Terminologie; keiner aus der Literatur (und Kultur) entlehnten. Deren Bedeutungen sind ja nicht zuletzt historisch depraviert worden und werden durch lokale Medien immer noch bis weit über die Grenzen des Erträglichen strapaziert, gleichwohl aber als bare Münze ausgegeben. Die zum Programm gemachten Phrasen fordern entweder völlige Identifikation oder sind von Unbehagen und Unglaubwürdigkeit begleitet; die Inhalte haben eben durch die Geschichte andere Wendungen genommen: Heimat, Volk, Brauchtum usw. wirken anrüchig oder lächerlich (wie wenn ein Schifahrer etwa sagte, der Schihang sei beseelt): aber nichts anderes bietet die Kulturpolitik in ihren nicht näher besehenen Platonismen und Maßnahmen.

Anders gesagt: sämtliche durch die Dichtung erbrachten Formulierungen des Natur- und Landschaftsgefühls sind mit der heute als schutzbedürftig erachteten Natur (die nur mehr in Momenten einer nicht leicht abzuleitenden Euphorie emotionale Regungen gestattet, ansonsten aber durch und durch als verwaltet und organisiert empfunden wird) nicht mehr vereinbar. Das Bildungs- und Erziehungsprogramm läßt eine Einschätzung dieser Beziehung nicht zu. Wo obsolet „Naturgenuß" gelehrt wird, macht es sich der Verschleierung verdächtig, sistiert Geschichte. Erst eine Theorie, die auf die durch Entfremdung hervorgerufene Distanz Bezug nähme (und damit gleichzeitig die eigene Notwendigkeit ihrer Entstehung erklärte), könnte dem Verständnis einen möglichen Zugang zu jenem älteren Naturgefühl verschaffen. Eine derartige Theorie ist jedoch aus vielen Gründen unter den gegebenen Umständen reine Illusion. Landschaft und Natur sind heute zwei Faktoren der Wirtschaft; als solche werden sie an uns in der Kommunikation herangetragen.

29

Sie sind keinesfalls mehr Projektions- oder Reflexionsflächen von Erkenntnis und Emotion. Wird nun, kulturpolitischerseits, aus welchen Zielen immer, dieser Begriff mit einer (nicht mehr vorhandenen) semantischen Dimension versehen, so gerät der Kommunikationsprozeß in ein Dilemma und straft diese andere Seite Lügen. Mehr noch: in geschäftswilligen Kompromissen leistet die verwaschene Vorstellung keine besseren Resultate als die kläglichen vorliegenden; eben die malerische in Prospekten gleichsam als Mythos festgehaltene Ästhetisierung bestimmter Interessenssphären, deren literarische Gestaltung niemals unter den Vorzeichen von Naturschilderungen vor sich gehen könnte.

RENATE TRNEK

Der Wandel des Sehens und Empfinden von Landschaft durch die Kunst

[handwritten note: Idyll als Gegenbild d. Neuigenwies schließt ihre Auffassung als Arbeitswelt ≠ aus.]

Der Begriff „Landschaft" bezeichnete zu verschiedenen Zeiten die unterschiedlichsten Zustände unserer Umwelt: „Landschaft" war „Natur": einmal verstanden als deren wilder, von Zivilisationsformen unberührter Zustand, oder, mehr unserem Sprachverständnis folgend, verstanden als die im langen geschichtlichen Prozeß der Besiedelung und Bearbeitung entstandene „Kulturlandschaft".

Das Bild der Landschaft in der Kunst reflektiert jene vielfältigen Vorstellungen vom Existenzraum des Menschen. Allerdings stand hinter dem Landschaftsbild früherer Epochen noch nicht der komplexe Landschaftsbegriff unserer Tage, der „Landschaft" letztlich als das Ergebnis aller Wechselwirkungen von natürlichen Gegebenheiten und gesellschaftlichen Zuständen versteht und damit auch Stadt, Industrierevier und Müllhalde als „Landschaft" empfinden läßt.

Bis zur Schwelle des 19. Jahrhunderts war mit Landschaft in den Darstellungen der bildenden Kunst noch weitgehend die „freie" Natur gemeint. Ein Blick über die rein kunstgeschichtlichen Probleme in der Entwicklung des Motives „Landschaft" hinaus läßt erkennen, daß Bild und Abbild von Natur letztlich – wenn auch nicht immer – das Resultat, so doch den Reflex eines gewissen „Traumes vom Lande" darstellen. Von wem geträumt und von welchem Land, das ist die – historisch bedingte – Frage.

Das Landschaftsbild in der Kunst geht weitgehend vom Schönheitswert der Natur aus. Der „Genuß" freier Natur setzt somit einen Prozeß der Ästhetisierung voraus, der das Erleben von Umwelt und Natur als Arbeitswelt mehr oder weniger ausschließt.

Dieser „Traum vom Lande" wird mit fortschreitender Zivilisation immer mehr zum Gegenpol urbaner Existenz. Aus dem Empfinden dieses Gegensatzes zwischen Stadt und Land erwachsen nun jene realen oder auch nur geträumten Fluchtbewegungen hinaus in die Natur, die damit in immer stärkerem Maße als „heile" Welt interpretiert wird – und dies nicht zuletzt mit Hilfe der künstlerischen Auseinandersetzung mit diesem Phänomen. So ist also das Begreifen der Landschaft als eines abbildwürdigen Motivs gewissermaßen eine Erfindung des Städters.

Das Landschaftsbild in der Kunst wird einmal mehr, einmal weniger bewußt zum Träger von in das Naturbild projizierten Traumvorstellungen.

Beispiele:

Im Venedig der Renaissance finden wir eine erste Manifestation dieses Gegensatzes Stadt-Land. Der stadtmüde Bürger transponierte mit der Errichtung der „Villa" als einer Einheit von Herrschaftssitz und landwirtschaftlichem Betrieb die gesellschaftlichen Strukturen von der Stadt auf das Land. Die Landschaft, die man beim Blick aus dem Fenster wahrnahm, entsprach allerdings nicht der geistigen Überhöhung des Villendaseins. Man bediente sich daher der Landschaftsmalerei, um den Widerspruch zwischen humanistisch „schöner" und „wirtschaftlicher" Villa aufzuheben, indem man das Bild der jeweiligen „Traumlandschaft" als illusionistischen Fensterausblick an die Wand malte.

Die Intention, die hinter diesem Landschaftsbild steckt, ist die Transzendierung der realen Umwelt in die irreale und vergangene Landschaft Arkadiens, jenem paradiesischen Gefilde griechischer Dichtung und Mythologie.

31

[handwritten note at bottom: Idyll: Der Reflex eines Traumes vom Lande als die positiv formulierten Schattenseiten der urbanen Existenz: die Defizite d. urbanen Existenz positive Träume verwandelt ... moderne Künstler. „Freiheit" und „Notwendigkeit"]

Paolo Veronese: Ideale Landschaft. Wandgemälde in der Villa Barbaro, Maser, Stanza del Cane

Claude Lorrain: Landschaft bei untergehender Sonne. München, Alte Pinakothek

Der Landschaftstypus, der sich so entwickelt, die „Ideallandschaft", verbildlicht im letzten die nach rückwärts gewandte Utopie eines versunkenen, goldenen Zeitalters.

Die Ideallandschaft schildert damit einen Idealzustand der Natur, den es zwar theoretisch geben könnte, der in Wirklichkeit aber nicht zu finden ist. Baum, Strauch und Terrainform dieser Landschaften sind von einem Auswahlgedanken bestimmt, der alles Unharmonische und gar Bedrohliche aus dem Bild der Natur eliminiert. Die spezielle Aufgabe der Kunst gegenüber der realen, gewachsenen Umwelt umreißt wohl am besten jener aristotelische Satz, daß nämlich die Kunst zu vollenden habe, was die Natur nicht verwirklichen kann.

Die arkadischen Phantasielandschaften der Venezianer bildeten weitgehend den Ausgangspunkt für das Landschaftsbild von Barock und Rokoko, das beim Typus der Ideallandschaft stehen blieb. Nicolas Poussin und Claude Lorrain schufen mit ihren „heroischen" Landschaften ein Form- und Motivrepertoire, welches nicht nur die künstlerische Darstellung, sondern auch die tatsächliche Optik der Umwelt gegenüber nachhaltig prägte. Man traf allerlei Anstalten, dem gemalten Landschaftsvorbild möglichst nahe zu kommen, nicht nur, indem man Architekturmotive wie theatralische Versatzstücke in das Landschaftsbild einbaute: Es führte sogar soweit, daß man die Umgebung durch ein gefärbtes „Claude-Glas" betrachtete, das die Welt in jener golden überstrahlten Lichtstimmung erscheinen ließ.

Die konsequenteste Form der Nachempfindung des „idealen" Bildes der durch die Kunst veredelten Natur stellt die „Gartenkunst" dar, die in der Theorie und Praxis des „Landschaftsgartens" besonders in England und Deutschland im 18. und 19. Jahrhundert gedeiht. Die Grundidee der Gartenkunst ist es, eben jenen nur mehr in den Bildern idealer Landschaften anzutreffenden „vollkommenen" Zustand der Natur realiter nachzubauen. Die englischen Gartenarchitekten versuchten sich darin, ein „Naturgemälde" zu schaffen, welches den Kompo-

32

F. v. Laer und L. Matthey: Venus-Tempel im Wör-
litzer-Park

sitionsideen der Maler nahestand. Konkret
hielt man sich dabei an die Bilder Poussins und
Lorrains als Vorlagen: Die Tempietti, Triumph-
bögen und Denkmäler wurden ebenso nach-
gebaut wie die ruinösen Architekturfragmente,
die als Relikte menschlicher Tätigkeit von der
Natur wieder vereinnahmt worden sind.

Die Umwelt wird also, vereinfacht ausgedrückt,
durch die Brille eines tradierten Kanons der
idealen Sicht wahrgenommen. Man darf dabei
allerdings jene Entwicklungen nicht übersehen,
die auch schon im 17. Jahrhundert – im Rahmen
einer betont bürgerlichen Gesellschaftsform –
zu einer emotionslosen, sachlichen Sicht der umgebenden Landschaft und damit zum „Land-
schaftsporträt" geführt haben, so beispielsweise
in den Niederlanden.

Die Spaltung des Vorstellungsbereiches „Landschaft" in Traumwelt und Realwelt und die
damit verbundene Forcierung des Fluchtgedan-
kens in die Natur als heiles und heilendes Re-
fugium erhält seine wahre Brisanz erst mit dem
Aufkommen des sogenannten Technischen Zeitalters, in dem Moment also, in dem das urbane
Leben in seiner Ausrichtung auf industrielle
Entwicklung als Gegenpol zur freien Landschaft empfunden wird. Nicht nur das immer
stärker werdende Nutzdenken in bezug auf die
umgebende Landschaft, sondern auch die zu-
nehmende Versachlichung einer naturwissen-
schaftlichen Sicht bewirkte, daß man in der
gefühlsmäßigen Aufladung des Landschafts-
und Naturbildes ein emotionales Ventil fand.

Die Landschaftskunst der Zeit des gesellschaftlichen und technischen Umbruches vom 18. zum
19. Jahrhundert steht somit im Kontext des
epochalen Versuches der Philosophie, die Ent-
zweiung von urbaner Existenz und dem Erleben „freier" Natur, ausgedrückt letztlich im
Auseinanderklaffen von Notwendigkeit und
Freiheit, in einer Theorie ästhetischer Totalität
wieder aufzuheben. Die Kunst soll hier als Ver-
mittler fungieren: In dem Maß, in dem die
ländliche, freie Umwelt dem Zugriff der Technologie und Industrialisierung ausgesetzt ist
und sie ihr ursprünglich als „frei" empfundenes
Bild verliert, übernehmen es Dichtung und
Bildkunst, die Natur wieder zu einer ästhetischen Einheit zusammenzufassen und auf den
empfindenden Menschen zu beziehen.

1760 zog Winckelmann beim Anblick der gewaltigen Bergwelt des St. Gotthard verschreckt
die Vorhänge vor die Fenster seiner Kutsche;
als Protagonist eines klassizistischen Schönheits-
ideals wartete er lieber auf die Harmonie
südlicher Landschaft. Etwa zur gleichen Zeit
aber deklarierte Rousseau eben jene menschen-
abweisende Alpenlandschaft zu seinem Schönheitsideal in bezug auf das Erscheinungsbild
der Natur: „Ich verlange Gießbäche . . . und
recht fürchterliche Abgründe neben mir!"

Rousseaus Landschaftsideal ist das der „unver-
dorbenen", dem Zugriff des Menschen entzoge-
nen Natur. In ihr sieht die Aufklärung das
sittlich und moralisch Gute: „Zurück zur Natur!"

Die künstlerische Entdeckung der Alpenlandschaft ist wohl auch ein Aspekt dieses Mottos.
Besonders die einer rationalistischen Geistes-
haltung aufgeschlossenen englischen Landschaftsmaler, ihnen allen voran Turner, hielten
das Bild der Schweizer Bergwelt in zahlreichen
Skizzen und Aquarellen fest. In ihren Land-

William Turner: The Devil's Bridge, Pass of St. Gotthard. Aquarell. London, British Museum, Turner Bequest LXXV-34

Joseph Anton Koch: Das Berner Oberland. Wien, Österreichische Galerie

Carl Gustav Carus: Das Montblancmassiv („Das Eismeer von Chamonix"). Schweinfurt, Sammlung Georg Schäfer

schaftsbildern äußert sich nicht mehr so sehr existentielle Angst, sondern eher die Empfindung eines bis an die Grenze des Unheimlichen gehenden Reizes des winzigen Menschen der Höhe und Entrücktheit dieser Bergwelt gegenüber.

Durch die Aktivitäten zahlreicher sogenannter „Vedutengraphiker" wurden auch seit der Mitte des 18. Jahrhunderts die „hervorragendsten An- und Aussichten" des österreichischen Alpenraumes einem breiteren Publikum bekannt und zugänglich gemacht. Denn letztlich war es die künstlerische Entdeckung und „Verarbeitung" der alpinen Landschaft, die wesentlich zur Entdeckung dieser Region als Erholungsraum beitrug.

Heinrich Zeller: Auf der Spitze des Titlis. Aquarell. Zürich, Kunsthaus

J. A. Koch steht 1815 noch ganz unter dem Einfluß des Klassizismus, der in der Kunst noch immer das Mittel sieht, die Natur zu veredeln; die Ansicht des Berner Oberlandes wird bei ihm zu einer streng stilisierten Universallandschaft.

Carl Gustav Carus gelangt um 1825 auf den Spuren Caspar David Friedrichs zu einem Hochalpenbild, das wohl schon den „großen Atem" und die räumlichen Dimensionen ahnen läßt, in den Einzelformen aber noch fast naiv bleibt. Kontrastierend besonders in der Wertigkeit des Menschen im Bild sind dann Bergpanoramen, die den Wanderer oder besser: Gipfelstürmer mit abbilden, das Beispiel aus dem Jahre 1833 illustriert mit der Darstellung

der gemütlich rauchenden und schauenden Bergwanderer den Schritt vom erhabenen Alpenprospekt zur anekdotenhaften Darstellung touristischen Selbstverständnisses. Das Bedürfnis, den Blick von der Höhe im Bild festzuhalten, wird später mit Hilfe der Photographie befriedigt werden; die künstlerische Auseinandersetzung mit diesem Thema steht in der folgenden Zeit dann unter anderen Vorzeichen.

Ebenso deutlich, für die Wirkung auf das Landschaftsbild allerdings von größerer Tragweite, fällt die Distanzierung von der „modernen, künstlichen Welt" bei den Romantikern aus: „Wer auf die Künstlichkeit unserer sozialen Denkweise genauer Acht gibt, wird sich dann leicht überzeugen, daß jenes erst in unserer Zeit

Caspar David Friedrich: Torflandschaft bei Morgenbeleuchtung („Der einsame Baum"). Berlin, Nationalgalerie, Staatliche Museen Preußischer Kulturbesitz

hervorgetretene Bestreben, sich zeitweise wie zu einer Art von Naturadoration hinauszustürzen in die Wälder ... und Berge, wirklich gleichsam eine Art von Instinkt ist, um sich ein Heilmittel zu suchen gegen die Krankheit des künstlichen Lebens und die Einwirkungen desselben auf geistige Entwicklung." Dieser Ausspruch stammt von Carl Gustav Carus, gewissermaßen dem Theoretiker der romantischen Landschaftsmalerei, der als Maler unmittelbar an die zentrale Figur romantischer Naturinterpretation anschließt – an Caspar David Friedrich.

Mit Tiecks Ausspruch: „Ich will ... nicht Bäume abschreiben, sondern Gemüt mitteilen", ist das Wesentliche dessen, was Friedrichs Naturromantik vermitteln will, umrissen: Das Abbild der Landschaft soll als Träger von „Stimmungen" auf den Betrachter wirken und dessen subjektive Empfindungen evozieren. Der einsame Baum, die Felsendolmen, die Kirchenruinen in einsamen Wäldern sind die verschlüsselten Symbole für jenes pantheistische Naturgefühl, welches selbst im kleinsten Grashalm den göttlichen Schöpfungsgedanken zu spüren vermeint. Mit dem Pathos der Leere und Ein-

36

samkeit seiner melancholischen Landschafts-
panoramen veranschaulicht er mit am deutlichsten jene Kluft zwischen „ewiger" Natur und
zeitbezogener Existenz des Menschen.

Caspar David Friedrich war die herausra-
gendste Persönlichkeit im Kreis der „romantischen" Landschaftsmaler. Im süddeutschen und
österreichischen Raum, besonders in München,
Salzburg und Wien, trafen Landschaftsmaler –
meist auf dem Wege nach Italien – aus allen
Teilen Deutschlands zusammen, die besonders
das Berchtesgadener Land und das Salzkammergut künstlerisch „entdeckten". Sie gelang-
ten jedoch in ihrer Landschaftssicht zu einer
immer sachlicheren Bestandsaufnahme des
Sichtbaren, eine Stilentwicklung, die sich in
ihrem Realismus und ihrer Detailbeobachtung
immer mehr dem Landschaftsbild des Biedermeier nähert.

Durch die künstlerischen Aktivitäten dieser
wandernden Maler und Zeichner wurden
einem Bürgertum, das sich mittlerweile zur ge-
sellschaftstragenden Schicht emanzipiert hatte,
in gewisser Weise die Augen für die „Heimatlandschaft" geöffnet.

Man verlangte aber nun nicht nur eine wirk-
lichkeitsgetreue Wiedergabe der Umwelt, eine
„wirkliche" Wirklichkeit also, man wünschte
sich auch im Sinne einer Verherrlichung des
ländlichen Lebens selbst in der umgebenden
Landschaft abgebildet zu sehen – ganz im
Gegensatz zum nahezu menschenleeren Naturbild Friedrichs.

Die Verquickung einer topographisch exakt geschilderten landschaftlichen Gegebenheit mit
dem Motiv eines romantischen „Sittenbildes"
findet sich noch in Schnorrs „Breiter Föhre bei
Mödling"; eigentliches Schlüsselbild dieser Hin-
wendung zur realen Umgebung ist wohl Waldmüllers Porträt der Familie Eltz im Anblick
von Bad Ischl: Neu und prägend ist hier die
Darstellung des – gewandelten – Verhältnisses
des Menschen zu seiner Umwelt. Die Harmonie
zwischen Natur und Mensch ergibt sich im
Bild aus der gemeinsamen individuellen Ein-
maligkeit: Mit der gleichen porträthaften

Julius Schnorr von Carolsfeld: Die Breite Föhre nächst
der Brühl bei Mödling. Wien, Österreichische Galerie

Ferdinand Georg Waldmüller: Familienbildnis des No-
tars Dr. Josef August Eltz. Wien, Österreichische Galerie

37

Treue, mit der die Physiognomien der Familienmitglieder geschildert werden, behandelt Waldmüller auch die Berglandschaft Ischls als dem Sommerfrische-Ort der Familie. Waldmüller kann getrost als derjenige Künstler gelten, der das Salzkammergut als Ferienlandschaft einer breiten Öffentlichkeit auf dem Umweg eines – künstlerischen – Bildungserlebnisses bekannt gemacht hat.

Seit der Mitte des 19. Jahrhunderts war die Landschaftsmalerei zur bürgerlichen Kunstgattung par excellence geworden. Mit Friedrichs oder Waldmüllers Landschaftsmalerei haben wir eine Kunst vor uns, die eine ausgesprochen geschmacksbildende Wirkung zeigte: Die Alpen waren gewissermaßen zum „Arkadien" des Bürgertums geworden. Was Rousseau oder Carus noch ein existentielles Bedürfnis nach einer „psychischen" Reinigung in der freien Natur war, relativierte sich zum Sonntagsausflug des Städters oder zum Sommerfrischen-Aufenthalt in den Bergen.

In Friedrichs Landschaften wird immer häufiger eine – von ihm nicht intendierte – „heimatliche", bergende Dimension entdeckt. Die breite Produktion von Landschaftsgemälden, die dem gesteigerten Gefallen an dieser Gattung der Malerei folgte, trug somit weitgehend epigonale Züge, manche Maler können mit den Motiven Friedrichs kaum mehr Stimmungen wecken, allenfalls empfindet man sie als biedermeierliche Märchenwälder.

Das Landschaftsbild wird vor allem technisch reproduzierbar gemacht durch die Öldrucke regelrechter Bilderfabriken. Friedrichs Landschaften werden in gewissem Sinn zu Inkunabeln für eine anfangs kaum definierbare, mehr gefühlte Heimatromantik, die das Bild einer speziell „deutschen" Landschaft sucht und ihr Abbild bei Friedrich findet: Man entdeckte allenthalben „Donareichen" und Hünengräber; man versuchte unter diesem nationalen Blickwinkel, das Abbild der Landschaft zum Sinnbild völkischer Gemeinschaft zu machen, Beispiel: „Deutscher" Wald.

Interessanterweise bedienen sich die Protago-

Paul Schultze-Naumburg: Regenbogen. Verbleib unbekannt, abgebildet in: „Der Kunstwart", Jg. 17, 1. H., 1903—1904 p. 53

Karl Haider: Blick über die Berge („Wörnsmühler Strahlenlandschaft"). Frankfurt am Main, Städelsches Kunstinstitut

Hans Thoma: Das Lauterbrunner Tal. Karlsruhe, Staatliche Kunsthalle

Alfons Walde: Kaiser-Hochalm. Kitzbühel, Heimatmuseum (Leihgabe der Tochter des Künstlers)

nisten dieses nationalen Heimatbegriffes schon längst vorgeprägter Motive oder Schablonen bei der Darstellung der „Heimatlandschaft": Auch wenn Schultze-Naumburg als prominenter Vertreter des „Heimatschutzes" im Begleittext zu seinem Bild „Regenbogen" betont, daß es sich um einen alltäglichen Ausblick in seiner Umgebung handelt, so interessiert ihn letztlich doch die Pathetik des Regenbogens vor düsterer Gewitterlandschaft, ein Motiv, welches er zuletzt bei Friedrich kennenlernen konnte.

Wichtigste Publikationsorgane dieses neuen, im Gesamtzusammenhang eines nationalistischen Kulturideals verankerten Landschaftsbildes waren Zeitschriften mit gehobenem Bildungsanspruch, an erster Stelle der „Kunstwart". Wald- und Bergeinsamkeit, deutsches Kulturland, sind die beliebten Motive der darin verbreiteten meist anonymen Landschaftsreproduktionen.

So werden auch die Landschaftsbilder mancher Maler, die Ausdruck einer durchaus eigenständigen künstlerischen Vorstellungswelt sind und ohne nationalistische Hintergedanken, die allerdings auch eine recht unterschiedlich zum Ausdruck kommende heroisierende Sicht der Landschaft verraten, für die nationale Stimmungslage vereinnahmt. In der nationalsozialistischen Staatskunst des Dritten Reiches ist die Landschaftsdarstellung schlicht „Vaterlandsschilderung", mag es sich dabei auch um das Bild der „Kriegslandschaft", der Front- und Schützengräberbilder handeln. Es kommt aber zu keiner eigenen stilistischen Manifestation in der Darstellung des deutschen Lebensraumes. Die nationalsozialistische Kunst ist inhaltlich doch auf das Menschen- und Historienbild zugeschnitten, sie bedient sich bei der Landschaftsdarstellung wiederum nur vorgeprägter Typen. Ideologisiert wird die eher banale Abbildung durch den zumeist pathetischen Titel wie: „Hoch im Blauen", „Dampfende Scholle" und so fort.

Die inhaltliche Belastung des Begriffes und Bildvorwurfes „Landschaft" in der Zeit des Dritten Reiches erklärt zur Genüge die Re-

Gerhard Richter: Landschaft bei Hubbelrath. Aachen, Neue Galerie-Sammlung Ludwig

serve, mit der sich die bildende Kunst nach 1945 diesem Thema wieder näherte.

Es ist an dieser Stelle jedoch daran zu erinnern, daß wir hier Entwicklungen skizzieren, die wohl sehr prägend auf Vorstellungsgehalte von „Landschaft" wirkten, sich aber auf einem – kunstgeschichtlich betrachtet – unbedeutenderen Niveau künstlerischer Auseinandersetzung bewegten. Ganz andere Strömungen der Landschaftsmalerei führten zu neuen Schritten im Erfassen des Freiraumes: die „internen" Rebellionen mancher Landschaftsmaler gegen den Akademismus auch in ihrem Genre, die zum entscheidenden Durchbruch, zur Freilichtmale-

rei, führten; der Impressionismus, der über einen „neu" entdeckten Wahrnehmungsvorgang zu anderen künstlerischen Möglichkeiten gelangte, Atmosphäre, Licht und Luft, mit den Mitteln der Farbe allein zu erfassen.

Die Probleme der Landschaftsmalerei hatten sich aber etwa seit dieser Zeit grundlegend verlagert: Das Landschaftsbild als Illusion eines Freiraumes beziehungsweise als reales Abbild unserer Umwelt hatte mit der Entwicklung der Phototechnik seine ursprüngliche Funktion verloren. Daß sich gerade die Landschaftsphotographie – wenn sie „künstlerisch" betrieben wird – noch deutlich an manchen kompositionellen Grundlagen gemalter Bilder orientiert, zeigt wiederum die geschmacksbildende Wirkung der Bildkunst. Die künstlerische Auseinandersetzung mit dem Landschaftsbild erfolgt aber primär nur noch auf der Ebene formaler Problematik.

In ganz seltenen Fällen treffen wir in der Gegenwartskunst auf Landschaftsdarstellungen, bei denen „Landschaft" als qualitativer Bildinhalt interessiert. Die Auseinandersetzung mit diesem Thema ist mittlerweile eher auf dem Weg kritischen Engagements möglich – unter Einbeziehung aller Aspekte unserer Umwelt: auch der verwüsteten, abgewohnten, „gesichtslosen", als dem Ergebnis unseres Raubbaues an Landschaft und Natur: „Kaputte Idyllen". Halbwegs intakte Kulturlandschaften werden im Zuge zunehmender Touristik immer mehr zu Freizeitreservaten; wohl zu spät wird bewußt, daß die Transferierung städtischer Lebensformen in die letzten „Fluchträume" gerade das gründlich zerstört, was man auf diesem Wege suchte: das Naturerlebnis, möglichst mit sich allein. So wiederholt sich jener Mechanismus, daß nämlich das Erträumte und mittlerweile unerreichbar Gewordene „nachgeträumt" wird auch mit Hilfe der Bilderwelt: Das Phänomen der Bilderfabriken des 19. Jahrhunderts findet in abgewandelter Form eine Fortsetzung in den Masseneditionen einer dekorativen und kulinarisch aufbereiteten Graphik, deren Landschaftsbild, das zugeschnitten ist auf ein möglichst breites Käuferpublikum, modisch verfremdet bei Friedrich-ähnlichen Motiven oder in schlichtem Realismus münden kann. Eine Fortsetzung stellt auch die sogenannte „Poster-Art" dar, mit deren Hilfe alle

HA Schult: Biokinetische Englandidylle. Privatbesitz

jene „Sehnsuchtsmotive" wie Meeresstrand, Sonnenuntergang, Almenlandschaft in die „Wohnlandschaft" geholt werden können, deren Reizqualität besonders Werbung und Touristik erkannt haben. Beide träumen uns heute konsequent den Traum von freier Landschaft und gesunder Natur vor, skrupellos allerdings eingesetzt für Produkte, die gerade das zerstören helfen.

Landschaft wird voll konsumierbar gemacht, ihr Abbild wird heute total von diesem Kommerzialisierungsprozeß bestimmt, und der Begriff „Landschaft" wird bereits weitgehend in den bildlichen Klischeevorstellungen der Werbegraphik gedacht.

Natur wird also, und das gilt besonders für unsere heutige Situation, weitgehend in der Schablone des schon Vorgegebenen wahrgenommen: Das Landschaftsbild wird genormt, typisiert, vereinnahmt. Unsere Gefühle gegenüber Natur und Landschaft erwachsen also nicht anhand von Natur schlechthin, sondern letztlich erst am vorgeformten, geprägten „Bild" von Natur.

Max Peintner: Ein total reguliertes Tal („Macht euch die Erde untertan"). Zeichnung 1972

MAX PEINTNER

Der See über dem See

Hin und wieder erfahren wir, daß wir hier anwesend sind statt bloß vertreten; und die Erfahrungen, die wir nicht machen, bringen uns allmählich bei, daß belanglose Begrenzungen in Art von Namen und trübe Gesichter um uns wohl hauptsächlich deshalb entstehen, weil wir im Geiz mit unserem Körper nicht über unsere Haut hinausgehen wollen. Kunst scheint mir ein Abbild des Bemühens zu sein, die Welt auch auszuatmen, die eingeatmet werden soll. Ihr Ziel, selten eingestanden, ist die Welt, die in Freude explodiert, ohne sich dabei aufzulösen; der Mensch, der sich selbst macht, stolz und demütig in der Gewißheit, daß er sich nicht aus eigener Kraft macht.

Im Traum sieht man, abgesehen von den Fällen, wo man sich überhaupt von außen zuschaut, kaum je Teile des eigenen Körpers. Noch eher kommen die Füße ins Bild, mit denen man in der Welt steht, als die Hände, die vielleicht aus ihr Stücke herausreißen könnten. Es ist, als ob der Eindruck einer Trennung von Innen und Außen erst gar nicht aufkommen soll. Ernst Mach hat in seinem gezeichneten Selbstporträt den Traum umzukehren versucht und seinen Kopf durch seinen Bücherschrank ersetzt. Caspar David Friedrich lehnt, gesehen von ihm selbst, in der Berglandschaft und ist sich nicht schlüssig, ob der gut geschärfte Regenbogen sein Teil Wirklichkeit aus ihr wird herausschneiden können. Seine Betrachter im Vordergrund verstehe ich als Aufforderung und Gebrauchsanleitung, die äußerste Position einzunehmen, in die sich der Mensch in Kleidern begeben kann. Der Wanderer ist eingefroren in seine Ankunft vor dem letzten Bild; er hat nichts mehr zu tun als zu schauen und sich durch die Anspannung selbstloser Aufmerksamkeit selbst aus der Szenerie zu löschen. Den Kreidefelsen auf Rügen und

der bis in die Baumkronen aufsteigenden Wasserfläche ist als verlegener Kompromiß ein unbeholfen gestellter Familienausflug vorgeschoben. Vor dem Mönch am ohnehin zur Mauer erhöhten Meer ist der Himmel heruntergelassen als eine Wand, hinter der unmöglich New York liegen könnte.

Das unbenannte Tier in Kafkas ,Bau' möchte eigentlich gar nicht draußen sein, muß es aber zeitweise, weil es die Wand auch von der anderen Seite sehen will. Dann lauert es tagelang vor dem getarnten Bau, sehnsüchtig nach den geglätteten Stollen und Vorratshöhlen, und traut sich nicht hinein, weil Fremdes mit eindringen könnte. Die Haut ist eine gottlose eigene Erfindung, das neue Zentralorgan quer durch das grenzenlose Fleisch. In der ,Beschreibung eines Kampfes' hat Kafka ganz sachlich mit der Vermischung von Leib und sichtbarer Welt experimentiert. Der Kopf ist zur Größe eines Ameiseneis geschrumpft, „aber meine Beine, doch meine unmöglichen Beine lagen über den bewaldeten Bergen und beschatteten die dörflichen Täler. Sie wuchsen, sie wuchsen! Schon ragten sie in den Raum, der keine Landschaft mehr besaß, längst schon reichte ihre Länge aus der Sehschärfe meiner Augen." Einmal sind mir nach dem Besuch eines Riesenrundgemäldes im Freien die wirklichen Berge und der wirkliche Himmel wie aufgemalt vorgekommen, so beängstigend, als hätte ich mit den Ellbogen an den Talflanken anstoßen können.

Das ,National Geographic' und alle Geographiebücher, im Osten vermutlich genauso wie im Westen, möchten uns einreden, daß die Welt eine relativ gut gelungene Koproduktion von Natur und menschlicher Vernunft oder zumindest menschlichem Goodwill ist. Sie decken die Korrosion zu, damit sie nicht zweifeln macht, und die Korruption, damit sie nicht bei der Arbeit gestört wird. Die Kinder lernen zum Beispiel 1. die Landesnatur verkennen, 2. die Geschichte, 3. Größe und Bevölkerung und 4. Wirtschaft, Handel und Verkehr; dazu sehen sie einige Städteansichten, einen Vulkan und eine „typische", folglich nicht weiter beunruhigende Straßenszene aus einem Vorort von Kalkutta. Wir unterziehen sie mit Hilfe unserer Regierungen einem vorbeugenden autogenen Training, das ihnen später helfen wird, entspannt bei der Stange zu bleiben.

Das chinesische Orakelbuch ‚I Ging', hierarchisch ausgerichtet und auf den ersten Blick eine Anweisung zur Herstellung von Autorität, zeigt, wie Autorität eingeschränkt und unter Kontrolle gehalten werden kann. Die Frage nach dem eigenen Wohl scheint es mit der Frage nach dem Wohl der anderen zu beantworten. Dabei addiert es Landschaftselemente und atmosphärische Erscheinungen zu Bildern, die für die Situation des Fragenden stehen. In diesen Landschaften kann wie selbstverständlich der Berg auch über dem Himmel sein, der See über dem Berg, der Donner oder das Gehölz in der Erde; es können sogar zwei Seen übereinander zu liegen kommen. Nichts ist hoffnungslos verzahnt und ein für allemal an dem Platz, den die Erfahrung scheinbar vorschreibt. Das Unverwirklichte ist Fels, Saft oder Erdklumpen und hat seinen rechtmäßigen Ort dort, wo es geboren ist. Die stetige Verlagerung der Massen preßt unmerklich aus dem Unmöglichen die Zukunft. „Wir kamen mit guter Schnelligkeit in das Innere einer großen, aber noch unfertigen Gegend, in der es Abend war" (Kafka).

Der Träumende hat vom Schauplatz seines Handelns oder Erleidens oft nur ein vages Gefühl, das dem Begriff näher ist als der Vorstellung. Je mehr sich die formlose Umgebung in sichtbaren Raum verwandelt, desto mehr hat sie von der Handlung des Traumes und vom Träumenden selbst aufgesaugt. Sichtbare, farbige Landschaft im Traum stellt Teile des Träumers – und dazu gehören auch die mitgeträumten, mitgemeinten Personen – vermutlich nach einer Ästhetik nebeneinander, die der der I-Ging-Bilder verwandt ist; nur ist die manchmal unumgängliche Absurdität der chinesischen Momentaufnahme durch Zerlegung in aufeinanderfolgende Bilder gemildert. Wenn der Traum den, der schaut, durch das Gesehene abbildet, dann verstehe ich das nicht als Zensur, die darauf abzielt, den harten Kern des Träumenden zu schützen. Der Landschaftstraum ist ein Versuch des Träumenden, sich zu entkernen; die Spiegel wegzuräumen, die die Illusion eines unabhängigen Zentrums erzeugen und dadurch die Aussicht verstellen. Der Träumende schaut sich, beinahe selbstvergessen, von innen an als das Behältnis von Wegen, die er geht oder einschlagen könnte. Er träumt sich als Landschaft, als den „unendlichen Boden" der Odyssee, weil Landschaft in sich geschlossen ist und lange, wenn nicht endlose Wege hat. „Und sie schlugen die graue Salzflut mit den Riemen." Vor dem endgültig Ankommen allerdings will er sich schützen, weil er weiß, daß bei sich sein in einem schlimmen Sinn auch tot sein heißt. Freud hat uns Bahnfahrten im Traum mit Sterben übersetzt: die Reise auf Schienen ist eine andere, die Landschaft fällt zu beiden Seiten der Trasse unberührbar auseinander, und der künstlich angelegte Weg muß irgendwo ein Ende haben.

Die Gegenden im Traum, von denen wir spüren, daß wir sie schon kennen, sind vielleicht unsere vorweggenommenen Selbstbildnisse im Angesicht des Todes. Einmal wollte ich mir in einer solchen Landschaft Notizen über die wiedererkannte Umgebung machen und den Zettel dann aus dem Traum schmuggeln, obwohl es schon zu dunkel zum Schreiben war.

Wenn sehr kleine Kinder Landschaften zeichnen, dann ist beispielsweise der Himmel eine blaue Wolke in einem Himmel von nichts; ein Wort, das sich zwar auf dem Papier ausgedehnt hat, aber nicht weit genug, um sich mit anderen Wörtern zu berühren. Das Ganze ist durch das Sprache-Lernen zersplittert, „Welt und Ich als Summe zusammenhängender Emp-

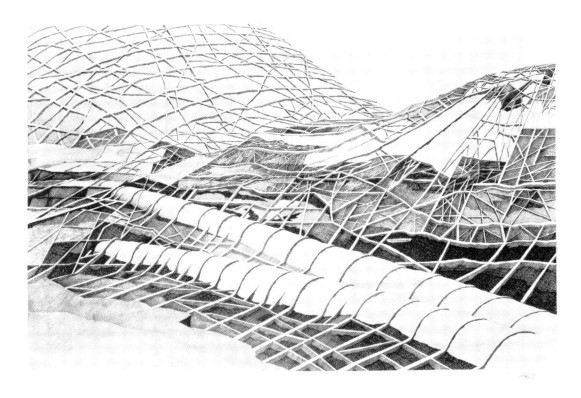

Michael Lechner: Ohne Titel, Zeichnung 1975

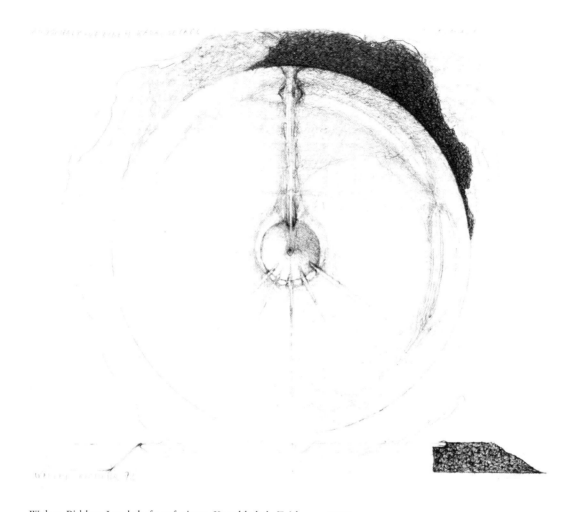

Walter Pichler: Landschaft auf einem Kanaldeckel. Zeichnung 1972

findungen" sind nichts als ein schöner Sommer-nachmittagstraum von Ernst Mach. Die westliche Kultur ist der zwar kühne, aber zum Scheitern verurteilte Versuch, Sprache selbst das zusammenfügen zu lassen, was sie getrennt hat. Zum menschengemachten Bild hat sie ein verkrampftes, mit schlechtem Gewissen durchtränktes Verhältnis. Sie hat die Bilderschrift hinter sich gelassen, damit unser Trennungsschatz frei anwachsen kann. Unsere Kultur enthält das Bild nicht mehr; sie bedient sich seiner nur, damit es ihr, gewissermaßen auf eigene Verantwortung, Verantwortung abnimmt und uns die Worte widerlegt.

Dem Traum, auch dem Tagtraum, ist es bei uns weitgehend ähnlich ergangen wie dem Bild. Gefügig und selbstlos hat er kulturpolitische Aufgaben übernommen, wie es uns Freud so gut erklärt hat. Tschuangtse behauptet von den „Reinen der Vorzeit", daß sie traumlos schliefen, und er sagt damit vielleicht, daß sie eins mit ihren Träumen waren. Nach Freud meint der Traum von einer Landschaft mit Bergen, Flüssen und Seen das weibliche Geschlechtsorgan, aber so, als ob vom wirklichen nicht geträumt werden dürfte. Tatsächlich gelingt im Traum der real erlebte Geschlechtsverkehr eher selten; aber wohl deshalb, weil der Traum seiner Natur gemäß das vollere Bild sein will, in dem Wollen und Ziel des Wollens noch nicht getrennt sind, in dem Männlich und Weiblich von vornherein vereint sind. Ich sehe das Bild dieser Einheit in vielen japanischen und chinesischen Tuschemalereien, wiederum Landschaften, ich sehe Mönche und betrunkene Dichter Wasserfälle betrachten, die aus tiefeingeschnittenen Tälern herunterspringen, ich sehe es in den endlos variierten Vier Jahreszeiten und in den Landschaftsrollen von Sesshu.

Es scheint mir, daß die Erfindung der Zeit durch das organische Leben noch nicht abgeschlossen ist, weil den „höheren" Lebewesen dabei allmählich eine neue Unmöglichkeit zugefallen ist. Sich erinnern, Vertrautes als Fremdkörper in das Jetzt eingeführt sehen,

erschafft den Wunsch, daß die ineinandergestellten Hier und Jetzt sich nicht durch einen verschiedenen Grad von Gültigkeit voneinander abheben sollen. Die indischen Visionslandschaften mit ihren Juwelenbäumen, Diamanttürmen und dreidimensionalen Perlennetzwerken kommen mir, verglichen mit den chinesischen, wie Zeitmaschinen mit technologischer Kopflastigkeit vor. Sie produzieren für unseren Geschmack eher Konstruktionspläne der Ewigkeit als die Ewigkeit selbst. Zur Zeit arbeiten wir daran, die chinesische und die indische Unmöglichkeit zu kombinieren; der Ansatz ist naiver und absurder als die vorhergehenden und hat deshalb mehr Aussicht auf Erfolg. Von uns aus gesehen ist die Abschaffung des Todes sozusagen in das Programm eingeführt, seit ein Tier ihn denken kann. Der erste Schritt war, einen Eingriff in das Jetzt überhaupt zu spüren oder sich einzubilden, der nächste ist, selbst von außen einzugreifen. Wir werden uns unsere Unsterblichkeit nach unserem Bild erfinden, gleichgültig ob wir dabei das Bild sich exakt reproduzierender DNA-Spiralen oder das Bild abgetöteter langsamer Viren benützen müssen.

In Munchs ‚Schrei', in ‚Verzweiflung' und ‚Angst' stürzen oder schleichen sich die Betroffenen aus der Perspektive; der Fluchtpunkt brennt und hat die Landschaft, sein Anhängsel, zur Blase aufgetrieben. Der vorgezeichnete Weg, der Vieldeutigkeit, Ungewißheit und Glück ausschließt, ist nicht zu ertragen. In den chinesischen Bildern durchdringen Landschaften einander und den freien Raum, und keine von ihnen versucht einen Ruhepunkt vorzutäuschen. Sesshus große Landschaftsrolle ist die achtzehn Meter lange Niederschrift ununterbrochenen Blickwechsels, bei dem trotzdem nichts verloren geht. Kein Stein ist mehr er allein; jeder gehört zugleich hier- und dorthin, so wie im ‚Ulysses' ein in den Dubliner Straßen italienisch geführtes Gespräch plötzlich zugleich zu Triest gehört. In Cézannes Mont-Sainte-Victoire-Bildern kann man die Bäume vor- und zurückspringen lassen, daß die Luft klirrt. Turner hat bei seinen Sturzwellen und Meeren bei aufkommendem Sturm das Bild überhaupt aus dem Bild gedrängt und nur einen siedenden, zerstäubenden Fluchtpunkt gemalt, so wie man im Traum auf einer Straße geht, die man nicht sieht. Es ist ihm beinahe gelungen, das ‚Ding an sich' zu malen.

Bergson hat sich – gemessen an der Relativitätstheorie noch ziemlich handfest – das Universum als Paket von einander durchwirkenden Kraftfeldern vorgestellt. Konturen wie die zwischen dem Raum um einen Berg und seiner Masse oder zwischen der Luft und unseren Körpern formen sich sozusagen aus Zweckmäßigkeitsgründen, damit ‚Bilder' entstehen und unter ihnen solche mit Sonderrechten (die Lebewesen), die außerhalb der Norm auf andere ‚Bilder' zurückwirken können. Damit wir den Berg sehen und ihn besteigen können, müssen wir erst daran gehindert sein, durch ihn durchzusehen oder ihn zu durchschwimmen. Die taoistische Philosophie rät von Aktivität ab, damit durch Zurückwirken auf die Welt das Abgetrenntsein von ihr nicht noch verstärkt wird. Als das wirklich Erstrebenswerte wird das „Umherschweifen jenseits des Materiellen" dargestellt; und alles Tun steht im Verdacht, die Erdoberfläche kompakter zu machen. Lévi-Strauss begeistert sich in ‚Traurige Tropen' für die Regenwälder des Amazonas, weil der Boden, auf den er den Fuß setzen möchte, noch nicht der endgültige Boden ist; weil es wegen der Lagen federnder Vegetation vielleicht gar keinen endgültigen Boden gibt oder überraschenderweise Wasser dort, wo man Land vermutet. Auch nach oben entwickelt sich der Wald in Stufen, von einem Blätter- und Blütenschirm zum nächsten, bis schließlich die Kronen der höchsten Bäume tatsächlich in den Himmel wachsen. Der Horizont ist zu einem verfließenden Band gedehnt, das das ganze Gesichtsfeld füllt. Monets Kathedrale von Rouen ist in Luft und Sonne verwandelter Fels: das, als was sie gebaut worden ist.

In einem Obstgarten in der Dämmerung stehen die Bäume nicht hintereinander, sondern ineinander. Glück ist vorläufig die Kraft, den Berg zu sehen und zugleich sein Inneres und die Hänge auf der anderen Seite. Für einen Angehörigen der nördlichen Aranda-Stämme in Australien „sind die Berge, Bäche, Quellen und Seen nicht nur schöne und bemerkenswerte Aspekte der Landschaft. Sie alle sind das Werk eines der Vorfahren, von denen er abstammt. In der ihn umgebenden Landschaft liest er die Geschichte des Tuns und Treibens der unsterblichen Wesen ab, die er verehrt; Wesen, die für einen kurzen Augenblick noch die menschliche Form annehmen können; Wesen, von denen ihm viele aus unmittelbarer Erfahrung als Väter, Großväter, Brüder, Mütter und Schwestern bekannt sind" (T. G. H. Strehlow, zitiert in ‚Das wilde Denken' von Lévi-Strauss). Noch als Montaigne seine Badereise unternahm, waren sogar in technischen Einrichtungen wie Straßen, Brücken oder Schöpfwerken verwandte, wenn auch blassere Bilder enthalten. Jetzt scheint sich die Decke über der Vergangenheit allmählich fest zu schließen; wenn wir unser Gestern sehen wollen, sind wir auf den Rost an den Eisenbahnschienen und den Reifenabrieb auf der linken Fahrspur angewiesen. Es bleibt uns nichts übrig, als trotzdem nicht ärmer zu werden. Rimbaud hat es eine Zeitlang versucht, Kerouac will es mit seinen Autobahn-Rollbildern beweisen. Oft werden wir bei unseren Anläufen nicht um das lästige Gefühl herumkommen, daß sie auf eine Euphorie abzielen, die nicht ganz angemessen ist; auf einen gewaltsam überhöhten Zustand, als wollte man sich vorschwindeln, statt sich hinten anzustellen. Aber so lange sich Atem und Herzschlag in Beton und Grashalme fortsetzen, wird sich das Flugzeug in der Luft halten.

BRUNO REICHLIN, MARTIN STEINMANN

Die Architektur der Landschaft

„...Ogni regione si distingue dalle selvagge in questo,
ch'ella è un immenso deposito di fatiche... Quella terra
adunque non è opera della natura; è opera delle nostre
mani, è una patria artificiale"
Carlo Cattaneo: „Agricoltura e morale"

(„Diese Regionen unterscheiden sich von der Wildnis dadurch, daß sie eine gewaltige Ablagerung menschlicher
Arbeit darstellen... Ihr Boden ist deshalb nicht ein
Werk der Natur; er ist ein Werk unserer Hände, er ist
eine künstliche Heimat.")

Eines steht fest: das Bauen in der Landschaft
ist mit wachsender Befangenheit verbunden.
Angesichts des tatsächlichen Gebrauches der
Landschaft, der sich aus dem Stand der produktiven und sozialen Kräfte ergibt, liegen
die Gründe auf mehreren Ebenen, von denen
wir die folgenden beiden nennen: Auf der
einen handelt es sich um Bedenken gegen die
Art, in der die strukturelle Entwicklung verwaltet wird. Sie sind ökologischer Natur. Ein
Beispiel: Wenn das ökologische Gleichgewicht,
das die Landschaft sichert, das sie aber auch
im allgemeinen Bewußtsein symbolisiert, von
Kernkraftwerken bedroht wird, dann richtet
sich die Kritik gegen Produktionsweisen, die
solche verlangen. Dieser wissenschaftlich be-
gründeten Kritik gegenüber bleiben die Anstrengungen gegenstandslos, Kernkraftwerke
so zu gestalten, daß sie das Landschafts-Bild
schonen.

Auf der anderen, der ideologischen Ebene, die
mit der ersten aber unmittelbar verbunden ist,
entspringen die Bedenken dem Widerspruch,
der zwischen der strukturellen Entwicklung
und den kulturellen Werten empfunden wird,
mit denen die Gesellschaft die Landschaft belegt. Das gilt auch dann, wenn die Art der
strukturellen Entwicklung selber nicht in

Frage gestellt wird. Wir beschränken uns im
folgenden darauf, diese ideologische Ebene zu
untersuchen.

Der Gebrauch, den der Mensch von der Landschaft macht, bestimmt im wesentlichen die
Wertordnung, nach der die baulichen Erscheinungen betrachtet werden, die er zur Folge
hat. Somit hängt die Frage, welche Formen
angemessen sind und welche nicht, als erstes
vom Konsens über den Gebrauch der Landschaft ab. Wer wäre nicht gerührt angesichts
der bäuerlichen Landschaft, besonders wenn
diese noch archaisch ist wie in vielen Teilen
der Alpen? Dabei wird verdrängt, daß diese
Bewirtschaftung mehr und mehr zu dem wird,
was treffend „Landschaftsgärtnerei" genannt
wurde. Aber auch über eine rationelle Bewirtschaftung besteht ein breiter Konsens, indem
sie und die Bauten, die mit ihr verbunden sind
(zum Beispiel die „Siedlungen", die mit technischer und wirtschaftlicher Unterstützung des
Bundes seit dem Krieg im Mittelland entstanden), zur Vorstellung von Angemessenheit zu-
sammenfallen.

Außer in übertrieben konservativen Kreisen
gilt diese Feststellung für eine weitere Kategorie von Bauten: die großen Ingenieur-Bau-
ten, die im 19. und 20. Jahrhundert entstanden,
als letztes wahrscheinlich für die Staumauern.
Sie bilden einen nicht wegzudenkenden Bestandteil des alpinen Pathos. (1950 erschien
die Grimsel-Staumauer auf der am meisten
verwendeten Marke der Serie „Technik und
Landschaft". Aus den genannten Gründen
können wir uns hingegen nicht denken, daß
entsprechend einmal Kühltürme als Marken-
Motiv dienen werden.)
Auf diese Weise ist der Damm von Melide
(Tessin), der im 19. Jahrhundert für den Bau

49

Briefmarken-Serie „Technik und Landschaft", 1950, Schweiz

Damm von Melide (Tessin)

einer Eisenbahnlinie in die Lombardei aufgeschüttet wurde, den See zweiteilend, nicht weniger das Denkmal als er eine Grundlage der wirtschaftlichen und politischen Emanzipation des Tessin war. Mit anderen Worten: das Bauen in der Landschaft ist unproblematisch, solange die Ansprüche, die sich aus dem kulturellen Gebrauch der Landschaft ergeben, mit denen des materiellen Gebrauches in Übereinstimmung stehen. Zu einem Problem wird es dagegen, wenn diese beiden Kategorien auseinanderfallen. Das ist es, was gegenwärtig geschieht. Von den Gründen dafür nennen wir den einen, den wir für entscheidend halten: Die immer komplexeren Produktionsweisen (und ihre Folge: die Arbeitsteilung) hindern den einzelnen Menschen, den Sinn der Erscheinungen – deren Ursachen und Wirkungen – zu erkennen. An seiner Stelle belegt er die Erscheinungen mit einem kompensatorischen „anderen" Sinn, der seinem Wesen nach als Mythologie bestimmt werden kann. In dieser Mythologie verwirklicht die Landschaft das Verlangen nach Dauer und Bestand. Dem Verlust an Geschichtlichkeit, mit anderen Worten an Wirklichkeit, den sie damit erleidet, entspricht eine Ästhetisierung des Landschafts-Bildes.

Die Auffassung, die darin zum Ausdruck kommt, ist nicht zu verwechseln mit den ernstzunehmenden Anstrengungen, aus wissenschaftlichen und geschichtlichen Gründen bestimmte Landschaften unversehrt zu erhalten, wie das für die Bolle di Magadino (Tessin) gelang.

Das Bauen in der Landschaft wird großenteils von dieser mythologisierenden Auffassung geleitet. Darum sind die Gesichtspunkte zu untersuchen, nach denen sie „Angemessenheit" bestimmt. Grundsätzlich finden wir die folgenden Arten des Verhaltens:

1. Das Bauen verwendet Formen der älteren, namentlich der bäuerlichen Häuser (einer „Architektur ohne Architekten");
2. das Bauen verwendet Materialien dieser

Gemeindezentrum Muttenz (Baselland). Architekten Rolf Keller und Fritz Schwarz, 1965—1970

Bauernhäuser in Muttenz (Baselland)

älteren Häuser, oder doch deren „Ersatz" wie etwa schwarzen Eternit für Schiefer;
3. das Bauen nimmt Beziehungen auf zu den Formen der Landschaft selber wie Fels- und Bergformen.

Wird in den beiden ersten Fällen die Anpassung auf Werte bezogen, die an Architektur-Formen gebunden sind, so erscheinen im letzten die Formen als selbständige ästhetische Werte. Eine Anpassung aber, die in diesem Sinn der abstrakten Kunst verpflichtet ist, entzieht den Architektur-Formen ihre technische, wirtschaftliche und soziokulturelle Begründung oder allgemeiner: die Begründung in der menschlichen Tätigkeit.

Genau genommen trifft diese Feststellung auch auf die anderen Arten der Anpassung zu. Das belegt das Gemeindehaus von Muttenz (Baselland), das von vielen als vorbildlich angesehen wird. Mitten im alten Dorf gebaut, nimmt es Formen der Baselbieter Bauernhäuser auf. Dabei wird beispielsweise die vergitterte Stelle unter der Traufe, die dem Heustock Luft verschafft, zum „fenêtre en longueur". Wie angemessen war demgegenüber das alte, klassizistische Gemeindehaus! Diese Verwendung von „vorgefundenen" Formen wird endgültig lächerlich, wenn ein Wassertank im Tessin, zum Zweck der Anpassung, mit einigen Merk-malen „moderner" Villen ausgestattet wird, wie sie einfallsreiche Unternehmer in der Umgebung aufstellten.

Allen genannten Arten von Anpassung ist letzlich gemeinsam, daß sie den Sinn der Landschaft aushöhlen, indem sie diese auf ein Landschafts-„Bild" einschränken (wie wir das vom zweischneidigen Begriff des Orts-Bildes kennen, der in den Schutzplänen oft genug eine rein szenographische Auslegung erfährt). Aus diesem Grund können wir Peichl nicht folgen, wenn er glaubt, sein bemerkenswertes ORF-Studio in Salzburg mit dem Nachweis rechtfertigen zu sollen, daß dessen Umrisse von den Bäumen im Hintergrund eingefaßt werden.

Wir sind überzeugt, daß sich die Entscheidungen, die das Bauen in der Landschaft zu treffen hat, wenn es nicht den Sinn der Entwicklung mystifizieren will, auf eine umfassendere Bestimmung der Landschaft stützen müssen.

Als erstes ist es notwendig, zu erkennen, daß die Landschaft immer ein Werk des Menschen ist, ob sie unmittelbar von ihm geschaffen wurde, im Sinne des anthropischen Raumes, oder nicht. Denn immer ist die Art, wie wir die Landschaft wahrnehmen – auch die „natürliche" –, soziokulturell bedingt, kraft des Sinnes, mit dem eine Gesellschaft auch die Erscheinungen in der Natur ausstattet und sie zu Gegenständen ihrer Kultur macht.

Die Wahrnehmung weist ihre eigene Geschichtlichkeit auf, ist sie doch eine Funktion der Produktivkräfte und Produktionsverhältnisse: So sind die Darstellungen der Landschaft zu Anfang der Renaissance, beispielsweise der „bel paesaggio toscano" bei Benozzo Gozzoli, oft genaue Anweisungen zu deren Bewirtschaftung. Als dann nach 1700 die ersten Engländer im Zeichen Palladios nach Italien kamen, darunter Lord Burlington, sahen sie weniger die Spuren der Arbeit, die diese Landschaft geschaffen hatte, als die „Natürlichkeit" ihres allmählichen Verfalles. (Daraus leiteten sie den Landschaftsgarten ab.)

Die Landschaft muß als Zeuge einer anthropologisch verstandenen Kultur angesehen werden, die neben den wissenschaftlichen, technischen, wirtschaftlichen, ethischen und ästhetischen Gesichtspunkten auch die kollektiven Erinnerungen einschließt, der die räumliche Wahrnehmung unterliegt: die Bräuche, die Sagen, die mythischen Bedeutungen, die mit bestimmten Orten verbunden sind und in ihren Namen überleben... Die Landschaft erschöpft sich nicht in ihrer materiellen Wirklichkeit. Es gibt darüber hinaus eine andere Wirklichkeit, die festgehalten ist auch in den Werken der Maler und Dichter, in den Schilderungen der Reisenden, in den Erinnerungen der Emigranten, in der trivialen Bildwelt der Ansichtskarten; eine Wirklichkeit, wie sie schließlich auch in den Bauten zu finden ist.

Es scheint uns nicht möglich, sich der Macht dieser von der ersten oft abweichenden Wirklichkeit ganz zu entziehen. ‚Wenn der allgemeine Glauben bestehen würde', schrieb Jung einmal, ‚daß der Rhein zu einer gewissen Zeit aufwärts floß, dann würde dieser Glauben allein eine Wirklichkeit darstellen, wie absurd er auch vom physikalischen Standpunkt aus erscheint.'

Wenn das angedeutete Verständnis der Landschaft einem kritischen Bewußtsein gegenüber ihren Erscheinungen entspricht, wie es sich seit der Romantik herausbildete, dann stellt sich die Frage nach den Instrumenten und Institutionen, die geeignet sind, dieses Verständnis in das Bauen zu übertragen.

Schon aus dem Gesagten ergeben sich Hinweise allgemeiner Art, die auch das erkenntnistheoretische Feld eines entsprechenden Vorgehens abstecken:

Die architektonische Kultur muß von einer Erforschung der Landschaft ausgehen, in der die Beiträge verschiedener Wissenschaften zusammenlaufen, darunter Geographie, Geschichte, kulturelle Anthropologie, im besonderen Besiedlungsforschung, Dialektforschung.

Das wachsende Bewußtsein, was diese architektonische Kultur angeht, hat keine Lähmung der Erfindungskraft zur Folge, es bewirkt eine neue Art des Entwerfens. Anders gesagt, müssen die künstlerischen Ziele der Architektur – wenn man so will, ihr „Kunstwollen" – die Ergebnisse der wissenschaftlichen Forschung thematisieren (ähnlich wie es das Neue Bauen an einem bestimmten Punkt seiner Entwicklung mit den neuen Technologien tat). Die neue Auseinandersetzung mit der Architektur der Stadt zeigt, wieweit es möglich ist, in diesem Sinn auf die architektonische Kultur einzuwirken. Das erfordert eine Didaktik des Entwerfens, die es versteht, die Parameter in diesen Ergebnissen zu finden, sie mittels dieser Ergebnisse zu erfinden.

Um nicht in den Verdacht des Spekulierens zu kommen, veranschaulichen wir unsere Forderungen mit einem eigenen Werk, einem Haus von Reichlin und Reinhart in Torricella:

Die Frage der Anpassung stellte sich in der Schaffung einer möglichen Beziehung zu den Elementen der Landschaft, die betrachtet werden dürfen als geschichtlich-paradigmatische Vorläufer der Besiedelung mit alleinstehenden Häusern, die seit dem 18. Jahrhundert am Rande der Dörfer im Tessin entstanden. Diese bäuerlichen Dörfer zeichnen sich durch eine Geschlossenheit aus, die sich aus der Notwendigkeit erklärt, mit dem Ackerland spar-

Haus Tonini, Torricella (Tessin). Architekten Bruno Reichlin und Fabio Reinhart, 1972—1974

sam umzugehen.Außerhalb, in der Regel entlang der Zufahrtsstraßen, an bevorzugten topographischen Stellen, entstanden in den vergangenen Jahrhunderten die bürgerlichen Villen, großenteils gebaut von reich gewordenen Emigranten. Eine derartige Besiedelung, die noch in vielen Fällen ablesbar ist, spiegelt bildhaft die wirtschaftlichen, sozialen und kulturellen Bedingungen, die während Jahrhunderten bestanden.

Vom typologischen und morphologischen Standpunkt aus reproduzieren diese Villen in Vereinfachung die städtischen Modelle. Es handelt sich um hohe, geschlossene (oft durch einen erhöhten Bauteil über der Mitte betonte) Baukörper mit stilistischem Beiwerk, das auf das Zeichenhafte reduziert ist. Diese architektonische Tradition bildet einen der Parameter: Das Haus in Torricella fügt sich insofern in die Landschaft ein, als es diese in den Merkmalen ihrer Entstehung synoptisch sichtbar macht.

Auf der einen Seite systematisiert und objektiviert die vorgeschlagene Forschung das Wissen, was die Landschaft im allgemeinen angeht, auf der anderen aber hat sie zur Folge, daß die Unverwechselbarkeit einer bestimmten Situation so deutlich wie möglich wird.

Die Tatsache, daß auch das Wissen in stän-digem Wandel begriffen ist, bedingt, daß die Parameter nicht „ein für allemal" gelten. Sie müssen von Fall zu Fall gefunden werden. Jeder verlangt eigene Untersuchungen und Entscheidungen, und die dabei gemachten Erfahrungen müssen, diese weitertreibend, in eine Theorie münden, während die Theorie ihrerseits die folgenden Schritte festlegt. In diesem Sinn behauptete Rogers schon 1957 in einem grundlegenden Beitrag über das Bauen in den historischen Städten, daß die architektonischen Vorentscheidungen einer Planung das Feld nicht verlassen dürften, in dem eine gegenseitige Verantwortung der beteiligten Verwalter, Planer, Architekten bestehen kann. Diese Verantwortung, die er erkenntnistheoretisch (in den Begriffen der geschichtlichen und architektonischen Bildung) verstand, kann nicht auf verschiedenste Personen und Institutionen aufgeteilt und sie kann auch nicht mit unbestimmter Geltungsdauer ausgestattet werden. (Im besonderen wandte er sich gegen Planungen, deren generelle Bestimmungen volumetrische Angaben – die nur zu gut bekannten Klötzchen – enthalten.) Rogers gelangte folgerichtig dazu, eine Doktrin des „von Fall zu Fall" vorzuschlagen, die über dem Verdacht des Agnostizismus steht.

Diese wenigen Überlegungen erlauben, konkreter zu sagen, auf welche Weise die geforderte rationale Anpassung zu erreichen ist und auf welche nicht.

Um es vorwegzunehmen: Nur eine Architektur, die ein kritisches kulturelles Bewußtsein spiegelt, ist dazu imstande. Die einzige ernstzunehmende Weise besteht darin, die Instrumente und Institutionen bereitzuhalten, die eine derartige – erfinderische – Architektur begünstigen. Es gibt keine Abkürzungen administrativer Art. Die Schwächen, die den Reglementen anhaften, werden sofort ersichtlich: Sie bilden, in der zweifachen Bedeutung des Wortes, einen Katalog von städtebaulichen und architektonischen Merkmalen wie Massen, Formen, Farben, Materialien, die notwendigerweise abstrakt sind, da sie außerhalb der ge-

53

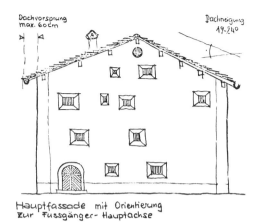

Gestaltungsschema zum Reglement von Sils (Engadin),
1972. Verfasser Planpartner AG

Bauernhäuser in Scuol (Engadin)

nauen geschichtlichen, technologischen, typologischen, morphologischen, topographischen und
anderen Begründungen stehen. Wir haben
schon davon gesprochen.

Die komplexe Bedeutung der Landschaft, die
von der Beziehung des Menschen zu den Dingen in dieser Landschaft bestimmt wird, erscheint in den Reglementen als Eigenschaft der
Dinge selber. Sie werden zu Fetischen. Bezeich-
nend dafür ist, daß gerade die Merkmale, die
an vielen Bauernhäusern eine Folge von Zufall
und Beschränkung sind, daß das, was nicht
regelmäßig, nicht gemäß den Regeln ist, in
den Reglementen wiederkehrt als Bürge der

„Natürlichkeit". Als Beispiel nennen wir das
Reglement, das die Planpartner AG für Sils
(Engadin) entwarf. Darin heißt es über die
Grundform: „Pro Bau sollen höchstens zwei
rechte Winkel, vorzugsweise aber stumpfe
Winkel verwendet werden", was durch eine
leichte Biegung der Fassade erreichbar sei. Und
über die Fassaden selbst: „Es sollen große
Mauerpartien mit unregelmäßiger Fenster-
teilung angestrebt werden. Es sollen im weiteren nur kleinere, möglichst verschiedenfor-
matige, tiefliegende Trichterfenster verwendet
werden. Balkone sollen nur sparsam und,
wenn, in unregelmäßiger Anordnung verwendet werden." Undsoweiter. Die Schemata, die
den Vorschlag begleiten, unterstreichen die
Verständnislosigkeit gegenüber den Engadiner
Bauernhäusern, die diesem Mimetismus eigen
ist. Das gleiche gilt für die meisten Entwürfe,
die für einen Wohnungsbau-Wettbewerb in
Celerina (Engadin) eingingen. Eine Ausnahme
macht der Entwurf von Snozzi, der einen Weg
aus der Falle des Mimetismus weist (und der
in der Auseinandersetzung um das Bauen in
der Landschaft eine Wende bewirkte).

Die Gemeinde Celerina besteht aus zwei alten
Dörfern, die am Rand der unbebauten Ebene
liegen, durch die, teilweise kanalisiert, der Inn
fließt. Zwischen ihnen erhebt sich ein mächtiger
Hotelbau aus der Jahrhundertwende, der durch
seine typologische und morphologische Anders-
artigkeit die Trennung der bäuerlichen Dörfer
betont. Seit dem Krieg greifen neue Bauten,
die sich wie ein Ölfleck ausbreiten, diese klaren
räumlichen Beziehungen an.

Die Elemente, in denen sich die Besiedlung
der in Frage stehenden Landschaft spiegelt,
dienen Snozzi als Ausgangspunkte, beispielsweise der Inn-Kanal: ein durchaus begrün-
deter Ausgangspunkt, denn erst dieser Kanal
erlaubte, die früher immer wieder über-
schwemmte Ebene zu besiedeln. Unter anderen
sozioökonomischen und soziokulturellen Bedingungen entstanden und, damit verbunden,
in einer anderen topographischen Lage als das
alte Dorf, nämlich in der Ebene, tritt der Ent-

54

Wettbewerb für Wohnungsbau in Celerina (Engadin), 1973. Entwurf der Architekten Luigi Snozzi und Walter von Euw

„Tessiner Bergsiedlung" 1976, Projekt für Ferienwohnungen in Gerra (Tessin). Architekten R. F. Baer und M. Steiger

wurf in eine dialektische Beziehung zum Dorf. Er macht die Entstehung der Landschaft verständlich. Daß sich dabei die Landschaft selber verändert, liegt auf der Hand. „Es handelt sich nicht darum, sich einer vorgegebenen Situation anzupassen", schreibt Snozzi, „es handelt sich darum, eine neue Situation zu entwerfen."

Aufgabe einer Architektur, wie wir sie fordern, ist es, die Bedeutung der Elemente der Landschaft immer wieder verständlich zu machen beziehungsweise zu verhindern, daß sie durch Fetischisierung unverständlich werden. Dann wird Architektur zu einem Instrument unserer Erkenntnis.

Die architektonische Kultur muß die wissenschaftliche Erforschung der Landschaft fördern. Unter den Disziplinen, die für das Entwerfen maßgebend sind, gibt es einige, die in besonderem Maß in die Zuständigkeit des Architekten fallen: die typologische und morphologische Untersuchung der Architektur, die Untersuchung von Konstruktion und Distribution und andere. Gestützt auf eine systematische Aufnahme von Siedlungen (wie sie im Tessin begonnen wurde), erlauben es typologische Untersuchungen zu erkennen, welche in der vielgestaltigen Wirklichkeit der Bauten die wiederkehrenden Merkmale – die Typen – der bäuerlichen Architektur sind. Wenn so die Grundlage einer rationalen Kenntnis der Formen einmal gelegt ist, erscheinen diese als Resultanten der topologischen und stereometrischen Eigenschaften des Raumes, der Erfordernisse der Bau- und Gebrauchsweisen. Auf diese Weise wird aufgeräumt mit den „romantischen" Deutungen, die ästhetisieren, was an der bäuerlichen Architektur die Frucht der Beschränkung, der Armut und des Verfalls ist.

Das alles führt schließlich zur Feststellung, daß der Architektur-Entwurf das einzige angemessene Mittel bleibt, um sich, auch auf der Ebene der Institutionen, mit dem Bauen in der Landschaft auseinanderzusetzen. Nur ein Entwurf kann die Eigenart des einzelnen Falles in ihrem ganzen Umfang widerspiegeln. Nur ein Entwurf gestattet, die Anweisungen, die sich aus der Untersuchung eines Falles ergeben, an den Möglichkeiten zu messen, diesen zu genügen. (Diese Feststellung hat nichts zu tun mit einem Herrschaftsanspruch der Architekten. Sie trägt ganz einfach dem Umstand Rechnung, daß nur die Architekten imstande sind, dem Beitrag der anderen Wissenschaften mit den konkreten, ihrer Disziplin eigenen Möglichkeiten zu begegnen.) Auch aus diesem Grund denken wir, daß die sogenannten Schutzplanungen nur soweit Geltung haben, als sie wie ein Entwurf konzipiert und auch wie ein Entwurf bewertet werden. Sie müssen die genauen Grenzen zwischen den einzelnen Teilen der Landschaft bezeichnen, Gebiet für Gebiet, Haus für Haus; sie müssen genau beschreiben, was zu schützen ist und wie das zu geschehen hat; sie müssen schließlich Entwürfe für die bebaubaren Gebiete enthalten. Dagegen verwahren wir uns gegen die schon einmal genannten Klötzchen und die gutgemeinten Sammlungen von gestalterischen Vorschriften, die nichts anderes tun, als die Architektur ins Laufgitter zu stecken.

Die Institutionen, die vorzuschlagen sind, um einen Entwurf zu prüfen und ihn einerseits mit den Ergebnissen der wissenschaftlichen Forschungen, andererseits mit der architektonischen Kultur zu konfrontieren, bleiben die traditionellen: der Wettbewerb und das Bewilligungsverfahren. Auf den ersten Blick scheint diese Folgerung enttäuschend, sind doch deren Schwächen allgemein bekannt. Es ist aber zu bemerken, daß diese Schwächen mehr den Personen als den Institutionen anzurechnen sind. Insbesondere sind sie imstande, die verhängnisvoll verzettelten Kompetenzen in der Planung, namentlich im Landschaftsschutz, wieder zusammenzufassen.

Preisgerichte und Kommissionen vertreten im guten wie im schlechten die herrschende architektonische Kultur. Wenn diese in der beschriebenen Weise beeinflußbar ist und wenn die Institutionen auch den Kräften zugänglich sind, die mit ihren Untersuchungen und Entwürfen auf diese einwirken (und dabei die trügerische Sicherheit des Mittelmaßes zurückweisen), dann sehen wir die folgenden positiven Eigenschaften:

Der Wettbewerb verzeichnet sehr genau den Stand der architektonischen Kultur, noch mehr, er regt diese Kultur an.

Der Entscheid der Preisgerichte und Kommissionen bleibt auf einen konkreten Fall bezogen und nimmt keine späteren Entscheidungen vorweg, wie dies bei den Reglementen ihrem Wesen nach gilt.

Der Entscheid bleibt bezogen auf die Kultur, die ihn trifft: er vertritt diese. Wenn sich im Fall von Celerina am Ende doch der Gemeinplatz durchsetzt, so wird in diesem Entscheid eine im Augenblick herrschende Auffassung sichtbar. Damit setzt sich diese Auffassung aber auch der Öffentlichkeit aus: sie wird zum Gegenstand der Auseinandersetzung. Es gibt für sie die „höhere Gewalt" der Reglemente nicht, die vielen gelegen kommt, die aber die Kultur erstickt.

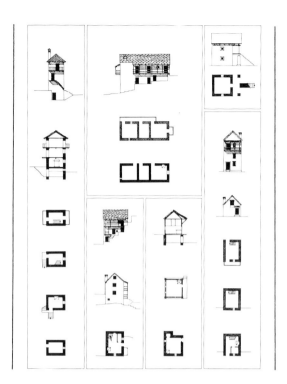

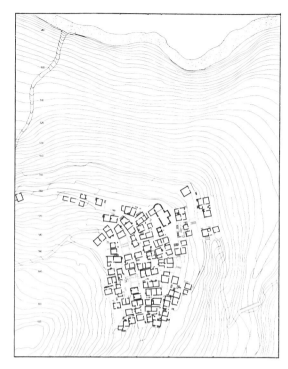

Corippo; Aufnahmeplan Erdgeschoß Typologische Tafeln; oben: Turmhaus; links: Doppelhaus

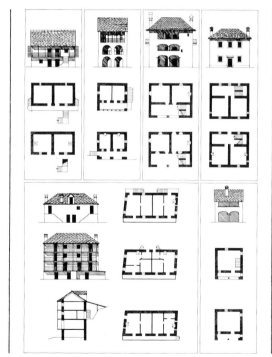

Im Auftrag der Stiftung „Ticino Nostro" wurde während zwei Jahren eine Reihe von Siedlungen im Kanton Tessin aufgenommen. Die Untersuchung, die unter der Leitung von Aldo Rossi stand, wurde von Eraldo Consolascio und Max Boßhard durchgeführt. Der erste Schritt bestand in der Aufnahme der Grundrisse aller Häuser, deren vielgestaltige Erscheinung auf die grundlegenden planimetrischen Beziehungen zurückgeführt wurde: aus der Klassifizierung der wiederkehrenden Merkmale ergab sich eine beschränkte Zahl von Haustypen als Hypothesen der weiteren Arbeit. Diese wurden dann nach weiteren Parametern untersucht: funktionelle Beziehungen und Benennungen der Räume durch die Bevölkerung, technologische und morphologische Gesichtspunkte etc. So erweiterte sich die theoretische Bestimmung von „Typus" und gleichzeitig konkretisierte sie sich, indem die dialektischen Beziehungen zwischen ihren verschiedenen Ebenen genauer erkannt wurden — als „système où tout se tient". Häufig erlaubte erst die Überlagerung dieser Ebenen, die Häuser typologisch zu bestimmen. So läßt sich das „Doppelhaus", im Beispiel Corippo, auf Grund der symmetrischen Fassade

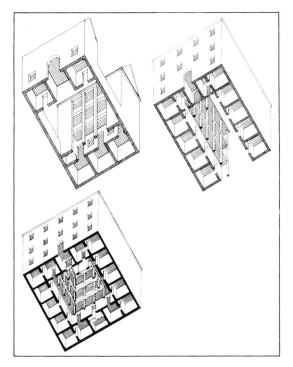

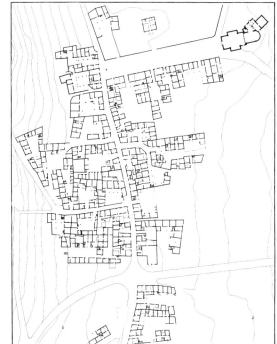

Rancate; Aufnahmeplan Erdgeschoß 1. Casa ad insula;
2. casa a corte; 3. palazzo a corte. Rechts: Bauernhof
im Südtessin

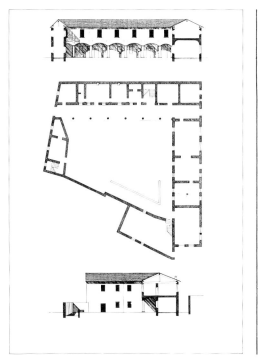

eindeutig von zwei zusammengebauten Turmhäusern
unterscheiden. Im anderen Beispiel, Rancate, zeigt eine
typologische Untersuchung, wie der Hof der bäuerlichen
Komplexe in den bürgerlichen Häusern, unter anderen
als den früheren produktiven Bedingungen, als Form
überdauert und sich dabei verfestigt. Die beiden Arten
von Hof, einmal als Beziehung von Funktionen, das
andere Mal als Form, unterscheiden sich ihrem Wesen
nach und können nicht einem einzigen Hof-Typus zu-
gerechnet werden.
Welches ist der Stellenwert solcher Untersuchungen für
den Entwurf? Sie versetzen den Architekten in die Lage,
sich der besonderen geschichtlichen und gesellschaftlichen
Bedingungen der Typen bewußt zu werden, statt sie,
losgelöst von diesen, gewissermaßen als „Form" zu verwenden und sie so ihres Sinnes zu berauben. Das erlaubt
einem Entwurf, gerade dadurch an der Entwicklung
teilzuhaben — sich also der Architektur eines bestimmten Ortes anzupassen —, daß er, innerhalb der logischen
Beziehungen, die diese Untersuchungen freilegen, seine
eigenen Bedingungen zum Ausdruck bringt.

Eraldo Consolascio

STADTLANDSCHAFT, Salzburg, Kapuzinerberg

Unverwechselbare und eindrucksvolle Stadtlandschaften sind eine Einheit aus Topographie und Baustruktur: natürliche Gegebenheiten und menschliche Entscheidungen bedingen einander. Das „Stadtbild" ist das Ergebnis eines langen geschichtlichen Prozesses.

60

FRIEDRICH ACHLEITNER

Über das Verhältnis von Bauen und Landschaft

Der heutige Landschaftsbegriff ist ein historisches Produkt aus tradierten Wunschvorstellungen. Das ist die These, die hier vertreten wird. Es handelt sich dabei ausschließlich um städtische Wunschbilder, um Wunschbilder von Städtern, das heißt, um eine Dialektik Stadt–Land, wobei das Land entsprechend der historischen Situation der Stadt, jeweils eine bestimmte Illusionsrolle (Sublimierung irreparabler Probleme?) übernahm. Das drückte sich schließlich auch darin aus, daß das aus dem Stadtraum verdrängte Land immer wieder in künstlicher Form (Gärten oder Parks) zurückgeholt wurde. Als dies in der Industriestadt des 19. Jahrhunderts nicht mehr möglich war, wurde zu diesem Stadtsystem eine Alternative entwickelt: die Gartenstadt.

Eines der ältesten und widerstandsfähigsten Wunschbilder und Symbole ist das freistehende Einfamilienhaus. Die „Villa", die heute noch als Kümmerform in end- und gesichtslosen Streusiedlungen dem „kleinen Mann" Besitz, Freiheit und gesundes Leben verspricht, hat einen langen Verwandlungsprozeß hinter sich. Die einst mit ihr verbundenen Privilegien und Lustbarkeiten haben sich in Plackerei, Hypotheken und lange Verkehrswege verwandelt. Aus der Lebensform einer kleinen Oberschicht ist ein Massenphänomen geworden, die Stadtflucht findet innerhalb der städtischen Regionen statt, und es entstehen jene undefinierbaren Gebiete, in denen die städtischen Lebensformen verkümmern und ländliche sich nicht entwickeln. Es sei dahingestellt, ob es sich dabei unbedingt um eine negative Entwicklung handelt. Uns interessiert zunächst die Tatsache, wie eine Bebauungsform, die zum Symbol geworden ist, mit immer neuen Inhalten gefüllt wird und trotz des sichtbaren Schwindens seiner positiven Eigenschaften nichts an Attraktivität

verliert. Es wäre natürlich falsch, dieses Symbol allein vom Idealbild der Villa herzuleiten, so sehr es im Bewußtsein verankert ist. Zumindest in Österreich gab es eine Spanne, die zwischen dem freien Bauern (etwa in Tirol) und dem Leibeigenen (etwa im Burgenland) lag, und es ist ein lebendig gebliebenes Erfahrungsgut, daß noch immer freistehend mit frei und dicht (zusammenhängend) verbaut mit unfrei assoziiert wird. Ähnliches gilt für das Ein- und Mehrfamilienhaus, gar nicht zu reden von den Erfahrungen des städtischen Mieters mit dem legendären Hausherrn, dessen Rolle sich sogar in den bürokratischen Mechanismen der kommunalen Hausverwaltungen tradiert hat.

Was hat dies alles mit Landschaft zu tun?

Das dialektische Verhältnis von Stadt und Land besteht unter anderem auch darin, daß jede städtische Lebensform, vom Mittelalter bis zur Industriegroßstadt des 19. Jahrhunderts, eigene Bilder vom Land und der Landschaft entwickelte, die zunächst durch Literatur und Kunst, später noch durch industrielle Kitschproduktionen dem städtischen Konsumenten zugeführt wurden. Wenn man auch annehmen kann, daß im heutigen Bewußtsein die im Bildungsgut konservierten Landschaftsklischees (etwa die der Romantik) noch eine Rolle spielen – die biedermeierliche Wohnkultur ist zum Beispiel immer noch eine Identifikationsebene bestimmter Schichten –, so ist es doch sehr wahrscheinlich, daß der heutige Landschaftsbegriff ein Produkt jener Auseinandersetzungen ist, die seit der Jahrhundertwende geführt wurden.

Heimatschutz

Neben fortschrittlichen städtebaulichen Programmen und visionären Entwürfen gab es seit der Jahrhundertwende noch eine andere Front der Auseinandersetzung, die im bürgerlichen Lager geführt wurde, eher rückwärtsgewendet und das allgemeine Bewußtsein ungeheuer beeinflussend. Die „Kulturarbeiten" Paul Schultze-Naumburgs, um nur einen prominenten Vertreter zu nennen, die seit 1900 in großer Auflage erschienen, entwickeln einen Kultur- und Landschaftsbegriff, der sich an der vorindustriellen Goethe-Zeit orientiert. Die Architektur um 1800 war für viele (Mebes, Loos, Hoffmann, Tessenow etc.) nach der stürmischen Entwicklung des 19. Jahrhunderts, der technischen Expansion und dem Stilpluralismus die akzeptierte Basis einer neuen Auseinandersetzung. Der Maler Schultze-Naumburg kam allerdings teilweise zu anderen Schlüssen. Indem er die Wirklichkeit des 19. Jahrhunderts verdrängte und die baulichen Auswüchse des Liberalismus nur auf einer ästhetischen Ebene bekämpfte, träumte er von der Erhaltung und Wiedergewinnung einer „deutschen Kulturlandschaft", deren Vorbilder (auch für die Architektur) eben die Goethe-Zeit lieferte. In unserem Zusammenhang ist vor allem die politische Dimension dieses Traumes von Bedeutung, denn eine Generation später machten sich die Nationalsozialisten tatsächlich an die Arbeit, die deutsche Kulturlandschaft zu „reinigen" (im weitesten Sinn des Begriffes), und schufen ein Landschaftsbild, das heute noch eine Hypothek für uns ist.

Erweiterung und Trivialisierung des Landschaftsbegriffes im Dritten Reich

Landschaft als Bildungsprodukt, Gegenstand nationaler Sehnsucht, Fluchtziel aus „verderbter Großstadt", aus dem „Sumpf der Gesellschaft", dieser Begriff wird von der NS-Ideologie emotionell aufgeladen und trivialisiert. Landschaft wird zum Schicksals- und Lebensraum der Nation (der natürlich ausgedehnt und befestigt werden muß), sie ist der Sitz alter Stämme, Lebens- und Darstellungsraum edler Rasse, Quelle bodenverbundener Kultur. Das

Bauen in diesen landschaftlichen Räumen ist nationale Selbstverwirklichung, also höchstes Gemeingut.

Wir kommen nicht darum herum: Diese Summierung von Phrasen und Halbwahrheiten führt erstmals einen umfassenden und allgemein verständlichen Landschaftsbegriff ein, indem versucht wird, der Ideologie entsprechend, die „Gesamtheit" eines Lebensraumes zu erfassen. Wenn man noch dazu bedenkt, daß die Nationalsozialisten das ganze Spektrum der kleinbürgerlichen Vorurteile umfunktioniert und für sich benutzt haben, so liegt darin das Geheimnis der nachhaltigen Wirkung dieses Gedankenguts. Auf die Folgen, die das Bauen betreffen, werden wir noch eingehen.

Zunächst ist es noch notwendig, ein wenig auf die Landschaftsinterpretation der NS-Architektur einzugehen. Die Konflikte sind bekannt. Dem Industriebau z. B. wurde durchaus eine eigene Rolle zugestanden, was nicht nur aus seiner Funktion zu erklären ist, sondern auch aus dem Einfluß, den sich die Großindustrie gesichert hatte. Vor allem der Wohnbau und ländliche Gemeinschaftsbauten werden dem Landschaftsbegriff unterworfen, und so paradox dies klingen mag, es entstehen von der Nordsee bis zu den Alpen gleich aussehende „landschaftsgebundene" Bauten. Man wird dagegen einwenden, daß die NS-Architektur wohl zwischen einem niedersächsischen Bauernhaus und einem Alpenhof unterschied, da sogar das bayrische Jodeltum seinen offiziellen Segen hatte. Das stimmt. Diesem Stammespluralismus entgegen wirkte aber eine Art Kolonisierungstendenz eines biedermeierlichen Heimatschutz-Stiles (z. B. Stuttgarter Schule), deren Regeln reichseinheitlich angewandt wurden. Diese Einheitlichkeit erstreckte sich in Österreich von den Linzer Wohnanlagen der „Hermann-Göring-Werke" bis zu den steirischen Bauten der Alpine und den Vorarlberger Südtiroler-Siedlungen. Das alpine Formvokabular stellte eher eine untergeordnete Differenzierung dar, die Bebauungsformen waren jedoch im Prinzip gleich geblieben. Zwar hatte man

62

eifrig die Hauslandschaften studiert, aber diese Vielfalt war offensichtlich einer gesamtdeutschen Perspektive im Wege, man entschied sich für Kürzeln, Klischees (Schlagworte), die jeder verstand und die sich auch bis heute erhalten haben.

Die Veränderung einer Kulturlandschaft und ihrer Bausubstanz ist naturgemäß davon abhängig, wie stark die jeweils auftretenden Leitbilder sind und wie groß und mächtig die Gruppen, die sie durchzusetzen versuchen. Mit Ausnahme des sozialistischen Volkswohnungsbaus in Wien und der NS-Architektur gab es seit der Jahrhundertwende keine politisch dominierende Ideologie, die ihre Vorstellungen in einer breiteren Form hätte realisieren können. Die Norm war vielmehr ein Kleinkrieg von Anschauungen, von einzelnen Architekten oder Gruppen getragen. Natürlich spielten auch andere Momente eine Rolle: etwa das Selbstverständnis einer Stadt, wie es gerade in Salzburg durch die starke Reflexion der Geschichte und die Entwicklung der Festspiele entstanden ist.

Versagen des Funktionalismus

Man wird sich vielleicht an dieser Stelle fragen, wo denn die Wirkungen der modernen Architektur geblieben sind. Es gibt zwar eine Reihe vorbildlicher Bauten, die auch ein Verhältnis zu Natur und Landschaft dokumentieren (einige werden im Bildteil gezeigt), die aber im Bewußtsein der Bevölkerung Außenseiter, ja Fremdkörper geblieben sind. Ursache für dieses Mißverständnis und die Ablehnung mag wohl sein, daß sich die moderne Architektur unter der Flagge des Funktionalismus nicht an der Interpretation von historischer Architektur, jedenfalls nicht von lokalen Bautraditionen, beteiligt hat. Die Symbole waren bezogen auf einen wissenschaftlichen und technischen Fortschritt, die Tendenz war gerade eine Befreiung von lokalen Bindungen. Natur und Landschaft bestehen aus überprüfbaren Elementen, aus Topographie, Klima, Aussicht. Sie konnten

überall zu ähnlichen Überlegungen und Ergebnissen führen. Heute ist der Glaube an eine formschaffende Vernunft ramponiert. Der triviale Funktionalismus und der Bauboom nach dem Zweiten Weltkrieg haben eine Situation geschaffen, in der die Symbole des Fortschritts eher das Gegenteil signalisieren: Zum Chaos der unüberschaubaren Bauentwicklung, der explodierenden Städte kommt die Monotonie industrieller Ästhetik, das ausgelaugte Vokabular von heilbringender Wissenschaft und Hygiene. Das Ornament, aus Gründen einer ethischen Ökonomie aus dem Tempel der Architektur vertrieben, hat sich als Faktor der Ökonomie selbst erwiesen. Die Spielregeln waren anders: wer abwaschbares Holz will, nimmt Resopal, alle Beteiligten wissen Bescheid.

Stilfragen

Es gibt ein sehr plausibles Argument: Bei der heutigen Flut von Bauten komme es gar nicht mehr darauf an, wie ein einzelnes Objekt aussehe. Selbst wenn jedes Haus von einem Meister gebaut würde, die Summe der Objekte ergäbe doch ein Chaos, die Zerstörung der Landschaft etc. etc. sei nicht aufzuhalten. Mit einem Wort, Fragen der Ästhetik seien sekundär, wenn nicht überhaupt überflüssig.

Dieser Ansicht steht eine Tatsache gegenüber: Aus der Vermischung von Heimatschutzgedanken, Blut- und Bodenideologie, falschverstandenem Denkmalschutz, Naturschutz, Ortsbildschutz, aus Landschaftsklischees, touristischem Management, Spekulation, Existenzangst, Kurzsichtigkeit und Denkfaulheit hat sich ein „alpiner Stil" entwickelt, ein handsamer ästhetischer Monotonismus, der sich nicht nur über alle „alpinen" Länder vom Boden- bis zum Neusiedlersee erstreckt, sondern auch alle Bauaufgaben umfaßt, von der Almhütte bis zum Großhotel, von der Tankstelle bis zum Bezirkskrankenhaus.

Dieses in der Geschichte einmalig dastehende Phänomen verdient genauer untersucht zu werden. Daß es sich dabei nicht nur um den harmlosen Alpenhut handelt, den der Einheimische für den Fremden und der Fremde für den Einheimischen aufsetzt, zeigen die Folgen: Das „alpine Haus" (welches?), reduziert auf ein paar charakteristische Elemente, läßt durch sein Hauptmerkmal, das flache Satteldach, nur schlecht geschlossene Verbauungen zu (vgl. Wawrik, S. 89 ff.). Es tendiert zur offenen Verbauung, ist von seiner Natur her ein freistehendes Haus. Dieser „Stil" kommt also, abgesehen von seiner leichten Erlernbarkeit für Architekten, Baumeister und Techniker, den Besitzverhältnissen, der willkürlichen Ausnützung jedes Grundstückes entgegen. Außerdem beschleunigt er behördliche Entscheidungsprozesse, da Bürgermeister und Bauämter nur ein paar Merkmale zu prüfen haben und davon verschont bleiben, sich wirklich mit architektonischen Fragen befassen zu müssen. Was sich harmlos als ein trivialer „Stil" zeigt, ist in Wirklichkeit die Erscheinung eines gut funktionierenden Systems, das unsere Erholungslandschaften beherrscht.

Heimatstilfragen

Wenn man einmal von den aristokratischen Vorläufern in den Landschaftsgärten des 18. und 19. Jahrhunderts absieht, so ist der sogenannte Heimatstil ein Phänomen des liberalen und nationalen Großbürgertums, dem zumindest die Architekturgeschichte keine Bedeutung zugestanden hat. Bei Adolf Loos, der sich ja kritisch mit dem Kulturbegriff seiner Zeit auseinandersetzte, hatte dieser Stil etwas mit Mode, Kleidung und Verkleidung – der Kaiser im Jagdanzug – zu tun. Er war Teil eines Verhaltens gegenüber der bäuerlichen Welt, die man als Szenerie für die eigenen Lustbarkeiten benutzte. Anzengruber-Dialekt, Lederhose und alpines Landhaus gaben die Garantie, daß man in „Gottes freier Natur" war, in der man sich mit Kind, Kegel und Gesinde entsprechend städtisch einrichtete. Architekten und Baumeister reagierten auf die Nachfrage mit einem Laubsägestil, der sich vom Semmering bis

St. Moritz mit Elan an die Ausbeutung bäuerlicher Motive machte, wobei der Gesichtskreis bis England und in die Türkei erweitert wurde.

So ist zu erklären, daß sich die Heimatschutzbewegung auch gegen diese Art von Heimatstil wandte. Ob Industriebau, Massenwohnhaus oder Alpenhotel, die Gesellschaft am Ende des 19. Jahrhunderts hatte ihre internationale Sprache entwickelt, gegen die man jede Art von Heimat schützen mußte. Mir scheint dieser ausführliche Hinweis auf den Heimatstil deshalb wichtig, weil der heutige „alpine Stil" ähnliche gesellschaftliche und ökonomische Grundlagen hat. Die Bauten werden heute als Teile einer großen Dienstleistungslandschaft verstanden, und darum ist man auch so bedacht darauf, daß sie die Kulisse für diese Leistungen nicht stören. Dagegen wäre im Prinzip nichts einzuwenden, wenn es sich inzwischen nicht um ein System handelte, das alles andere bis zum Terror unterdrückt. Wir können leider nicht den berühmten Satz Robert Venturis abwandeln und sagen: „Seefeld is almost all right". Denn wenn in Las Vegas die Zeichen der Reklame zu einem eigenen, vitalen und ungeheuer vielfältigen Informationssystem werden (demgegenüber die Bauten völlig zurücktreten), so ist in den alpinen Zentren des Tourismus gerade das Gegenteil der Fall. Hier reduzieren sich die Zeichen auf ein paar Mitteilungen im Assoziationsfeld Alpe, Kuhstall und Lederhose und das, wie gesagt, von der Bank bis zum Großhotel, vom Hallenbad bis zum Bahnhof. Gegenüber Zell am See hat Las Vegas eine blühende Volkskultur. Die alpinen Klischees wecken nicht Phantasie und Ausdrucksvermögen, sondern lähmen und unterdrücken sie. Die Reduktion auf diese wenigen Signale bedeutet eine ungeheure Verarmung der Baukultur. Das Schlimme an dem Phänomen ist also nicht, daß sich hier eine Dienstleistungssparte einer verarmten und verschlissenen architektonischen Sprache bedient, sondern daß der Tanz um das Goldene Kalb Tourismus (vgl. Steiner, S. 99 ff.) eine Monotonie erzeugt, der alles unterworfen wird, wo-durch man gerade dem Tourismus einen Teil seiner Basis entzieht. Der Teufelskreis ist bereits so geschlossen, daß kein Bürgermeister, kein Wirt oder Hotelier es mehr wagt – auch gegen sein besseres Wissen – hier aus der Reihe zu tanzen. Es wird mit Besessenheit eine Monokultur im Bauen erzeugt, die, wie alle Monokulturen, in Zukunft sehr anfällig sein wird. Und das gerade bei einem Wirtschaftszweig, der von Natur aus schon sehr sensibel auf alle Schwankungen reagiert.

Der „alpine Stil" liefert also die bauliche Kulisse zum Klischee „Alpenlandschaft", die der Tourist erwartet und kraft seiner Sehgewohnheiten auch vorfindet. Insofern bestimmt die Landschaft, als Produkt der Einstellung des Menschen zu ihr, auch das Bauen. Wie stark diese Interpretationen sind, kann man davon ableiten, daß nicht einmal mehr die ausgebildeten Fachleute die Kulturlandschaft und ihre historischen Elemente sehen können, sonst müßten sie die vermeintlich alpinen Häuser als grotesk künstlichen Import empfinden, als beispiellose Gleichschaltung und Blindheit gegenüber der Vielfalt der städtischen und ländlichen Hausformen. Obwohl auf dem Lande die vorherrschende Bauaufgabe das Bauernhaus war, mit überall ähnlichen Funktionen, mit fast gleichen materialen und handwerklichen Bedingungen, hatte es eine beeindruckende Vielfalt von Formen entwickelt. Heute ist es umgekehrt: Es herrscht eine Vielfalt von Bauaufgaben in jedem Ort, ja geradezu eine

beklemmende Fülle von Materialien und Technologien, und trotzdem entsteht eine Monotonie, die kaum überboten werden kann.

Interpretierende Architektur –
Fragen der Integration

Ähnliches wie auf dem Lande ist auch in der Stadt vor sich gegangen. Das Salzburger Verhältnis zum neuen Bauen ist von seiner Entwicklung zur Mozart- und Festspielstadt geprägt. Dieses Verhältnis war zunächst ein positives. Dazu kam noch die Faszination der durchwegs von auswärts kommenden Architekten, von denen jeder auf seine Weise auf die bewunderte Stadtsubstanz reagierte. Zwar versuchten alle eine mehr oder weniger romantische Interpretation, jedoch blieben alle Bauten und Entwürfe fern jeder ängstlichen Nachahmung. Eine Fälschung historischer Formen war überhaupt ausgeschlossen. Diese vitale Phase eines noch nicht von einem alles beherrschenden „Salzburgbild" verunsicherten Bauens verdiente heute genauer studiert zu werden. Denn nach dem Zweiten Weltkrieg haben nicht nur Taktlosigkeit und rücksichtsloser Geschäftssinn das Stadtbild zerstört, sondern auch überängstliche Anpassung, ja Täuschung und visueller Betrug. Man hatte auch hier den bequemeren Weg eingeschlagen und sich jeder Interpretation oder baulichen „Stellungnahme" enthalten. Salzburg ist komplett oder, noch schlimmer: zu Salzburg darf uns allen nichts mehr einfallen (vgl. auch Achleitner, S. 127 ff.).

BAUEN UND NATUR

Dieses Bergdorf ist ein klassisches Beispiel für bauliche Integration in eine landschaftliche Gegebenheit, wobei zwei Momente im Vordergrund stehen: einmal die Ausnutzung der Topographie und zweitens die erzwungene Beschränkung auf ein vorherrschendes Baumaterial. Nicht nur die Mauern sind aus Gneis, sondern auch die Dächer und Freiflächen. Trotz dieser materialen Einbindung in die Umgebung entsteht durch die Geometrie der Bauten, durch die Logik der Freiräume eine sichtbare Ordnung, eine Dialektik zwischen der Natürlichkeit der Verhältnisse und der Künstlichkeit der Bauwerke.
(Foroglio, Val Bavona, Tessin)

ORT

Bauwerke können nicht nur mit einem Ort in Beziehung stehen, sondern auch einen Ort schaffen. Sie werden selbst zum Ort.
(Rob Krier, Zeichnung „Am Bärensee", 1974)

STÄDTISCHER LEBENSRAUM

Dieses Gemälde zeigt einen intakten, privaten städtischen Lebensraum, dessen Elemente verschiedene Nutzungen erlauben: Wohnen, Arbeiten, Gesellschaft. Elemente der Selbstdarstellung sind nicht vorhanden, sie blieben auf den Straßenraum beschränkt.
(Pieter de Hooch, Stadtgärtchen in Holland, um 1660)

WOHNFORM ALS SYMBOL
Die Villa, Gehäuse städtischer Lebensform auf dem Lande, Produkt höchster Kunst, Objekt der Verklärung von
Landschaft und Ausnutzung des Landes, ist bis heute ein Symbol für Freiheit, Wohlstand und Kultur geblieben.
(Andrea Palladio, Villa Rotonda, Vicenza, 1550—53)

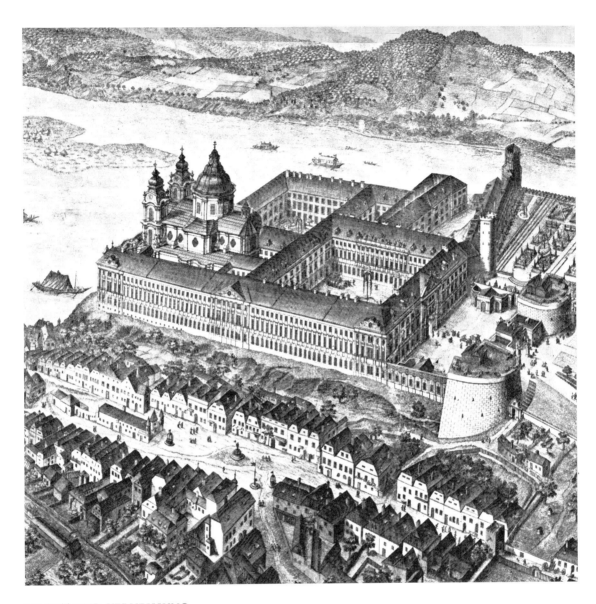

MACHT UND VERHEISSUNG
Die propagandistische Architektur der Gegenreformation steht mit ihrer extremen Künstlichkeit nicht nur im Gegensatz zu Natur und Landschaft, sondern dominiert auch die Gesellschaft, im konkreten Fall die bürgerliche Stadt. Die Sprache dieser Architektur ist unmißverständlich.
(Jakob Prandtauer, Stift Melk, 1703—31)

GLEICHHEIT

Geradezu Manifest-Charakter hat dieser Entwurf: freistehende Einfamilienhäuser an einem gleichwertigen Straßennetz um einen Tempel für alle Religionen. Die Gleichrangigkeit der Häuser wird durch bescheidene Variation im Aussehen (jeder soll „nach seiner Façon selig" werden) noch unterstrichen. Es gibt keine Unterordnung mehr, nur eine Einordnung. Die Natur als Vegetation wird aufgeteilt, statt einer Darstellung einer Nutzung unterworfen. Daß diese erträumte Gesellschaft mit ihrer adäquaten Siedlungsform einmal ganz andere Probleme haben wird, konnte der Revolutionsarchitekt nicht voraussehen.

(Claude-Nicolas Ledoux, Village de Meaupertuis, um 1780)

REISE IN DIE ZUKUNFT

Zwar war Schinkel nach England gekommen, um Museen zu studieren, aber ihn beeindruckte eine neue bauliche Wirklichkeit: die Docks von Manchester. Bedeutete dies für den königlich-preußischen Klassizisten eine sich ankündende Veränderung des Architektur- und Landschaftsbegriffes?

(Karl Friedrich Schinkel, Reiseskizze aus Manchester, 1826)

INDUSTRIESTADT

Wie weit man auch durch eine zweigeschossige Reihenhaus-Bebauung die Grundstücke ausbeuten kann, zeigen die englischen Industriestädte des 19. Jahrhunderts. Die Freiräume beschränken sich auf schmale Aufschließungswege und auf nur noch angedeutete „Vorgärten". Die Natur ist aus dem Lebensraum verschwunden.

(J. N. Tarn: Working-class Housing in 19th-century Britain; unten: Lageplan)

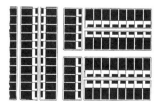

GARTENSTADT
Die aus der Stadt vertriebene Natur kann nur durch
ein total neues Konzept wieder in die Wohnquartiere
hereingeholt werden. Seit 1900 werden nicht nur Gar-
tenstädte gebaut, es reißt auch die Diskussion um diese
Alternative nicht mehr ab. Daß dieses Modell einerseits wieder ideologisiert und andererseits ein Objekt
der Spekulation wurde, liegt wohl in der „Natur" der
Sache.
(Raymond Unwin, Grundlagen des Städtebaues, Gar-
tenvorstadt Hampstead, 1910)

HEIMATSTIL
Der Heimatstil als Kleid für städtische Bau- und Lebensformen auf dem Lande. Ein Phänomen der Mode,
das die Folklore für neue Inhalte benutzt.

71

HEIMATSCHUTZ

Das englische Landhaus und die Architektur des Biedermeier wurden Vorbild für den neuen Wohnbau. Auf handwerklicher Basis wollten Tessenow und andere eine neue Wohnkultur schaffen. Gartenstadt- und Heimatschutzbewegung sind in der ersten Zeit eng miteinander verbunden.

(Heinrich Tessenow, Entwurf zu Einfamilien-Reihenhäuser für Arbeiter, 1908)

FUTURISMUS

Die positive Interpretation der Großstadt zieht sich in künstlerische Programme zurück. Die Futuristen (Verherrlichung von Fortschritt, Technik, Bewegung, Energie, Krieg etc.) träumen von gigantischen Stadtzentren mit einander überlagernden Verkehrssystemen. Die Zirkulation wird zum Selbstzweck, der Mensch ist eigentlich unnötig.

(Antonio Sant'Elia, Stadtzentrum, 1914)

„ALPINE ARCHITEKTUR"

Nach den Materialschlachten des Ersten Weltkrieges hatte die Technik ihr spielerisches Image verloren. Ihrer Dämonisierung steht eine Neuentdeckung von Natur und Landschaft gegenüber. Bruno Tauts „Alpine Architektur" zeigt eine totale künstlerische Verwandlung der Landschaft. Das Bauwerk ist nicht mehr Gegensatz, es wird selbst zur Landschaft.

(Bruno Taut, „Alpine Architektur", 1918)

FESTLICHE ARCHITEKTUR

Der Entwurf Poelzigs für ein Festspielhaus in Hellbrunn ist eine expressive Interpretation barocker Festlichkeit. Noch einmal wird für ein gesellschaftliches Ereignis eine ganze landschaftliche Situation vereinnahmt.

(Hans Poelzig, Entwurf für ein Festspielhaus, 1920—1922)

STADTSTRUKTUR
Der Hamburger Peter Behrens übernimmt bei der Erweiterung von St. Peter die Hofstruktur der alten Anlage und pflegt in der Architektur eine fast anonyme Zurückhaltung.
(1926)

SALZACHSTADT
Ein besonderes Beispiel interpretierender Einbindung zeigt Ludwig Hillinger bei der Schule von Lend. Die bauliche Charakteristik der Salzachstädte wird hier auf einen großen Baukörper übertragen. Durch die Gliederung der großen Baumasse, die an dieser exponierten Stelle äußerst problematisch wäre, wird sie in das Ortsbild integriert.

EINORDNUNG STATT TARNUNG
Martin Knoll beweist mit dem Bau des Posthofes in der Kaigasse, daß Einordnung nicht sklavische Unterordnung oder gar Tarnung bedeuten muß. Salzburg hatte damals noch ein positiveres Verhältnis zur modernen Architektur. Vielleicht sollte man aber auch sagen, daß damals die moderne Architektur noch ein positiveres Verhältnis zu Salzburg hatte.
(Martin Knoll, Perspektive Posthof, 1930)

GEGENBEISPIEL

Wunibald Deininger hatte mit dem Bau der Polizeikaserne gezeigt, wie sich ein moderner Bau in eine städtische Situation einfügen kann. Trotz seiner eigenen Formensprache zeigte der Bau gegenüber seiner Umgebung Respekt. Durch eine „Salzburgisierung" wurde nicht nur der Bau zerstört, sondern auch durch Aufstockung der Blick auf den Nonnberg verdeckt.

UNERWÜNSCHT

Die internationale Architektur der dreißiger Jahre hat zur Landschaft eine neue Beziehung hergestellt: sie verzichtet auf die Interpretation von traditionellen Bauformen und faßt Landschaft als natürlichen Lebensraum auf. Die Elemente der Topographie — wie Geländeform, Aussicht, Wind, Sonne — bestimmen die Hausform. Sie macht den Ort zum Erlebnis. Beide Architekten, Lois Welzenbacher und Ernst A. Plischke, haben ihre Entwürfe nicht am Reißbrett gemacht, sondern die räumliche Disposition aus dem Gelände entwickelt. Beide Häuser sind eindrucksvolle Demonstrationen einer neuen, freien Naturbeziehung, vorbildliche Beispiele für ein Bauen in der Landschaft. Beide Häuser würden unter den heutigen Bedingungen kaum mehr gebaut werden können. Schizophrenie unseres Landschaftsbewußtseins?

(Lois Welzenbacher, Haus Heyrovsky, Zell am See, Thumersbach, 1932.)

PRAKTISCH VERBOTEN

Im Atterseegebiet werden heute vom Naturschutz bewegte, tief herabgezogene Walmdächer mit Fledermausgauben bevorzugt, eine Dachform, die (auf kulturpolitischen Umwegen) aus Norddeutschland stammt. Sie wird in Vorarlberg als „Bodenseestil", in Kärnten als „Wörtherseestil" und im Burgenland als „Pusztastil" bezeichnet, und überall wird sie von einer bestimmten Bauherrenschicht als „bodenständig" empfunden. Ein Beweis dafür, daß es dabei nicht um Landschaft, sondern nur um bestimmte Prestige-Normen geht.
(Ernst A. Plischke, Haus am Attersee, 1933/34)

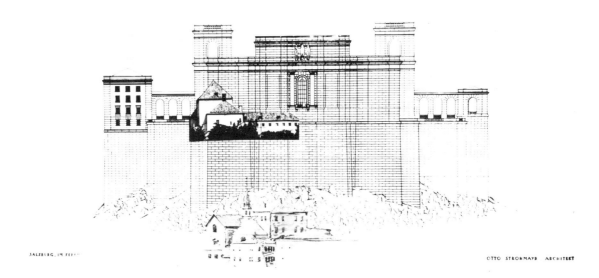

NEUE MACHTDEMONSTRATION

Die Blut- und Bodenideologie (landschaftsgebundenes Bauen) steckte dort den Kopf in den Sand, wo es darum ging, die eigene Macht zu demonstrieren. Selbst in Salzburg zeigte man keinen Respekt gegenüber der historischen Stadt-silhouette, wie das der Entwurf für eine „Gauhalle" auf dem Kapuzinerberg beweist. Der Traum einer nationalen Selbstdarstellung hatte eben wenig Hemmungen. Makabre Frage: Welche Rolle würde heute dieser Bau im touri-stischen Alltag spielen?

(Otto Strohmayr, „Gauhalle" auf dem Kapuzinerberg, 1942. Montage der Lage des Klosters: Conrad Dorn)

78

MATERIAL UND DIMENSION

Roland Rainer: „Das Haus in der Landschaft sei nach außen so niedrig, so unauffällig, ja so unsichtbar wie möglich, repräsentiere weder die Persönlichkeit des Bewohners, noch des Architekten, noch die Doktrin der Baubehörde, sondern gebe den Bewohnern auf einfachste Weise die Möglichkeit, in Wohnraum und Wohnhof ein persönliches, naturverbundenes Leben zu führen — von niemanden gestört und niemanden störend."

(Roland Rainer, Haus aus Sandstein, St. Margarethen, Burgenland, 1960)

FORM

Landschaftliche Gegebenheiten werden aber auch den Architekten immer wieder faszinieren, herausfordern, ganz konkret, unwiederholbar, „atypisch" zu reagieren. Interpretation und Reflexion bringen immer wieder wichtige Impulse für die Veränderung des Landschaftsbegriffes.

(Heinz Tesar, Haus Freudensprung, Skizze 1973)

DARSTELLUNG DER LANDSCHAFT

Das Thema Bergkirche gehört zu den klassischen Formen der baulichen Darstellung von Landschaft. Dieser Entwurf vereinigt die dominierenden Elemente Berg und See und stellt eine starke Beziehung des Baues zum Umraum her. Architektur wird zur Darstellung eines Ortes, zeichnet ihn aus und macht ihn erlebbar.
(Hans Hollein, Bergkirche Turracher Höhe, Entwurf 1974)

KULTURLANDSCHAFT

Je mehr bauliche Substanz vorhanden ist, desto schwieriger wird die Einbindung neuer Elemente. Hier bilden Turm, Pfarrhaus und das alte Kirchenschiff die vorhandene Substanz. Erst der neue Teil der Kirche (Erweiterung) macht das Ensemble zur Einheit. Die untergeordneten Elemente wie Mauern, Treppen und Tore unterstreichen den Zusammenhang.
(Heinz Tesar, Kirche Unternberg, Lungau, 1976)

GEBAUTE LANDSCHAFT

Dieses Projekt steht nicht nur in Kontakt mit einer topographischen Situation, sondern es ist selbst aktiver Bestandteil der Landschaft, der neue Qualitäten erzeugt. Teile der Anlage sind überwachsen, die Übergänge von natürlichen Zonen in künstliche Bereiche sind fließend. Der Bau ist als Landschaft gesehen.
(Eilfried Huth, Kur- und Erholungszentrum Loipersdorf, Wettbewerb 1976)

80

NATUR ALS KUNST UND TECHNIK

In den Projekten einer „Provisorischen Architektur"
stellt sich nicht nur der Begriff Landschaft als Konstrukt
(Lucius Burckhardt) dar, sondern auch das Objekt selbst.
(Haus-Rucker-Co, Oase, 1972)

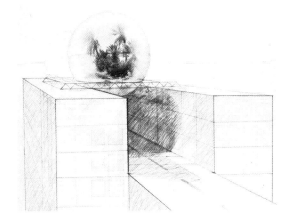

TEIL EINES LANDSCHAFTSRAUMES

Nicht nur das Bauwerk kann für die Landschaft, auch
die Landschaft kann für den Bau eine große Rolle spielen. Die Dachterrasse des Bildungshauses von Aigen ist
als Teil eines Landschaftsraumes konzipiert.
(Wilhelm Holzbauer, Bildungshaus Aigen, Salzburg,
1965—1976)

Johann Michael Sattler, Panorama von Salzburg (Ausschnitt), 1825—29

82

FRANZ FUHRMANN

Die Bausubstanz der Stadt Salzburg

Elemente und historische Perioden

Durch die Gunst der topographischen Lage innerhalb abschirmender Inselberge vermochte die Stadt Salzburg ihre „historische" Bausubstanz als Inbegriff ihres Wesens weitgehend zu erhalten, ihr höchst individuelles Gepräge kann fast ungestört von ausgefallenen Neuerungen betrachtet werden. Der betont konservative Sinn ihrer Bürgerschaft trug das Seine zur Erhaltung dieser Substanz bei. Die anschaulich faßbaren Elemente ihrer Gestalt setzen sich aus jenen des naturgegebenen Rahmens und den von Menschen geschaffenen Bauwerken zusammen. Die Elemente der Natur bestimmen das Stadtganze wesentlich mit: Es sind die Inselberge von materialbedingt grundverschiedener Form; der Fluß, der sich durch eine wenig Entfaltungsraum bietende Enge zwängt; eine von ihm aufgeschüttete Schotterebene, die sich nach Norden und Süden trichterförmig öffnet, im Westen durch den Steilabfall von Festungsberg und Mönchsberg bogenförmig begrenzt wird, im Osten durch den Keil des Kapuzinerberges zum Saum zusammenschrumpft und die Häuserzeilen zu gabelförmiger Grundrißanlage zwingt; es ist das Grün des reichen Baumbestandes der Berge, von Resten der Auwälder, der Garteninseln und Uferbepflanzungen.

Ihnen stehen die Elemente der Bausubstanz gegenüber, eine Architektur, deren Vereinheitlichungswille ins Auge fällt. Er kommt vor allen in den Bürgerhäusern zum Ausdruck, deren Individualität unterdrückt erscheint und gerade noch in den Laubenhöfen sich äußert. Diese Tendenz erfaßt besonders die Fassaden, die gleichförmig zu leicht geschwungenen, manchmal abgestuften Bändern zusammengezogen sind und im Verein mit den ver-

hältnismäßig kleinen, bündig sitzenden Außenfenstern den wandhaften Charakter der Salzburger Architektur auch bei den Großbauten bestimmen. Dieser wandhafte Charakter zusammen mit dem Widerspiel von Horizontaler und Vertikaler ist primär und überdeckt das Kubisch-Blockhafte, ein Gestaltelement, das in den isoliert stehenden Monumentalbauten sich stärker bemerkbar macht. Die Monumentalität hat übrigens nichts Gewalttätiges an sich, sondern menschliche Dimension, ebenso wie die Plätze, auf denen sie sich präsentiert. Während Enge und schluchtartig sich schlängelnde Gassen den bürgerlichen Bereich prägen, bestimmen Weite und Regelmaß den Bezirk um den Dom, um St. Peter und die Kapitelhäuser. Das Regelmaß erfährt seine letzte Steigerung im rechtwinkeligen Binnenraum des Domplatzes. Viele Gassen sind auf Türme als Vertikaldominanten hin ausgerichtet: Getreidegasse, Sigmund-Haffner-Gasse und Judengasse fluchten zum Rathausturm, die Kapitelgasse und die Hofstallgasse haben den Turm von St. Peter als Blickpunkt. Solche Zielgerichtetheit gilt auch für weitere Entfernungen wie beim Schloß Mirabell, dessen Gartenachse über die Salzach hinweg auf die Domtürme hingeordnet ist und auch noch den Hohen Stock, die Mitte der Festung, trifft. Die Festung bildet mehrfach den Abschlußprospekt: für die Gesamtansicht von Norden oder für Teilaspekte wie den Kapitelplatz, die Hofstallgasse und den Mirabellgarten. Für Städte, die wie Salzburg infolge ihrer natürlichen Lage auch von oben betrachtet werden, kommt der „Dachlandschaft" große Bedeutung zu. In Salzburg war das schindelgedeckte Grabendach vorherrschend,

83

das weitgehend flachen, blechgedeckten Satteldächern weichen mußte. Das Grabendach
unterstreicht im Verein mit der hochgezogenen,
waagrecht abschließenden Fassadenstirn den
Horizontalismus und die Blockhaftigkeit der
Salzburger Architektur. Sein Verschwinden bedeutet eine wesentliche Minderung ihres „Ge-
staltniveaus".

Damit sind wichtige Elemente der Bausubstanz genannt. Doch entscheidend ist das fortwährend Zusammenspiel der beiden Ele-
mentegruppen im Stadtgefüge: Das Element
des Wassers, dominierend im Fluß, wiederholt
sich architekturgebunden in den Pferdeschwem-
men und zahlreichen Brunnen; die Berge mit
ihren Felswänden und ihrem grünen Kleid
schauen in die Gassen und Plätze hinein, auf
den Residenzplatz auch die Kuppe des Gais-
berges, auf das Platzl sogar die Spitze des
Untersberges, und selbst ein so streng architek-
tonisierter Raum wie der Domplatz hat noch
Anteil an der Natur. Eindrucksvoll kommt
diese enge Verbindung von Natur und Architektur in der Festung zur Geltung, die mit
dem Berg verwachsen erscheint wie der Kristall
mit der Druse. Noch inniger zeigt sich diese
Vermählung der beiden Bereiche am Neutor,
wo die rohe Steinwand unmittelbar in ein
Architekturgebilde transformiert wurde. Hier
offenbart sich die präarchitektonische Latenz
des Naturrahmens der Stadt Salzburg wohl
am deutlichsten.

Untersuchten wir bisher die einzelnen Gestalt-
elemente phänomenologisch isoliert, so führt
verknüpfende Betrachtungsweise auf rein an-
schaulichem Wege zu tieferen Sinnbezügen,
ohne vorerst die Historie bemühen zu müssen.
Aus siedlungskundlicher Sicht kann Salzburg
als berggeschützter Brückenort in verkehrsbegünstigter Großlage definiert werden. Das
dürfte die Urfunktion dieses Ortes gewesen
sein, aus dem sich später ein Herrschaftsmittel-
punkt betont kirchlicher Wesensart entwickelt
hat. Dafür sprechen die Festung und die Prä-
dominanz des Domes inmitten großzügiger
Plätze und Paläste. Davon künden die vielen

Kirchen und die bergebewachenden Klöster auf
dem Nonnberg, am Kapuzinerberg und in
Mülln. Das verrät auch die auf eine schmale
Zone entlang dem linken Ufer der Salzach und
einem Brückenkopf auf der rechten Salzachseite
zusammengedrängte Bürgerstadt, der solche
Einschränkung offensichtlich durch höhere Gewalt auferlegt wurde. Doch ist nicht zu übersehen, daß sich auch im bürgerlichen Stadtteil
stattliche Häuser befinden, die Reichtum und
Ansehen verraten, und ein Platz wie der Alte
Markt signalisiert ebenso Bürgerstolz und
-selbstbewußtsein wie die alte Stadtpfarrkirche,
die heutige Franziskanerkirche. Die Art aber,
wie dieser Bau der Spätgotik von der erz-
bischöflichen Residenz umklammert und von
der Bürgerstadt losgerissen erscheint, spricht
eine deutliche Sprache von den damaligen
Machtverhältnissen. Man könnte die Aufdek-
kung von Sinnzusammenhängen durch einfaches Lesen des Baugefüges noch weiter treiben,
etwa durch die Frage nach den sich abzeichnen-
den Hierarchien unter Berücksichtigung der
ikonologischen Programme. Doch scheint es mir
fruchtbarer und realistischer zu sein, an diesem
Punkt der Überlegungen die „vierte Dimension" einer Stadtstruktur, die Zeit, ins Spiel zu
bringen.

Am Beginn der Geschichte der Stadt Salzburg
steht ihre Zweckbestimmung als wohlgeschütz-
ter Brückenort in verkehrsbegünstigter Großlage. Die Wahl des Ortes ist dem strategischen
Blick der Römer zu danken. Ihre Vorgänger,
die Kelten, nützten nur die vorteilhafte Lage
des moorgeschützten Rainberges. Maßgebend
war die Möglichkeit des Brückenschlages an der
engsten und zugleich geschütztesten Stelle des
Salzachlaufes zwischen Paß Lueg und Mündung
in den Inn. Auf diese Weise wurde Juvavum,
das römische Salzburg, zu einem der wichtigsten
Verkehrsknoten, wo die Straße von Aquileja
über den Radstädter Tauern auf die durch das
Alpenvorland führende Transversale traf. An
der engsten Stelle der noch frei dahinfließenden
Salzach, zwischen Klampferergäßchen und
Steingasse, stand wie im Mittelalter die Brücke.

Die Ausdehnung der Römerstadt entsprach etwa der heutigen Altstadt vom Kajetanerplatz bis zur Blasiuskirche, wobei die Breite salzach- und mönchsbergwärts geringer war. Rechts der Salzach befand sich der wichtige Brückenkopf, in den die „Tauernstraße" mit der heutigen Steingasse als Abschluß mündete und die „Voralpenstraße" einerseits im Verlaufe der heutigen Linzer Gasse und Schallmooser Hauptstraße über Ovilava (Wels) nach Lauriacum (Enns) usw. führte, andrerseits über die Brücke der heutigen Getreidegasse folgend über Mülln Richtung Augusta Vindelicum (Augsburg). Nicht nur die Wahl als Siedlungs- und Verkehrspunkt geht somit auf die Römer zurück; auch der römische Stadtgrundriß selbst, dem die Salzach gewissermaßen als Rückgrat diente und der regelmäßiger angelegt war als früher angenommen, beeinflußte die spätere Entwicklung Salzburgs. An römischer Bausubstanz konnte bisher nur wenig freigelegt werden, am deutlichsten Reste eines Asklepiustempels im Kaiviertel. Für die Lage des Forums in der Gegend des Residenzplatzes und Domes gibt es gewisse Hinweise.

Auf diese erste, mehr siedlungskundlich relevante, aber doch grundlegende römische Periode folgt als zweite die mittelalterliche. Über das historische Dunkel des 6. und 7. Jahrhunderts hinweg, das sich erst mit dem Auftreten Ruperts erhellt, ist nicht Stadt- wohl aber verdünnte Siedlungskontinuität als gegeben anzunehmen. Die „landnehmenden" Bayern sahen sich vorerst einer in diesem Raum relativ großen romanischen Restbevölkerung gegenüber, die später aufgesaugt wurde. Die Frage der städtebaulichen Kontinuität ist deshalb so schwer zu beantworten, weil die dichte Verbauung der Stadt Salzburg ausreichende und planmäßige Bodenuntersuchungen kaum zuläßt. Soviel läßt sich jedenfalls auf Grund bisheriger Grabungsergebnisse sagen, daß nicht nur geländebedingte Straßenzüge und die Brückenstelle übernommen wurden, sondern auch römische Baufluchtlinien und Gebäude im mittelalterlichen Stadtgrundriß nachwirken („Virgildom", Winkel der Kaigasse usw.). Die erhaltene Bausubstanz aus dem frühen Mittelalter ist gering. Aus dem Hoch- und Spätmittelalter hingegen steht noch genug an Bausubstanz aufrecht da, so daß wir uns zusammen mit alten Stadtansichten eine ausreichende Vorstellung von der mittelalterlichen Stadtgestalt Salzburgs machen können. Die Ausdehnung der Stadt entspricht im wesentlichen jener der Römerzeit, nur der rechte Stadtteil hat sich vergrößert, und die „Vorstädte" Mülln und Nonntal kamen hinzu. Einer engeren Ummauerung des 13. Jahrhunderts folgte eine weitergezogene des 15. Jahrhunderts, die auch über den Mönchsberg verlief (Bürgerwehr). Seit dem Investiturstreit erhob sich über der Stadt die Hohensalzburg, die im Laufe der Jahrhunderte zu einem immer stärkeren Bollwerk ausgebaut wurde. Den Talgrund beherrschte der riesige spätromanische Dom, der zwei Vorgängerbauten von ähnlichen Ausmaßen, den „Virgildom" und den „Hartwikdom" ablöste. Hoch- bzw. spätromanisch waren ursprünglich die Kirchen von St. Peter, von Nonnberg, die Pfarrkirche und die nicht mehr bestehende Salvatorkirche jenseits der Salzach. Die gotische Um- und Neuformung der Stadt ergriff die Bürgerspitalskirche, den Chor der Stadtpfarrkirche, die Müllnerkirche, die Stiftskirche Nonnberg, die Festung und den Bereich der bürgerlichen Wohnbauten. In der Stadtansicht von 1553 und in den Zeichnungen des Paul van Vianen um 1600 ist diese spätmittelalterliche Stadtstruktur schaubar geblieben. Sie stellt ein Gemisch aus romanischen und gotischen Elementen dar, die im 16. Jahrhundert noch eine leichte renaissancemäßige Überformung und Ergänzung erhielten (Residenz, Bürgerhäuser). In der angeborenen Rücksichtnahme auf die Geländeform, der stärkeren formalen Entsprechung von geistlichem und bürgerlichem Bereich, wobei der romanische Formcharakter eher vorherrschte, da die aufgesplitterten Formen der Gotik wenigstens nach außen hin fehlen, muß Salzburg am Ausgang des Mittelalters sowohl von der Bausubstanz her als auch im Zusammenwirken von Stadtarchitektur und natürlichem Rahmen einen sehr einheitlichen Eindruck hervorgerufen haben. Wenn der Begriff des Organisch-Gewachsenen auf ein Gebilde wie die Stadt überhaupt anwendbar ist – es gibt keine Stadt ohne Planung, wobei es allerdings sehr auf das rechte Verhältnis von Ratio und Einfühlung ankommt –, so trifft er zweifellos auf die mittelalterliche Gestalt Salzburgs zu. Dabei scheint offenbar der Instinkt für städtebaulich umsetzbare topographische Bedingungen eine Hauptvoraussetzung für solche Art von Stadtverwirklichung gewesen zu sein.

Die dritte Periode der Stadtbaugeschichte Salzburgs setzt mit Erzbischof Wolf Dietrich um 1600 ein und endet mit der Aufhebung des Erzstiftes 1803. Den Beginn dieser Periode mit einer Persönlichkeit zu verknüpfen, hat seine tiefe Berechtigung, nicht nur weil Wolf Dietrich den Neuformungsprozeß in Gang setzte, sondern weil die Leitlinien seiner Stadtplanung auch die künftige Entwicklung vorausbestimmten. Bewußter planerischer Eingriff radikal und in großem Umfang, doch mit schwankenden Zielsetzungen vor allem im Dombezirk diktierte das Geschehen. Das Volk murrte vergeblich, und hätte es damals Bürgerinitiativen gegeben, sie hätten vor Wut geschäumt ob ihrer Ohnmacht, und das zunächst mit Recht. Denn es ging viel Bausubstanz, darunter höchst wertvolle wie der ehrwürdige Dom und das Domkloster, verloren, wodurch die Stadt die Einheit ihres mittelalterlichen Charakters für immer einbüßte. Doch das Zeitalter des Barocks besaß noch die schöpferische Kraft, den Verlust wettzumachen und nicht nur Gleichwertiges, sondern auch großartig Neues an die Stelle des Alten zu setzen. Ich fasse die Entwicklung der zwei Jahrhunderte in eins zusammen.

Der Stadtraum wurde nur rechts der Salzach bis zum Schloß Mirabell erweitert und während des Dreißigjährigen Krieges durch mächtige Bastionen geschützt. Diese waren Teil eines Stadtbefestigungssystems, das auch die Festung, den Mönchsberg und den Kapuzinerberg umfaßte. Zentrum der Neugestaltung war der Dom inmitten der großen Plätze, die zwar im mittelalterlichen Grundriß vorbereitet waren, nun aber neugeformt und reguliert wurden, am konsequentesten der Domplatz. Neuerschlossen als Bauplatz links der Salzach wurde der Frauengarten. Seit dem Hochmittelalter von den inneren Häuserzeilen der Getreidegasse und Sigmund-Haffner-Gasse begrenzt, ließen auf ihm Wolf Dietrich den Marstall (heute Festspielhaus), Paris Lodron die Universität und Johann Ernst Thun durch Fischer von Erlach die Kollegienkirche errichten, drei Bauten von großer städtebaulicher Bedeutung, die Kollegienkirche überdies ein Meisterwerk der europäischen Architektur. Der Neubau des Kapitelhauses, der Residenz und des Neugebäudes sowie der meisten Domherrnhäuser geht ebenfalls noch auf Wolf Dietrich zurück, der damit diesem Stadtteil einen völlig neuen Grundriß aufprägte. Mit Schloß Altenau, von Wolf Dietrichs Nachfolger in Mirabell umbenannt, und der Anlage des St. Sebastian-Friedhofes setzte dieser Erzbischof auch auf dem rechtsufrigen Stadtteil neue Akzente. Wieder waren es Paris Lodron und Johann Ernst Thun, welche die Ideen weiterführten; der eine ließ die Lodronschen Paläste, der andere die Dreifaltigkeitskirche mit ihren Flügelbauten errichten. Johann Ernst war auch der Bauherr der Ursulinenkirche mit ihrer genialen städtebaulichen Postierung am linken Salzachufer, während sein unmittelbarer Vorgänger Max Gandolph am anderen Ende der Stadt mit der Kajetanerkirche und der Erhardskirche Lücken geschlossen bzw. einen neuen architektonischen Kristallisationskern geschaffen hatte. So vollendete sich innerhalb von zwei Jahrhunderten, begünstigt durch die Einheitlichkeit eines dynamischen Stils, eine städtebauliche Idee, die, auf historischen Grundlagen aufruhend, die konsequente Integration des einzelnen zum Ganzen als Ziel hatte. Und wenn diese Durchorganisierung im Barock von architektonischen Prinzipien bestimmt war, die in den strengen Gartenanlagen sogar auf die Natur übertragen wurden, so sprach doch in Salzburg durch die

Stadtberge, auch wenn man sie skarpierte, die gewachsene Natur ein entscheidendes Wort mit: es blieb beim Zusammenklang der Elemente von Natur und Architektur, nun stärker polarisiert und dadurch spannungsreicher, eine Synthese, die bald von den Romantikern entdeckt und über alle Maßen gepriesen wurde.

Damit treten wir in die vierte Periode ein, in das 19. und beginnende 20. Jahrhundert, von der wir die Zeit nach dem Ersten bzw. Zweiten Weltkrieg als fünfte Periode abheben möchten. Der Barock mit dem anschließenden Frühklassizismus hat in einem durchgreifenden Umwandlungs- und Verdichtungsprozeß die Bausubstanz von Salzburg zur Reife gebracht. Wie stark davon auch Einzelheiten erfaßt wurden, beweist der Turm der Franziskanerkirche, dessen hoher Spitzhelm einer welschen Haube weichen mußte; nicht nur wegen der Stileinheitlichkeit, sondern auch weil er die Türme der Metropolitankirche nicht überragen durfte. Nur zwischen Schloß Mirabell und Kapuzinerberg gab es ein Viertel, das trotz der Kasernenbauten, der landschaftlichen Schranne und einiger Patrizierwohnsitze die letzte städtebauliche Durchformung vermissen ließ. Dazu kam der Brand von 1818, der den rechten Stadtteil schwer heimsuchte und die Reduktion des hohen städtebaulichen Niveaus einleitete. Die Katastrophe traf Salzburg umso härter, als es durch den Verlust seiner politischen Selbständigkeit in eine tiefe Ohnmacht gefallen war, aus der die Stadt erst nach der Jahrhundertmitte allmählich erwachte. Auf lange Sicht gesehen, war dieser Zustand der Passivität für Salzburg segensreich, weil dadurch die Kräfte der Zerstörung später wirksam wurden und dann bereits in abgeschwächter Form. Inzwischen hatten nämlich die Maler der Romantik und des frühen Realismus Salzburg als einzigartiges städtebauliches Wunder entdeckt und als solches ging es auch in die Literatur ein. Trotz des daraus wachsenden Selbstbewußtseins, das durch den Status der Hauptstadt eines selbständigen Kronlandes der österreichischen Monarchie auch politisch einen Auftrieb erhielt,

konnte die Verminderung der Gestaltvollkommenheit unter der Devise von Freiheit und Prosperität des beginnenden technischen Zeitalters nicht gänzlich aufgehalten werden. Die geradezu wahnsinnige Idee des Abbruchs der Festung, um Steine für die Uferböschung der regulierten Salzach zu gewinnen, läßt sich historisch nicht beweisen. Dagegen wurden im Stadtbereich selbst die meisten Befestigungsanlagen mit ihren Toren, als letztes das Linzertor, geopfert. Durch die Salzachregulierung gewann man Uferstraßen und Raum für Villenzeilen, der Charakter jener lebendigen städtischen Flußlandschaft, den z. B. die Gemälde von J. Fischbach so getreulich festgehalten haben, ging dadurch freilich verloren. Eine größere Ausweitung erfuhr das Stadtgebiet im Andrä- und Bahnhofsviertel, wo man zum Rastersystem und dem in Salzburg fremden Ringstraßenstil griff. Im neuen Viertel der Riedenburg und bei den Salzach-Villen bemühte man sich im allgemeinen um ruhige, von Grün aufgelockerte Formen. Entlang der Schwarzstraße entstand sogar eine rhythmisch geordnete Häuserfolge mit der evangelischen Kirche als Akzent. Durch die Baumbepflanzung beiderseits der Salzach und die Bewaldung von Mönchs- und Festungsberg nach Auflassung ihrer fortifikatorischen Funktion wurde die Naturkomponente verstärkt. Zur einzigen, mehrmals neugebauten Brücke (Staatsbrücke) kamen drei weitere und drei Stege. Die die Altstadt vor allem entlang der Salzach betreffende Umgestaltung während der vierten Periode war eigentlich recht tiefgreifend und hat den spezifisch salzburgischen Charakter der Stadt doch erheblich gewandelt. Da aber das Altsalzburger Architekturensemble zusammen mit der Einwirkungskraft der Stadtberge vorherrscht, blieb das Zentrum der Stadt trotz aller Veränderungen einigermaßen im Gleichgewicht.

Dagegen häuften sich die Mißverständnisse und Ungereimtheiten gegenüber dem alten Stadtbild nach dem Ersten und besonders nach dem Zweiten Weltkrieg. Sie steigerten sich zu Attakken, wie den Bauten im Bahnhofsgelände und den Wohnblocks in Itzling. Durch sie wurde jene unvergleichliche Harmonie von Landschaft und Stadtarchitektur, wie sie gerade der Blick von Maria Plain (und von der Autobahn) aus vermittelt, endgültig zerstört. Aber auch ein Plan wie das erste Projekt des Neubaues am Alten Borromäum in nächster Nähe des barocken Mirabellgartens war ein gröblicher Mißgriff, der nur mit Hilfe einer massiven, international unterstützten Bürgerinitiative in letzter Minute auf eine vertretbare Form eingeschränkt werden konnte. Oder man erging sich in Utopien wie dem Musikolympiade-Gebäude auf dem Mönchsberg und auf dem Rosenhügel. Auf die von verschiedenen Gesichtspunkten aus als radikal mißlungen zu bezeichnende Verbauung der Stadtperipherie, die flächenmäßig bereits das Zehnfache der Altstadt (einschließlich des Andräviertels) ausmacht und damit das städtebauliche Image von Groß-Salzburg höchst negativ beeinflußt, brauche ich hier nicht näher einzugehen. Der größte Fehler war es, die Stadt von der Mitte aus nach allen Seiten zu agglomerieren, anstatt sie von den alten Siedlungskernen her planmäßig zu einem Gebilde mit peripheren Nebenzentren wachsen zu lassen. Ein Grund für die städtebauliche Misere scheint darin zu liegen, daß unsere in vieler Hinsicht überforderte Gesellschaft blind gemacht und damit weithin blind geworden ist für anschauliche Werte. Die Verantwortung dafür tragen im Rahmen des allgemeinen Unbehagens nicht zuletzt das politische und wirtschaftliche Establishment, die Bürokratie, ein Teil der von ihnen beauftragten Architektenschaft und gewiß auch unser Schulwesen. Es muß allerdings eingeräumt werden, daß man mit der Altstadt von Salzburg selbst, für die sogar 1967 ein „Altstadterhaltungsgesetz" – übrigens das erste in Österreich – erlassen worden ist, verhältnismäßig behutsam umgeht. Trotzdem kommt es auch hier immer wieder zu „Fehlleistungen", vor allem in den Details. Das Fingerspitzengefühl für das Zulässige und Angemessene, das Einfühlungsvermögen in die Proportionen, das Gespür für den rechten Ort von Konsonanz und Dissonanz, die Gabe, vorliegende „Themen" aufzugreifen und schöpferisch weiterzuentwickeln, all das fehlt in erschreckendem Maße. Und doch scheint in dieser nicht gerade tröstlichen Situation allerorts wenigstens der gute Wille zu wachsen, und das berechtigt zu Hoffnungen.

GUNTHER WAWRIK

Die Siedlungsstrukturen des Landes Salzburg

Ein Versuch zur Herstellung historischer Beziehungen

Der Versuch, Beziehungen zwischen baulich strukturellen Ergebnissen der Vergangenheit und der Gegenwart herzustellen, geht von der Annahme aus, daß innerhalb der Geschichte überdauernde oder permanente Elemente existieren, deren Wahrnehmung für die Gegenwart von irgendeiner Bedeutung sein kann. Eine solche Betrachtung kann keineswegs von einem „neutralen", wissenschaftlichen Standpunkt aus erfolgen, sondern muß den Bezug zur Vergangenheit aus einer aktuellen Tendenz zu gewinnen versuchen, ein Bezug, der diese überdauernden Elemente als stimulierendes Mittel erkennen oder auch Unterscheidungsmerkmale zur Vergangenheit sichtbar machen kann.

Die Besiedlung einer Naturlandschaft – das Land Salzburg war bis zum Mittelalter fast völlig mit Wald bedeckt – findet zunächst nach rein topographischen Gesetzmäßigkeiten statt. Vorhandene Waldlichtungen, leichte Zugänglichkeit, sonnige, hochwassergeschützte Lagen und dergleichen bestimmen Ort und Art der Ansiedlung. Später kommen andere Gesetzmäßigkeiten dazu. Der Schutz vor Feinden, sippenmäßige Zusammengehörigkeit, ökonomische Bodenverteilung, soziale Abhängigkeit, religiöse Zugehörigkeit, Verkehr und Information führen zu bestimmten Verhaltensmustern bei der Ansiedlung der verschiedenen Siedlungselemente, den Flurformen, Gehöften, Weilern, Dörfern und Märkten. Die so entstandenen Systeme, die Siedlungsstrukturen, ihre Überlagerungen und Verformungen im Verlauf der Geschichte stellen einen wesentlichen Teil historischer Ablagerungen dar.

HISTORISCHE SIEDLUNGSBESTÄNDE

Adalbert Klaar, der bedeutende Bau- und Siedlungsforscher, hat in seinen umfangreichen Arbeiten die zwei in scharfem Gegensatz zueinander stehenden Siedlungsarten des Salzburger Raumes nachgewiesen: die unplanmäßigen Strukturen der frühmittelalterlichen germanischen Landnahme und die planmäßigen Formen der hochmittelalterlichen Kolonisationszeit. Während die erste Periode nur strukturell einfache, haufenartige Sammelsiedlungen entwickelte, waren für die Kolonisationszeit neben der Streusiedlung mit den inmitten der Rodungsfelder liegenden Einzelhöfen auch planmäßig organisierte Straßen- und platzbildende Dörfer, Märkte und Städte entscheidende Entwicklungen, die unsere Siedlungslandschaft geprägt haben.

Die Haufenform

Der Haufenweiler oder Sippenweiler mit seinen drei bis neun Gehöften ist die Siedlungsform der in den Salzburger Raum einwandernden Bayern, vor allem im Alpenvorland und im Saalfeldener Becken. Aus ihm dürfte sich in vielen Fällen durch ungelenktes Wachstum das Haufendorf entwickelt haben. Für die Gegenwart ist diese Siedlungsstruktur deshalb so bedeutend, weil sie nicht nur eine sehr flächenextensive ist, sondern auch eine stark expansive Tendenz in sich trägt, die offensichtlich in unserer Zeit weiterwirkt, womit eine Urform unter geänderten Vorzeichen zur bestimmenden Form der Gegenwart wird.

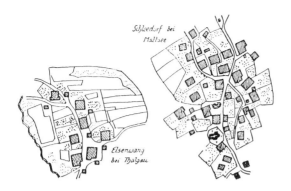

Haufenweiler und Haufendorf gehören siedlungsgeschichtlich zu den ältesten Siedlungsformen des Landes

Typischer Kirchort (Mariapfarr im Lungau), Übergangsform zu den planmäßigen Siedlungsstrukturen

Die haufenförmige Struktur setzt der Erweiterung weder Grenzen, noch gibt sie eine Richtung an, sie hat weder Anfang noch Ende, und ihre Entwicklungen sind bemerkenswerterweise im nachhinein kaum mehr feststellbar. Die Gehöfte im Ortsraum „sammeln" sich wie Kühe an besonders üppigen Weideplätzen, ihre Stellung zueinander ist chaotisch, die Struktur gemengeartig-amorph, das Wegenetz in seiner Regellosigkeit dem System von Trampelpfaden ähnlich. Beim typischen Haufendorf sind Ansätze einer Planmäßigkeit in der Anlage nicht zu erkennen, wenn auch hin und wieder durch die Bevorzugung bestimmter Geländelagen (Schwemmkegelsiedlung und Flußufersiedlung) oder aber durch das Gepräge, das eine bestimmte Landschaftsformation vorgibt (Bachuferdorf und Grabendorf), der Eindruck von Regelhaftigkeit entsteht. Die überschaubare Größe der Siedlung, die Einheitlichkeit der Haustypen und das bescheidene Repertoire der verwendeten Baustoffe Holz und Stein wirken der Regellosigkeit in der Siedlungsstruktur entgegen, ja sie sind die wichtigste Voraussetzung dafür, daß aus dem „Haufen" nicht ein Chaos wird.

Eine geringe Zahl an Form- und Funktionselementen und das Fehlen einer Hierarchie innerhalb des baulichen Gefüges waren so lange ein wesentliches Merkmal dieser ursprünglichen Siedlungsstruktur, bis durch das Hinzukommen – oft im wörtlichen Sinn – der Kirche als

neues dominierendes Element mit den Kirchorten eine Übergangsform zu den planmäßigen Ortstypen entstand.

Die planmäßige Form

Die Einführung neuer sozialer und wirtschaftlicher Systeme, die den Siedler in eine mittelbare oder unmittelbare Abhängigkeit vom Landesherrn bringen, ihn aber auch unter Schutz stellen (Lehen, Schweigen, Freisassen, Hintersassen etc.), ihn also vom Freibauern zum Leibeigenen machen, zusammen mit der Entwicklung eines neuen Siedlungssystems sind die politischen und wirtschaftlichen Grundlagen der mittelalterlichen Kolonisation.

Die Rodungssiedlung

Durch die Raumnot veranlaßt, entwickelte sich eine Organisation, eine Raumplanung, die ein sinnvolles, allgemein anwendbares, den Bodenverhältnissen anpaßbares Siedlungssystem einführte. Die Rodungstätigkeit sollte bisher unbesiedeltes Waldgebiet, vor allem in Hanglage, erschließen, daher war eine neue Flurform – die Einödflur – notwendig, sie ist heute noch in der Salzburger Landschaft durch ihre Regelmäßigkeit deutlich erkennbar. Ihre Größe war sehr zweckmäßig der Bodengüte und der Bodenform angepaßt. Mit dem Paarhof wurde auch eine neue Hofform gefunden, die im Ge-

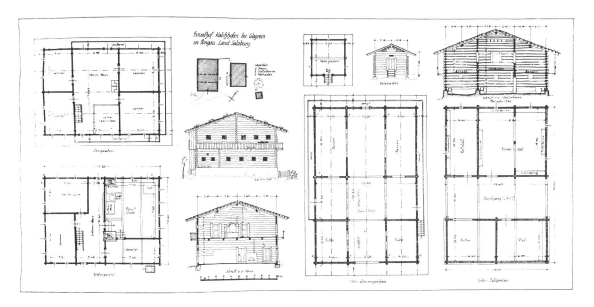

Paarhoftype aus dem Pongau. Siedlungsgeschichtlich vornehmlich den Streusiedlungen der Gebirgsgaue zuzuordnen

Typische Streusiedlung mit Einödhöfen, durch Rodungen im Hochmittelalter entstanden

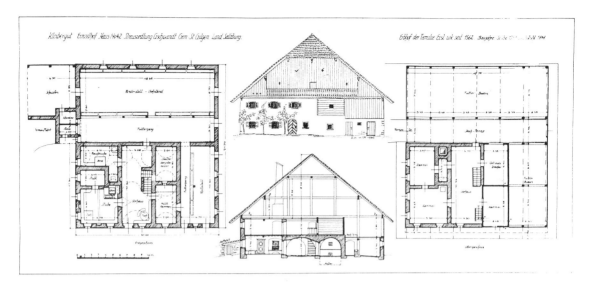

Einhaustype aus dem Salzkammergut. Siedlungsgeschichtlich vornehmlich dem Haufendorf zuzuordnen

gensatz zu der aus dem germanischen Einraumhaus entstandenen „Haupthaus"-Form eine bessere Anpassung an das gebirgige Gelände erlaubte. Wohn- und Stallgebäude sind jetzt nicht mehr unter einem Dach, sondern funktionell und baulich differenziert. Zusammen mit einer Reihe kleinerer Nebengebäude bildet der Hof eine weilerartige Formation.

Die topographisch günstigste Lage in der Landschaft, eine Kuppe, ein Höhenrücken, bestimmen das Zentrum des Rodungsfeldes, den Hof. Seine Stellung im Gelände – mit der Giebelseite zum Tal schauend – resultiert aus der Struktur des Hauses: Die Grundformen des Wohnteiles mit Eingang und „Vorhaus" in der Längsachse des Hauses und den wichtigsten Räumen, nämlich Stube, Küche, Kammer und Speicher seitlich davon, werden von der archaischen „Haupthausform" übernommen, lediglich der ursprünglich dahinter liegende Stallteil wird, weil zu sperrig, als eigener Baukörper daneben gestellt.

Zweifellos liegt der Rodungssiedlung eine strenge Rationalität zugrunde, die trotz des radikalen Eingriffs in die Natur ein empirisches Verständnis für die Ökologie der Landschaft einschließt. Das jahrhundertelange Überdauern muß als Beweis dafür gelten.

Die Entstehung der ersten planmäßigen Dörfer fällt in die Zeit der Rodungstätigkeit. Der kleine Kirchweiler war wohl eine Art politischer, wirtschaftlicher und kultureller Stützpunkt für die Rodungssiedler: eine Kirche, der Pfarrhof, der Wirt, der Kramer und vielleicht ein paar Handwerker.

Sehr weit verbreitet ist die größere Kirchensiedlung, bei der die Kirche burgartig in Hochlage den Ort und die umgebende Landschaft dominiert. Da die Kirche aber oft einer noch haufendorfähnlichen Altsiedlung nur angefügt wird, ist sie häufig am Rande des Dorfes zu finden. Jedenfalls erhält der Ort durch die Kirche visuell und symbolisch ein neues Element, das sich als wichtiges Moment zur Stabilisierung und Ausrichtung der weiteren Ortsentwicklung, als Ansatzpunkt für ein hierarchisches Ortsgefüge und als Ausdruck einer kommunalen Identitätsbildung erweisen soll.

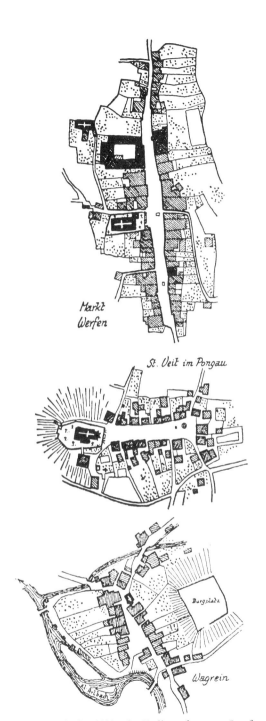

Markt
Werfen

St. Veit im Pongau

Burgplatz

Wagrain

Straßen- und platzbildende Siedlungsformen: Straßenplatz (Werfen), Rechtecksplatz (St. Veit im Pongau) und
Dreiecksplatz (Wagrain)

Raumbildende Ortsstrukturen

Während das weit über das Salzburger Land
verbreitete Gassendorf durch die Auffädelung
der – immer noch einzel stehenden – Häuser
entlang eines an Bedeutung gewinnenden Ver-
kehrsweges entsteht und noch keine planmäßige
Raumbildung erkennen läßt, entwickeln sich
bereits in der Zeit der großen Rodungen an den
wichtigen Durchzugsstraßen die Marktorte mit
den keineswegs nur für Salzburg typischen
Platzformen. Straßenplatz, Rechtecksplatz und
Dreiecksplatz sind im ganzen süddeutschen und
österreichischen Raum zu findende bewußte
Raumgestaltungen.

Diese Wandlung des Ortsgefüges ist aber nicht
einem Willkürakt, sondern einer völligen
Wandlung der Funktion des Ortes zu verdanken. Der Ort ist jetzt nicht mehr eine Ansiedlung von Bauern, sondern er ist ein wirt-
schaftliches und politisches Zentrum, er ist als
Rastort ein Verkehrsknotenpunkt – die vielen
Wirtshäuser beweisen es –, und er ist Zentrum
des aufkommenden Handwerks. Es ist ein-
leuchtend, daß eine solche Häufung von –
großteils neuen – Funktionen zu einer starken
Verdichtung und damit zu neuen, nämlich urbanen Formen führt. Perspektivische Wirkungen strebt der mittelalterliche Mensch nicht an,
wenn sie entstehen, sind sie unbeabsichtigt. Der
geplante Platz ist in erster Linie eine Kommu-
nikationsebene, hat aber darüber hinaus sicher
auch symbolische Bedeutung. Er ist entweder
ein einfacher viereckiger Außenraum (Rechtecksplatz), die Erweiterung der Hauptstraße
(Straßenplatz) oder die Erweiterung der Stra-
ßengabelung (Dreiecksplatz). Für die Dynamik
und Spannung dieser Plätze stellt ihre Topographie, das Steigen, Senken und Wölben, das
Mitgehen mit dem natürlichen Gelände ein
wichtiges Moment dar (markante Beispiele
sind die Plätze von Radstadt, Wagrain, Sankt
Veit, Zell am See).

Die Leistungsfähigkeit dieser Siedlungsstrukturen ist erstaunlich. Innerhalb eines bestimmten Rahmens bleibt der sehr wesentliche

93

Golling. Auflassen der raumbildenden Strukturprinzipien (mittelalterlicher Straßenplatz) und Übergang zu haufendorfähnlichen Gefügen sind deutlich erkennbar

Spielraum zur Entfaltung unterschiedlichster Hausformen und zur immer wieder notwendigen Einfügung neuer Funktionen. Bei Einhaltung des gegebenen Strukturschemas sind diese geschlossenen Orte fast nicht zu ruinieren. Die Gegenwart ist freilich dabei, diese Leistungsfähigkeit zu sprengen.

Es wurde versucht, an Hand mittelalterlicher Siedlungsformen gewisse strukturelle „Verhaltensweisen" sichtbar zu machen, die über Jahrhunderte permanent wirksam waren. Die nachmittelalterlichen Jahrhunderte einschließlich der Gegenwart haben ihnen keine wesentlich neuen mehr hinzugefügt. Die Geschichte der Siedlungsformen dieses Raums ist die Geschichte der mittelalterlichen Formen.

MERKMALE GEGENWÄRTIGER
SIEDLUNGSSTRUKTUREN

Unmittelbarer als von architektonischen Einzelleistungen wird das Gesicht eines Landes von der anonym gestalteten Siedlungsland-

schaft geprägt, sie ist auch ein getreueres Abbild des gesellschaftlichen und kulturellen Zustandes. Deformierung und Auflösung von Siedlungsstrukturen sind weltweite Erscheinungen der Gegenwart; sie sind aber groteskerweise besonders typisch für Landschaften, die wegen ihrer – ästhetisch erlebbaren – Charakteristik und wegen ihrer historischen baulichen Substanz eine starke Attraktivität ausüben. Diese letzte Entwicklungsphase des Landes zeigt in gewissen Zügen eine erstaunliche Ähnlichkeit mit der wilden, ungeregelten Besiedlungsperiode des frühen Mittelalters, während sie sich von der hochmittelalterlichen Kolonisationsphase durch einige auffallende Merkmale abhebt.

Fehlen von Planmäßigkeit

Wir haben gesehen, daß eine charakteristische Planmäßigkeit die Basis der hochmittelalterlichen Siedlungsstrukturen des Landes darstellte. Ob Planmäßigkeit sich unter geänderten Bedingungen heute aufgrund von Gesetzen erzwingen läßt, die selbst die ganze Problematik in sich tragen und die Widersprüche der allgemeinen Situation nur abbilden können, bleibt fraglich. Was deutlich wird, wenn es etwa in dem „Salzburger Raumordnungsgesetz 1977" im § 2, Abs. 13, heißt: „Das Siedlungssystem soll derart entwickelt werden, daß die Bevölkerungsdichte eines Raumes mit seiner ökologischen und wirtschaftlichen Tragfähigkeit im Einklang steht und daß eine bestmögliche Abstimmung der Standorte für Wohnen, wirtschaftliche Unternehmen, öffentliche Dienstleistungseinrichtungen und Erholungsgebiete erreicht wird."

Das ist, mit Nestroy gesprochen, „eine unendlich breite Basis, welche sich nach und nach auch in die Länge ziehen wird, und zur Vermeidung aller diesfälligen Streitigkeiten gar kein System!" In der praktischen Anwendung wird das Gesetz als obrigkeitliches Regulativ zur sicheren Verhinderung gröbster Übel

94

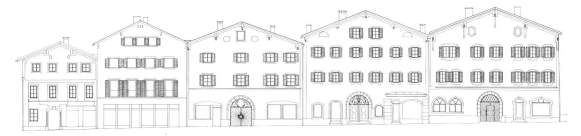

Golling, Hauptstraße. — Die Giebelseite wird, wie beim freistehenden Hof, als Vorderseite beibehalten.

mißverstanden oder mißbraucht, dessen freie Spielräume zu Schauplätzen eigennütziger Interessenskämpfe werden. Der Regelkreis: Bevormundung des Planers – dessen Hörigkeit – dessen Insuffizienz – stellt eine zweite Komponente dar, die verhindert, daß aus Planung Planmäßigkeit entsteht. So gesehen ist es kein Wunder, wenn ein Bürgermeister in einer Besprechung des Flächenwidmungsplanes den Architekten zu verstehen gibt „Sie sollen uns ja nur einen Plan zeichnen, was mir wollen, wiß' ma eh selber!" Wie gesagt, an der Quantität von Gesetzen und Planungen fehlt es nicht, aber die Ergebnisse, die mit ihnen erzielt werden, sind, in ihrer Gesamtheit gesehen, erschütternd. Und das sollte zu denken geben.

Amorphe Siedlungsformen

Es ist schwer nachzuvollziehen, wie es zu dem weltweiten Siegeszug jener „Siedlungsform" gekommen ist, die sich längst nicht nur für Wohnhäuser, sondern auch für alle möglichen anderen Aufgaben, von der Schule bis zum Autohaus, voll durchgesetzt hat: der mehr oder weniger große Klotz in der Mitte von wenig „Grün". Von der römischen villa suburbana über die Villa der österreichischen Monarchie, die Gartenstadtbewegung, den Funktionalismus, der Licht, Luft und Sonne verhieß,

bis zu jener verkrüppelten Zwergform, die den Kleinen versprach, was die Reichen schon längst, nur größer und besser hatten, ist es ein unendlich langer, tragischer Irrweg. Daß im Land Salzburg dieser durch alle möglichen irrationalen Motive gesteuerten Entwicklung letzten Endes auch noch eine durchaus rationale, planmäßige Form, der Einzelhof, Pate stehen muß, ist eine besondere lokale Facette.

Das Ergebnis, die Aneinanderreihung dieser „Elemente", ist ein amorphes = formloses Gebilde. Formlos wie Schotter, der irgendwo ausgestreut wird, ohne erkennbare Beziehung der Elemente zueinander, ohne Beziehung zu irgendeinem übergeordneten System, zur Landschaft zum Beispiel oder zu einem historischen Ortskern. Ein Haufen von Elementen, die, so gesehen, als asozial bezeichnet werden müssen, die weder Teil eines Ganzen sind, noch eine Individualität entwickeln können.

Es wurde davon gesprochen, daß die ursprüngliche Siedlungsform, der Haufenweiler – eine kleine überschaubare Ansammlung typischer Gehöfte – eine verhängnisvolle Virulenz entwickelte und aus ihm durch regelloses Wachstum das wesentlich größere Haufendorf entstand. Es ist keineswegs übertrieben, wenn man heute von einer Entwicklung vom Haufendorf zum „Sauhaufendorf" spricht. Die Art und Weise, in der sich manche Orte entwickeln, kann nicht anders bezeichnet werden.

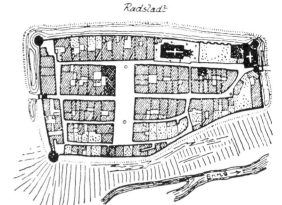

Radstadt, planmäßige mittelalterliche Stadtanlage

Zell am See, historischer Dreiecksplatz und neuzeitliche haufendorfartige Erweiterungen

Hallein

Auflösung raumbildender und städtischer Gefüge

Es fällt auf, daß historische Orte mit festgefügten straßen- oder platzbildenden Strukturen (z. B. Golling, Wagrain) diese abrupt und radikal verlassen und in ihren Erweiterungen zu haufendorfähnlichen Formen zurückkehren. Und das, obwohl doch gerade diese historischen Straßen und Plätze offensichtlich einen Teil des touristischen Kapitals darstellen, obwohl also ein bewährtes andersartiges Modell vorhanden ist. Da die raumbildenden Strukturen zweifellos Ausdruck einer kommunalen Identität sind, muß man aus der Abkehr davon auf einen Verlust dieser Identität schließen. Mag sein, daß in der historischen Bausubstanz sozusagen ein Denkmal für diese verlorene Identität bewundert wird.

Einen ausgezeichneten Beweis für den irrationalen Charakter dieser Entwicklung liefert Zell am See: Eingekeilt zwischen See und Berg, bedrängt von Bahn und Straße, liegt der Ort so, daß eine Weiterführung der relativ dichten mittelalterlichen Struktur um den dreieckigen Stadtplatz eine naheliegende und

96

Projekt einer Wohnsiedlung (Ortserweiterung) für Oberndorf, 1976. Verfasser: H. Tesar

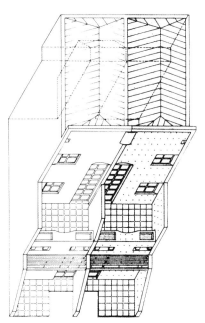

Doppelhaustype, H. Tesar

Wettbewerbsprojekt („Wohnen morgen"), Erweiterung von Neumarkt, 1975. Kombination von haufenartig gestreuten Vierhausgruppen mit geschlossener Straßenzeile. Teilweise Übernahme von Formelementen des Ortskernes. Verfasser: W. Appelt, H. Czech, E. Kneißl, E. Prochazka, A. Singer, K. Wessely

logische Konsequenz gewesen wäre. Das Gegenteil ist geschehen. Schon im 19. Jahrhundert ging man zu einer „repräsentativeren" haufenartigen Villenstruktur über, ohne den Ort noch aus dem Gleichgewicht zu bringen, nicht ahnend, daß man im 20. Jahrhundert viel weniger zimperlich dieses Prinzip bis zu einem bitteren Ende reiten würde.

Im Gegensatz dazu ist bemerkenswert, wie ganz anders sich, bei ähnlichen topographischen Bedingungen, die Entwicklung der Salinenstadt Hallein während eines vergleichbaren konjunkturellen Aufschwunges in der Renaissancezeit vollzogen hat. Es war selbstverständlich, daß man sich an der modernen Bischofsstadt Salzburg orientierte.

Eine auffallende und im Widerspruch zum sozialen und wirtschaftlichen Verstädterungsprozeß stehende Abneigung gegen urbane Strukturen zeigt sich auch in der Tatsache, daß

das gründerzeitliche Badgastein – eine Art großstädtischer Dependance – bis heute die einzige wirkliche Stadtentwicklung des Landes in der Neuzeit geblieben ist. Eine Abneigung, die an den Mauern der streng planmäßigen Festungsstadt Radstadt geradezu renitente Formen annimmt.

Die Sprache historischer Ortsstrukturen scheint, obwohl als Geräuschkulisse für den Fremdenverkehr verwendet, der Gegenwart unverständlich zu sein. Sie bleibt es auch, wenn in seltenen Fällen der vergebliche Versuch gemacht wird, einen rationalen Bezug zur Gegenwart herzustellen.

Der Stellenwert der Tradition

Stadt und Land Salzburg werden sehr oft mit dem Begriff der Tradition in Verbindung gebracht, so als ob die Bewohner dieses Landes oder die, die es verwalten, eine besondere Beziehung zu der historischen Substanz hätten, was sicher nicht richtig ist, viel eher dürfte diese irrtümliche Annahme auf das sehr reichliche Vorhandensein kultureller Fossile zurückzuführen sein. Allein die bloße Existenz, die offensichtliche Notwendigkeit von Regulativen zum Schutz der angeblich so respektierten historischen Bestände – Landschaft, Kunstdenkmal, Ortsbild –, aber vielmehr noch das völlige Versagen dieser Normen in der Praxis beweisen dieses Faktum genügend.

Tradition im Sinne von Fortpflanzen überdauernder Elemente kann weder postuliert noch geplant werden, das Unvermögen der gegenwärtigen Gesellschaft, Tradition glaubhaft entstehen zu lassen, muß aber doch, entgegen allen scheinheiligen Verhaltensweisen, festgestellt werden. „Tradition", sagt T. S. Eliot, „kann nicht ererbt werden, ... sie schließt in erster Linie historisches Verständnis ein, ... und das historische Verständnis beinhaltet das Vermögen, nicht nur die Vergangenheit des Vergangenen wahrzunehmen, sondern auch seine Gegenwart."

DIETMAR STEINER

Neues Bauen in Stadt und Land Salzburg

„Kein Volk erfaßt mehr als einen Teil des Bildes, das
den faßbaren Teil des Gedankens ausdrückt. So mache
dich dem Volk verständlich; auf ihm angemessne Art."
Arnold Schönberg, „Moses und Aron"

Mit diesen Worten legitimiert Aron in Schön-
bergs Oper die Errichtung des Goldenen Kalbes.
Mit diesen Worten ist auch gleichzeitig gesagt,
auf welcher Ebene der Architektur wir das
„Neue Bauen" in Stadt und Land Salzburg zu
betrachten haben. Die Gegenstände und Sach-
verhalte der „Umgangssprache Architektur"
weisen den Titel als Frage nach der Entwicklung und Geschichte der österreichischen Architektur aus. Der Titel ist somit auch Warnung,
weil es für die lokale Diktion und Färbung
keine absoluten Maßstäbe der „hohen Architektur" gibt.
Die Analyse ermöglicht es, bestimmte Klischees
der österreichischen Architektur eingehender zu
betrachten. Klischees sind Bilder der Wirklichkeit, die, abgetrennt von ihrer Geschichte, allgemein anwendbar sind. Dies beraubt sie ihrer
Selbst-Verständlichkeit und macht sie zu Re-
liquien. Sie werden „Bestandteile einer Ideologie, die am Vergangenen sich labt, damit am
Gegenwärtigen sich nichts ändere" (Adorno).
Die scheinbare Unveränderlichkeit der reinen
Landschaft zeigt schon deutlich die Negation
menschlicher Praxis, die ihr widerfährt. Natur
wird zum verdichteten Symbol der Heilserwar-
tung des Alltags. Ein feindliches Brüderpaar
steht sich im sogenannten Stadt-Land-Konflikt
gegenüber. Aber auch innerhalb der Stadt ist
dieser Gegensatz erkennbar. Tritt uns nicht
auch die historische Substanz der Salzburger
Altstadt als unveränderbar, naturhaft gegenüber? Ihr mit der tatsächlichen Wirklichkeit
(Getreidegasse als Salzburger Las Vegas) beileibe nicht mehr übereinstimmendes Bild weist

die Schlachten kapitalistischer Stadtentwicklung vor ihre Tore. Legt ihr Bewußtseins-
schranken an, die sich erst wieder bei der Be-
tastung „historischer Ansichten" (Hellbrunner
Allee) zu regen beginnen. Altstadt als ideolo-
gisches Symbol der Realität. Sie ist Heilsbot-
schaft, wie der Begriff der Natur. Vielleicht
sehen wir klarer, wird die Ideologie der Landschaft deutlicher, wenn wir von der „Stadtlandschaft" keinen methodischen Unterschied
zur reinen Landschaft machen. Landschaft ist,
wie jeder historische Stadtkern, bereits durch
menschliche Arbeit gestalteter Raum. Eine Architektur, die ihre Begründung aus der Architektur der Stadt bezieht, bezieht sie auch aus
der „Architektur der Landschaft".
Die methodische Verbindung von Stadt und
Land eröffnet den Blick auf die tatsächliche Dimension des „Neuen Bauens" in Österreich. Sie
ermöglicht die Sichtung des affirmativ-folk-
loristischen Teils der Architektur, dessen historische Kontinuität nachzuweisen noch aussteht.
Die Verdrängung dieses Teils aus dem Bewußtsein der Theorie und Kritik der Architektur
führte unter anderem zu jenem Dilemma der
funktionalistischen Doktrin, dem wir nun ohn-
mächtig gegenüberstehen. Die Diskussion um
das „Dach" ist keine Diskussion der tatsächlichen Realität. Das System der Verpackung
alpiner Dörfer und touristischer Altstädte un-
terscheidet sich in nichts mehr vom System der
Verpackung von Waschmitteln. Das Problem
ist zunächst die totale Vermarktung und Ausbeutung der Volkskultur.
„Es gehört ja eben zum Wesen der Heimat-
kunst, daß sie das Wesentliche nicht erkennt
und sich an Details klammert, Motive sucht, die
sie anderen Zwecken entnimmt und diese un-
organisch an beliebiger Stelle verwendet" (Josef
Frank). Inzwischen ist dieses „Wesen" neue

Salzburg, Getreidegasse
In diesem historischen Stadtraum wird der ganze Konflikt Salzburgs zwischen seinem Selbstverständnis, seinen Geschäftsinteressen und der Ratlosigkeit gegenüber den damit verbundenen Bauproblemen sichtbar.

Clemens Holzmeister, Toscaninihof
Selbstinszenierung der Stadt durch Architektur: ein Beweis, daß die moderne Architektur auch der Interpretation fähig ist.

Wirklichkeit geworden. Ihre Morphologie überlegen lächelnd zu umgehen, schafft die Sache nicht aus der Welt, leugnet die Zeichenhaftigkeit von Architektur und zeugt dafür von einem hohen Grad an Naivität im eigenen Schaffen.

Der Umgangssprache Architektur in der Auswahl der Beispiele näherzukommen und dabei die Geschichtlichkeit der Architektur in Österreich wiederherzustellen, ist die Tendenz dieses Beitrags. Josef Frank erteilt uns die Berechtigung dazu: „Deshalb wird die neue Baukunst aus dem ganzen Ungeschmack unserer Zeit, ihrer Verworrenheit, ihrer Buntheit und Sentimentalität geboren werden, aus allem was lebendig und empfunden ist: Endlich die Kunst des Volkes und nicht die Kunst für das Volk."

Salzburg als Festspielbezirk

Salzburg ist mit dem Begriff der Festspiele untrennbar verbunden. Die Bedeutung des Festspielbezirks weist im vorangestellten Bedürfnis schon über sich selbst hinaus, ist kollektives Ereignis vor seiner tatsächlichen Existenz. Die Geschichte des Festspielhauses ist auch Geschichte der Stadt. Im 1920 entstandenen Projekt von Hans Poelzig für den Hellbrunner Schloßpark ist gestaltete Landschaft als architektonischer Umraum einbezogen („. . . und die Gestaltung der Anlage muß ihm dieses Vergessen und Versinken in das Schauen und Hören allein mit aller Gewalt aufzwingen." Hans Poelzig). Im selben Jahr findet auch erstmals die Inszenierung des „Jedermann" unter Max Reinhardt ihren Rahmen in der Kulisse des Domplatzes. Finden wir bei Poelzig eine Architektur der Landschaft, bei Max Reinhardt eine Stadt als Kulisse, so werden diese Gedanken von Clemens Holzmeister in eine originäre Salzburger Form gebracht.

Die Stadt als Bühne

Beim Entwurf des Toscanini-Hofes wird Poelzig, Domplatz und „Jedermann" zur Architektur verdichtet. Hier herrscht die Stadt als

Bühne, dankbar für jedes Glied, das ihr die Möglichkeit zur Inszenierung gibt. Die Stiegenanlage im Toscanini-Hof ist ihrer dienenden, funktionalen Form enthoben. Sie fordert heraus, beeindruckt, ist Element im großen Welttheater. Die gesamte Fassade des Bühnenhauses spricht nicht von Inhalt und Zweck. Abgehoben von der internationalen Diskussion der Architektur zu dieser Zeit, gibt sie einzig und allein Antwort auf den Ort. Die damals zu schaffende Tradition als Festspielstadt hat ihr Credo von Hugo von Hofmannsthal bekommen: „Wir wollen nicht neue Forderungen aufstellen, sondern die bestehenden endlich verwirklichen." In der Erfüllung dieser Forderung liegt das Problem des Festspielbezirkes. Nicht in seiner hohen künstlerischen Autonomie, sondern in seiner bewahrenden, rückwärtsgewandten Dimension, die sich bei der Artikulation des neuen Festspielhauses noch einmal mit aller Deutlichkeit zeigt.

Die Stadt wird Natur

Im Jahr 1960 haben sich die Festspiele konsolidiert. Die Altstadt ist endgültig zum Dienstleistungsbetrieb geworden. Die Identifikation mit einer „abgeschlossenen" Stadt ist vollendet. Nun verträgt sie kein zusätzliches Element mehr. Das Neue Festspielhaus tritt hinter die Stadt zurück. Das Hofstallgebäude von Fischer von Erlach wird zum Zweck des Neubaues abgebrochen, aber dann verändert wieder aufgebaut. Der Bühnenturm schöpft sein Repertoire nicht mehr wie der Toscanini-Hof aus der Stadt. Er markiert hingegen die Grenze der Stadt, verbindet sie mit der Natur. Der Berg birgt das Festspielgebirge. Das wie aus Stein gehauene Grabendach leugnet die Welt vor den Toren der Altstadt.
Diese in ihrer fast literarischen Programmatik geniale Interpretation einer Stadtlandschaft zeigt uns dennoch die begrenzte Sicht der Salzburger Wirklichkeit, die sich in der gesamten Stadtentwicklung so verhängnisvoll ausgewirkt hat. Das Vokabular, der kollektive Wille einer

Clemens Holzmeister, Neues Festspielhaus, 1956
In der Skizze setzt sich die Morphologie des Mönchsberges am Gebäude fort — an der Grenze von Stadt und Landschaft werden beide Elemente vereinigt.

Stadt bestimmen sich allerdings nicht nur an ihrem Monument. Die allgemeinere Diktion dieser Sprache besitzt nun ihre – für uns relevante – Figur in der Gestalt des Otto-Wagner-Schülers Wunibald Deininger.

. . . reden wir doch deutsch

„. . . Ihre Sprache wird der Menschheit verständlich sein, in ihren Werken wird die Welt das eigene Spiegelbild erblicken." Dieses Zitat von Otto Wagner steht bestimmend im Hintergrund des Schaffens seiner Schüler in den Bundesländern. Wunibald Deiningers Werk in Salzburg kann so stellvertretend für das Vokabular der traditionellen Moderne in Österreich gesehen werden. Sie bedient sich im allgemeinen einer einfachen und verständlichen Symbolik, Zitate und Anleihen aus dem morphologischen Fundus einer Stadt sind ihr nicht fremd. Zum Vorschein kommt dies an der Wohnanlage Hirschenwiese, von Deininger 1919/20 als erster Salzburger Gemeindebau dieser Art ge-

101

Wunibald Deininger, Gemeindebau Hirschenwiese, 1919
bis 1920
Das historische Repertoire der Stadt als symbolische
Bezugsebene für volkstümliche Architektur.

Wunibald Deininger, Villa am Meer, Projekt, 1903—04
Elemente der modernen Architektur stehen noch in einem
klassischen Kontext.

plant. Die herrschaftliche Gestik leugnet ihr
Wiener Vorbild nicht. Im Prozeß der formalen
Abwandlung ist er jedoch tief in der Salzburger
Prächtigkeit einer barocken Stadt verankert.
Wir erkennen in den architektonischen Details
dieses Bauwerks eine Menge Anleihen und
Zitate aus der Baugeschichte Salzburgs. Fast
selbstverständlich dient als Attikaabschluß die
vor dreihundert Jahren an Salzburger Bürgerhäusern erprobte Hohlkehle. Die zurückgesetzten Ecktürme erinnern an die Häuser der
Steingasse. Bogenfenster und Fensterläden ver-
vollständigen den volkstümlichen Eindruck.
Der Gedanke einer „Residenz des Volkes"
stand Pate bei den prunkvollen Eingangs-
lösungen und den applizierten herrschaftlichen
Balkonen.

Die moderne Lehrzeit

Im 1926 erbauten Verlagshaus Kiesel ist die
Verbindung zu Deiningers Projekten an der
Wagner-Schule erkennbar. Jene rhythmische
Säulengliederung der Fassade, die das Erscheinungsbild des Betriebsgebäudes dominiert, hat
ihre Vorbilder in mehreren Villenprojekten von
1903/04. Das Wohn- und Bürogebäude, als
„Kopf" der Anlage ausgebildet, ist in diesem
Fall frei von Anspielungen auf die Geschichte
der Stadt. Die Gestaltung des Eingangspavil-
lons ist dafür als Analogie zum Zeitungskiosk
erkennbar. Die weitere Gliederung der Fassade – kaum spürbare Staffelung der Geschosse,
die Achse des Mittelfensters im Attikageschoß,
bis zu Figuren und Fahnenmast – schließt unmißverständlich jeden Zweifel über Zweck und
Bedeutung des Hauses aus. Ein städtebaulich
dominantes Glied einer Raumfolge von Bahnhof über Mirabellplatz zur Stadt.

Gibt es „Salzburg" noch?

Die bisherigen Beispiele dienten dazu, die Zwie-
spältigkeit des „Neuen Bauens" in Salzburg
deutlich zu machen. Die positive Seite ist die
konstruktive Adaption historischer Architek-

Wunibald Deininger, Druckhaus R. Kiesel, 1926
Die städtebauliche Situation wird durch einen „Kopfbau" akzentuiert — anschließend funktionelle Reihung des Betriebsgebäudes.

turelemente und deren Verständlichkeit. Holzmeister und Deininger haben sich intensiv mit der Architektur der Stadt Salzburg beschäftigt und traten in fruchtbaren Dialog mit ihr. In ihrem Traditionalismus, auch einer oft nationalheroischen Interpretation ist jedoch jene Überbewertung der Altstadt zu finden, die letztlich zur Zerstörung der Stadtlandschaft führte. Die Identität Salzburgs besteht anscheinend nur in seinem unerschütterlichen Glauben an eine unversehrte Innenstadt und die Landschaft der Umgebung. Inzwischen sind die ehemals selbständigen Stadtteile und Vororte Salzburgs in ihrer typologischen Substanz nicht mehr vorhanden. Die im Nachziehverfahren angewandte Zonierung durch die Stadtplanung negiert in

ihrer funktionalistischen Sicht die historische Kontinuität der Stadt. Teile von Lehen und Itzling, z. B. das Bahnhofsviertel, sind Beispiele rücksichtsloser technokratischer Ausschlachtung einer Stadt. Das Gemeindegebiet Salzburgs erscheint als Reservoir an Dienstleistungen für die Altstadt. In der neuen Architektur Salzburgs gibt es nun Bauten, die verschlüsselt auf diese Problematik hinweisen.

Die Landschaft ist ein Haus

In der Kendlersiedlung, einem typischen Vorort mit Einfamilienhäusern, entstand das Seelsorgezentrum St. Vitalis von Wilhelm Holzbauer. Ein klar umgrenztes Rechteck bildet den Bezirk

Salzburg-Lehen
Die Zerstörung der Stadt.

Salzburg-Parsch
Die Zerstörung der Landschaft.

Wilhelm Holzbauer, St. Vitalis
Das Dach in der Dachlandschaft der Siedlung.

für die differenzierte Höhenentwicklung der Pultdächer. Diese Dachlandschaft steht in formaler Analogie zu den Satteldächern der Siedlungshäuser. Die Landschaft der Siedlung erkennt sich in ihrem Zentrum wieder, das selbst auch Landschaft ist. Seine Gestik faßt die verstreuten Einzelhäuser symbolisch zu einem Bau zusammen. Er ist eindeutiges Zeichen für gemeinsamen Willen. St. Vitalis zeigt uns den Weg einer eigenständigen Weiterentwicklung einer dörflichen Landschaft. Mit einem „Satz" wird hier die Geschichte eines Ortes erzählt.

Ästhetik als Funktion

Das Mercedes-Ersatzteillager von Gerhard Garstenauer im Raum Lehen ist der bauliche Beweis dafür, daß Stadtgestalt von Nutzungen und Funktionen der Gebäude unabhängig sein kann. In einem jener oben geschilderten Gebiete ist dieser in Material und Konstruktion sorgfältig durchgearbeitete Bau eine Einzelleistung. Die gegliederte Geschlossenheit nimmt die Integration in eine noch zu schaffende städtebauliche Umgebung vorweg. Obwohl die funktionelle Leistung bei Garstenauer Grundbedingung seiner ästhetischen Aussage ist, liegt die Bedeutung dieses Bauwerks in der Forderung an die Umgebung nach Qualität der Gestalt.
Zwei angeblich so unterschiedliche Aufgaben – eine Kirche und ein Ersatzteillager – zeigen trotzdem, daß das Verständnis eines Stadtorganismus und das Bewußtsein gegenüber einer „Landschaft der Stadt" Vorbedingung für den richtigen Einsatz materialer und formaler Mittel der Architektur sind. Unter diesem Gesichtspunkt werden wir auch verstreute Einzelleistungen im Land Salzburg betrachten. Am Beispiel des Pinzgaus steht allerdings dann die Umgangssprache der neuen Wirklichkeit des „alpinen Stils" zu Diskussion.

Ein Bad ist kein Haus

Die Einbeziehung des Felsens im Badgasteiner Hallenbad weist programmatisch auf die Be-

Wilhelm Holzbauer, St. Vitalis, 1967—72
Die Anlage als architektonische Interpretation einer vorstädtischen (ländlichen) Siedlungsstruktur.

Gerhard Garstenauer, Ersatzteillager, 1972—74
Gegliederter und rhythmisierter, jedoch klar definierbarer Block in einer städtebaulich ungelösten Umgebung.

Rüdiger Stelzer und Walter Hutter, Kurzentrum Bad Hofgastein, 1970—74

Helmut Kunze, Freibad Mittersill, 1970—72

Gerhard Garstenauer, Kongreßzentrum Badgastein

deutung von Landschaft als Erlebnisraum der Freizeit hin. Das Bad selbst ist nur mehr ein Gerät zur Erfüllung des Bedürfnisses. Ähnlichen Ansätzen begegnen wir beim Kurzentrum in Bad Hofgastein von Hutter und Stelzer und beim Freibad in Mittersill von Helmut Kunze. Der Glaskörper der Hofgasteiner Anlage ist organische Bedeckung eines Landschaftsteils, dessen einzige Bedingung die klimatische Konditionierung ist. Trotzdem ist es Bauwerk und zeigt eine romantische Bescheidenheit gegenüber der Natur. Diese Art der Interpretation von Landschaft führt zum gänzlichen „Verlust der Architektur", der sich im Mittersiller Freibad zeigt. Hier wird das Bad zum Freiluftkino der Alpen. Ein Wasserbecken macht ein Stück Landschaft für einen bestimmten Zweck benutzbar, die gebauten Kabinen sind nur mehr ein begehbarer Hügel.

Die sympathische Ehrlichkeit dieser Objekte bedeutet uns allerdings, daß Bäder anscheinend keine Bauten im Verständnis der Bevölkerung sind. Sie fallen in eine Kategorie mit Seilbahngondeln und notwendigen Parkplätzen, tragen die Auseinandersetzung mit der Landschaft auf einer Nebenfront der Architektur aus. Wo Landschaft selbst benutzbar gemacht wird, darf man sich also noch zeitgemäß verhalten. Daß es trotzdem im alpinen Raum nicht so glücklich vonstatten gehen muß, zeigen die Monster von Kleinkirchheim und Zell am See.

Stadterweiterung in den Alpen

Der verfügbare Raum für Badgastein in der engen Schlucht der Gasteiner Ache ist begrenzt. In der Überwindung der Topographie besitzt der Ort eine lange Tradition. Viele Hotels wachsen förmlich aus der Schlucht herauf zur Straße, von der sie dann von einem der oberen Stockwerke aus erschlossen sind. In Analogie dazu liegt auch das Kongreßzentrum unter der Ebene des neugeschaffenen Platzes. Rolle und Gestaltung dieses städtischen Raumes sind bestimmt durch die schwierigen bautechnischen Rahmenbedingungen und die neu formulierten

Gerhard Garstenauer, Kongreßzentrum Badgastein, 1968—74
Innere Ortserweiterung — Schaffung eines Platzes im Zentrum mit den Dienstleistungen für den neuen Touristen
mit seinen gewandelten Ansprüchen.

Lois Welzenbacher, Haus Buchroithner, Zell am See, 1930
Moderne Architektur in Bedrängnis.

Ansprüche. Manche Knickung und Ausuferung der reinen architektonischen Form ist durch die Forderung nach einem gedeckten Spazierweg erklärt. Das gesellschaftliche Leben findet – im Gegensatz zur Gründerzeit – nun außerhalb der Hotels statt. Der Platz ist Ort für kollektives Ereignis. Mitveranstalter dafür ist auch die Landschaft des Gasteiner Tals. Somit ist auch das Kongreßzentrum kein den Platz abschirmendes Gebäude, die Grenze ist durchlöchert. Fast ironisch ist bei diesem Blick durch das Gebäude die Touristeninformation wie ein Filter dazwischengeschaltet. Die in Gastein immer wieder auftretenden Türme und Kronen der Gebäude finden sich in den Glaskuppeln wieder. Sie weisen hinaus auf die Landschaft als neue Krone des Hauses. An diesem beispielhaften Projekt sieht man die Möglichkeit einer sinnvollen Fortsetzung der Tradition einer historischen Stadtlandschaft. Ebenso sind Veränderungen im Verhältnis zur gesellschaftlichen Funktion der Landschaft ablesbar. Es ist „Leistungsform" in einer neuen Deutung.

Der Stil der Angst

Die Geschichte und Entwicklung des Bauens im alpinen Raum können wir für Salzburg am Beispiel Zell am See nachvollziehen. Den Villen Lois Welzenbachers, die aus der direkten Umsetzung topographischer Situationen ihre eigen-

ständige Verbundenheit zur Landschaft dokumentieren, ist längst internationale Reverenz erwiesen. Im Werk von Fidelius Schmid kommt wieder jene sensible Einordnung in Stadtbild und Landschaftsraum zum Ausdruck, die ihn als bedeutenden Vertreter des „Neuen Bauens" ausweisen. Von dieser Tradition ist im heutigen Zell am See nichts mehr zu erblicken. Mit der Konsequenz alpiner Goldgräber wurde vieles, was auf eine eigenständige Geschichte des Ortes hinweisen könnte, vergessen. Mit der Durchsetzung des „alpinen Stils" trat eine Schizophrenie ein, die bei expansivster Stadtentwicklung unbedingt einen dörflichen Allerweltscharakter erzeugen will. Hinter der Monotonie alpiner Verpackung versucht man das städtebauliche Chaos zu verstecken. Mit Wehmut erinnern wir uns der Vielfalt der Dach- und Bauformen, die in den historischen Resten der Stadt noch vereinzelt zu erblicken sind.

Um die Ursachen ins rechte Licht zu rücken, kann nicht auf einer ästhetischen Ebene, wie Hermann Broch es versucht, argumentiert werden: „Wer Kitsch erzeugt ... ist ein Verbrecher, der das radikal Böse will, oder etwas weniger pathetisch gesagt: er ist ein Schwein." Die Gründe liegen vielmehr im ökonomischen und politischen Bereich. Eine Frage der Macht also, deren unsichere Position die Angst vor der Veränderung erzeugt und sie nach unten weitergibt. Solange Gäste und Einwohner noch an der „Unterernährung an politischer Phantasie" (Ernst Bloch) leiden, werden sie die Unterdrückung verdrängen und an jedem edelweißdekorierten Blechnapf ihre wahre Freude haben.

Die Härte der letzten Formulierungen entspringt einer Enttäuschung über die verlorene Tradition österreichischer Architektur. Sie besaß all jene Qualitäten, mit denen der „alpine Stil" hausieren geht, war voller ehrlicher Zeichen und Symbole mit kraftvollen oder verspielten Hinweisen auf Landschaft und Geschichte. Holen wir sie aus der gemütlichen Verträumtheit in unser Bewußtsein zurück, damit wir wieder „reden" lernen; uns mit Architektur „unterhalten" können.

Zell am See
Die unterschiedlichsten Bauaufgaben werden mit der Konfektion des „internationalen alpinen Stils" eingekleidet. Ein tragisches Mißverständnis gegenüber der bäuerlichen Volkskultur und Tradition.

EINSCHICHTHOF
Zwei Drittel aller landwirtschaftlichen Betriebe in Salzburg sind Bergbauernhöfe. Bergbauer sein bedeutet: täglich 10—12 Stunden Arbeit, Verzicht auf Feiertage und Urlaub, soziale Benachteiligungen. Den Ertrag seiner Arbeit streichen andere ein. Ihm selbst gewährt die Gesellschaft einen Stundenlohn von 10—20 Schilling.

110

JOSEF KRAMMER, GÜNTER SCHEER

Die Veränderung der Landschaft durch Wirtschaft, Technik und Politik

Die ökonomische und soziokulturelle Tragfähigkeit des Landes beruhte seit der Aufhebung der feudalen Herrschaftsordnung auf der *Landwirtschaft* gemeinsam mit einer bestimmten Form der *ländlichen Arbeitsteilung,* in der die Bauern alle für das Funktionieren der Landwirtschaft und des Lebens am Lande notwendigen außerlandwirtschaftlichen Tätigkeiten *selbst organisierten.* Diese Tätigkeiten waren insbesondere:
a) die Produktion, Wartung und Reparatur der für die Landwirtschaft nötigen Produktionsmittel (Schmied, Wagner, etc.),
b) die Verwertung und Veredelung der landwirtschaftlichen Rohprodukte (Mahlen des Getreides, Molkereien, Käsereien),
c) die Organisation des Handels für den lokalen Bedarf.
In all diesen Funktionen fanden die Bauern einen Nebenerwerb zu ihrer landwirtschaftlichen Tätigkeit, hielten dadurch ihren Geldbedarf niedrig und konnten so relativ autonom ihre Arbeit und ihr Leben organisieren.
Erst sehr spät zerbrach diese Form der ländlichen Arbeits- und Lebenswelt endgültig, als ab ca. 1950 industrielle Formen der Technik in der Landwirtschaft verstärkt Fuß faßten. Ein deutliches Beispiel dafür ist der Prozeß der Ersetzung der tierischen durch die mechanische Antriebskraft.

Der Ersatz tierischer durch mechanische Zugkraft in der österreichischen Landwirtschaft

Jahr	tierische Zugkraft*	Traktoren
1953	389.358	30.992
1962	160.534	147.788
1972	64.814	263.944

* Pferde, Ochsen, Zucht- und Nutzstiere
Quelle: Wirtschafts- und sozialstatistische Handbücher der Arbeiterkammer Wien, 1945–1969 und 1973

Gleichzeitig setzte ein ständiger Fortschritt in der Züchtung von ertragsfähigeren Getreidesamen und leistungsfähigeren Tieren (z. B. Milchkühen) ein.
Diese neuen Technologien erhöhten die Produktivität in der Landwirtschaft und gleichzeitig die Gesamtproduktion gewaltig. Aber sie waren teuer und konnten nicht überall in gleich effizienter Weise eingesetzt werden. Die kleinen Höfe, die Bergbauern und die Landwirte auf schlechten Böden waren benachteiligt.
Mit den neuen Technologien drang die *Konkurrenz* um Kredite und um Marktanteile in die Landwirtschaft ein. Nur wer in dieser Konkurrenz Sieger blieb, konnte die nun rasch ablaufende Entwicklung technischer Neuerungen mitmachen und hatte somit die Chance, sich als Landwirt zu behaupten.
Die Konkurrenz wurde in der Landwirtschaft dadurch verschärft, daß anders als in der städtisch-industriellen Produktion von Konsumgütern die Aufnahmefähigkeit des Marktes für Nahrungsmittel sehr begrenzt blieb: dem sich rasch ausweitenden Angebot an Nahrungsmitteln stand bald eine weniger rasch steigende Nachfrage gegenüber. Das führte zu *Überschüssen* und zu *real sinkenden Agrarpreisen.* Diese wiederum verschärften die Konkurrenz der Bauern und zwangen einen wachsenden Teil, die Produktion aufzugeben. Die Folge davon war, daß eine wachsende Zahl von Bauern das Land verlassen mußte in der Hoffnung, in den Städten als Lohnarbeiter bessere Arbeits- und Lebensverhältnisse zu finden.
Unter den verbliebenen Landwirten setzte sich die Konkurrenz fort und verstärkte den Druck, die Produktion allein nach den Gesichtspunkten der Rentabilität zu verändern. Zu diesen

Veränderungen und ihren Folgen zählen vor allem:

a) die Vergrößerung der Produktionseinheiten,
b) die Spezialisierung der Produktion,
c) die Konzentration der Produktion in den jeweils geeignetsten Gebieten,
d) die Zerstörung der ländlichen Arbeitsteilung.

Die zuletzt genannte Zerstörung der ländlichen Arbeitsteilung war eine besonders folgenschwere Entwicklung. Mit ihr verlor das Land eine der beiden Voraussetzungen, die ihm früher als eigenständigem Arbeits- und Lebensraum Tragfähigkeit und Stabilität gegeben hatte. Diese Zerstörung ist darauf zurückzuführen, daß das Eindringen der industriellen Technologie und ihrer Entwicklungsgesetzmäßigkeit die ländlichen, d. h. die *handwerklichen, dezentralisierten und selbstorganisierten* Formen der Produktionsmittelerzeugung und -instandhaltung sowie der Veredelung und Vermarktung von landwirtschaftlichen Rohprodukten innerhalb kürzester Zeit durch industrielle Formen ersetzte. Dadurch wurde den Bauern ein ehemals fundamentaler Teil ihres Einkommens entzogen. Die Traktorenfabrik steht eben nicht auf dem Lande, die Reparaturwerkstätte für Landmaschinen siedelt sich nur in wenigen zentralen Orten an. Überdies bedeutet Reparatur nur mehr Austausch defekter Teile, und dazu ist wenig Arbeitskraft erforderlich. Ebendies gilt für die Vermarktung: Mühlen und Molkereien konzentrieren sich in den wenigen städtisch gewordenen Räumen, und der Handel von Lebensmitteln wird zunehmend von großen Handelsketten und Supermärkten organisiert.

Man kann diesen Wandel gut an der Entwicklung der *ländlichen Genossenschaften* nachvollziehen: Die Genossenschaftsidee war ein Versuch der Bauern, die alte Arbeitsteilung auf dem Lande mit den Erfordernissen der industriellen Produktion zu verbinden. Die Bauern verfolgten mit den Genossenschaften das Ziel, sich auf diese Weise gegen den Druck und die Ausbeutung durch Wucherer, kapitalistische Landhändler und Produktionsmittelerzeuger zur Wehr zu setzen. Gleichzeitig sollten die Genossenschaften die Konkurrenzfähigkeit der kleinen Bauern und den verstärkten Anschluß ihrer Produktion an größere Märkte gewährleisten. Diese Zielsetzungen, und das ist der zentrale Punkt der Genossenschaftsidee, sollten mit Hilfe der Prinzipien der *Selbsthilfe*, der *Selbstverantwortung* und der *Selbstorganisation der Genossenschafter* verwirklicht werden. Die Entwicklung und die heutige Wirklichkeit der Genossenschaften unterscheiden sich nur allzu deutlich von diesen Zielsetzungen und Prinzipien. Sie sind „städtisch" und „kapitalistisch" gewordene Großunternehmen, die bis ins Augenfällige den (kleinen) Bauern fremd und dem Land beziehungsweise der Landschaft feindlich geworden sind.

Der Verlust ihrer traditionellen Nebenberufstätigkeit zwang jene Bauern, die im Kampf um Marktanteile, Kredite und Rationalisierungen nicht mithalten konnten, aber nicht nur zur Aufgabe ihrer Landwirtschaften, sondern zum Verlassen des Landes. Denn es gehört eben zu den Besonderheiten der industriellen, kapitalistischen Produktion, daß sie auch weiterhin an wenigen Punkten konzentriert abläuft: in den Städten und in den stadtnahen ländlichen Räumen, wo der Wachstumsprozeß der Wirtschaft zu Zusammenballungen geführt hat, die in ihren gesellschaftlichen Folgen ebenso schwerwiegend sind wie die fortschreitende Entleerung des stadtfernen Landes. Wirtschaft und Technik führen somit zu einer Dreiteilung des Landes:

1. Land in Stadtnähe,
2. Land mit tragfähiger Landwirtschaft,
3. Land ohne tragfähige Landwirtschaft.

Wie sehen nun die Landschaftsveränderungen in diesen drei Typen des Landes im einzelnen aus?

1. Land in Stadtnähe

Die Veränderungen der Landschaft im Wirkungsbereich der Industrialisierung und Zusammenballung in den Städten werden geprägt von den direkten Folgen dieser Industrialisierung: Der Boden wird knapp und damit teurer. Die verschiedenen Nutzungsformen des Bodens geraten zueinander in Konkurrenz. Die landwirtschaftliche Nutzungsform bleibt wegen ihrer Unrentabilität als erste auf der Strecke. Nun streiten soziale und private Nutzungsformen miteinander.

Erfahrungsgemäß siegen die privaten Nutzungsformen über die öffentlichen und sozialen. Die Folgen für das Erscheinungsbild und die Funktionsfähigkeit der Landschaft sind bekannt: Es ist jene Anarchie von ungeplantem und unkontrolliertem Nebeneinander von Industriebauten, brachliegenden Wüstungen, die bald mit hoher Rendite verschachert werden, von dichtstehenden Fertighäusern zwischen Autobahnkreuzungen und weniger dichtstehenden Protzvillen meist abseits von Autobahnkreuzungen. Dazwischen gibt es Umspannwerke, Flugplätze, Autofriedhöfe, Supermärkte, noch einmal Autobahnen und moderne Stadtrandsiedlungen.

2. Land mit tragfähiger Landwirtschaft

Zur modernen Form der Tragfähigkeit von Land durch die Landwirtschaft in der *Pflanzenproduktion* gehört als Vorbedingung die *Ausräumung der Landschaft vom Menschen.* Die tragfähige (rentable) Getreideproduktion braucht keinen Menschen, dafür jedoch Kapital und große Flächen. Die Monotonie einer Monokultur ohne Menschen ist unüberbietbar.

Auch in anderer Hinsicht fehlt der Landschaft Leben und Vielfalt. Alles, was den Einsatz der Maschinen stört, muß weichen. Feldraine verschwinden, Bäche werden begradigt und in Kanäle umgewandelt. Der rechte Winkel und die gerade Linie werden zum Leitprinzip, dem sich die Landschaft zu fügen hat. Das Land wird eingeebnet, trockengelegt und ausgeräumt, um es so seinem einzigen Zweck — möglichst hohe Erträge zu liefern — dienlich zu machen.

Diese Eingriffe gefährden schließlich die Grundlagen für die Lebensfähigkeit der Landschaft, ihr ökologisches Gleichgewicht, weil eine *ökonomisierte und spezialisierte Landschaft* dem Wind, dem Regen, der Trockenheit und den Schädlingen nichts Ausgleichendes mehr entgegenzusetzen hat.

Ähnliche Folgen hat die Ökonomisierung und Spezialisierung der Landschaft im Bergland. Auch hier führen die Gewalttätigkeit unserer Technologie und die Kurzsichtigkeit ihres Einsatzes zu folgenschweren Veränderungen der Landschaft.

3. Land ohne tragfähige Landwirtschaft

Die Tragfähigkeit der Landwirtschaft ist an drei naturgegebene Faktoren gebunden:
a) an die Bodenbeschaffenheit,
b) an den Standort (Höhe, Hangneigung etc.),
c) an das Klima.

Der größte Teil Österreichs besteht aus Bergland. Aufgrund der ungünstigen Standortvoraussetzungen und der damit verbundenen Witterungsbesonderheiten eignet sich das Bergland großteils nicht zur rentablen landwirtschaftlichen Nutzung. Lediglich die ebenen Tallagen sind begünstigt. Um einen Eindruck von der Ausdehnung dieser Berggebiete ohne tragfähige Landwirtschaft zu geben, genügen einige wenige Zahlen:

1970 waren 37 Prozent aller landwirtschaftlichen Betriebe Bergbauernbetriebe. Allein auf diesen Betrieben lebten 643.000 Menschen. Diese Betriebe bewirtschafteten mehr als die Hälfte der gesamten österreichischen Kulturfläche. In Salzburg waren 1970 65,4 Prozent der landwirtschaftlichen Betriebe Bergbauernbetriebe; sie bewirtschafteten 73 Prozent der Kulturfläche und auf ihnen wohnten 72 Prozent der landwirtschaftlichen Bevölkerung.

Ein großer und wachsender Teil der Bergbauernbetriebe ist betriebswirtschaftlich unrentabel. Dadurch verlieren diese Betriebe ihre Konkurrenzfähigkeit. Die Bauern können versuchen, diese Entwicklung durch Mehrarbeit eine Zeitlang auszugleichen. Schließlich verbleibt vielen von ihnen nur mehr die Möglichkeit, ihre Höfe zu verlassen. Die Situation verschärft sich noch, weil die alten Formen des Nebenerwerbs wegfallen und nahe gelegene Industriearbeitsplätze fehlen.

Die Veränderungen der Landschaft als Folge davon sind:
a) Auflassung der Almwirtschaften,
b) Aufforstung der ehemals offenen Flächen,
c) die Aufgabe der Bewirtschaftung („Sozialbrache", Verwilderung).
Es gibt Land- beziehungsweise Berggebiete, in denen mit dem Niedergang der Landwirtschaft ein Aufstieg der Fremdenverkehrswirtschaft einherging. Es wäre aber verfehlt anzunehmen, daß dadurch die durch den Rückgang der Landwirtschaft bedingten negativen Veränderungen der Landschaft oder des Landes ausgeglichen würden. Im Gegenteil: der „industrialisierte" Fremdenverkehr nützt dem Lande wenig, dem kleinen Bauern kaum und der Landschaft gar nicht:
a) Der Fremdenverkehr konzentriert sich an bestimmten Punkten, er schafft im Lande Inseln, auf denen sich das Klischee ländlichen Lebens (sinnfälliger Ausdruck ist das alpenländische Bauen) mit der Modernität städtischer Lebensweise in landschaftszerstörender Weise verbindet.
b) Die Einnahmen aus dem Fremdenverkehr werden privatisiert, die Kosten sozialisiert (z. B. im Fall von Ringkläranlagen, Straßen etc.).
c) Da der moderne Fremdenverkehr „industrialisiert" ist, d. h. vor allem kapitalintensiv, haben die Bergbauern kaum Chancen, zu Nutznießern dieser Entwicklung zu werden. Sie werden dennoch benötigt: sie bilden eine folkloristische Kulisse, sie pflegen die Landschaft zu niedrigen Kosten und erhalten dadurch den Wert des Produkts, das andere den Fremden teuer verkaufen, und schließlich leisten sie Dienste an Schiliften und in Hotelküchen.
Verliert die Landwirtschaft ihre Tragfähigkeit, so wird der Boden mobil, zumal dann, wenn die Nachfrage da ist. Sie ist es: Reiche Städter bauen ihre Zweitwohnungen, noch reichere ge-

nießen das Privileg, den Genuß österreichischer Bergbadeseen zu monopolisieren, kapitalkräftige Gruppen profitieren von Bau und Verkauf von Appartementhäusern.

Die chaotische Ökonomisierung der Landschaft, das feindliche Nebeneinander von Einseitigkeiten haben den Ruf nach „Landschaftsplanung" laut werden lassen. Die Planung von Landschaften soll nun Abhilfe schaffen.
Aber Landschaftsformen sind selbst nur der Ausdruck von ökonomischen, politischen und sozialen Zuständen. Daher sind auch Veränderungen von Landschaften Folgen gesellschaftlicher Veränderungen, wobei
a) die Art der Nutzung des Landes ihre Intensität und ihre regionale Verteilung,
b) die Eigentums- und Besitzverhältnisse und
c) die ökonomische und kulturelle Situation der Landbewohner und Landbearbeiter
die wichtigsten Faktoren sind.
Lange Zeit lebten die Menschen *mit* der Landschaft und arbeiteten *in* ihr. Heute ist Landschaft entweder bloßes Produktionsmittel oder bloße Ware. Sie muß sich verwerten und in Kapital verwandeln. Störungen im Kapitalumschlag werden nicht geduldet. Auf sie wird mit der Logik der Spezialisierung, der geraden Linie und der harten Technologie geantwortet. Störungen der Ökonomie wird durch Zerstörung der Landschaft begegnet, wobei *Zerstörung der Landschaft* mehr ist als die *Zerstörung der Schönheit einer Landschaft.*
Nur allzu beliebt sind angesichts dieser Bedrohung zwei Entschuldigungen: Die eine lautet, daß die negativen Veränderungen der Landschaft ein Nebenprodukt *„der"* Technik seien. Die andere erklärt diese Veränderungen zum notwendigen Opfer für den Wohlstand *„aller".*
In Wirklichkeit lenken diese Entschuldigungen ebenso wie die „Landschaftsplanung" davon ab, daß hinter den Veränderungen der Landschaft gesellschaftliche und politische Zustände liegen, also ungleich verteilte Macht und Interessen.

114

LAND IN STADTNÄHE
Wo der Boden als Ware knapp wird, da hat die ökonomische Verwertung den Vortritt. Für den Lebens- und Wohnraum der Menschen unter einem bestimmten Einkommensniveau verbleibt oft nur das, was die ökonomische Verwertung übrig läßt.

MONOKULTUR
Die Vielfalt der Landschaft muß weichen, wo sie den Einsatz der Maschinen stört (Beispiel: Stinkendorf/NÖ). Das Land wird ausgeräumt, die Menschen ziehen weg, der Boden wird ausgelaugt, so daß die Gefahr besteht, daß die Landschaft als Lebensraum und als Rohstoff zerstört wird.

BACHREGULIERUNG

Hochwasserschutz ist wichtig und sinnvoll, muß aber nicht in dieser Form geschehen und wird so auch nicht mehr durchgeführt. Allzu groß sind die Gefahren der Störung des Wasserhaushaltes und der unüberschaubaren Eingriffe in das ökologische System der Landschaft.

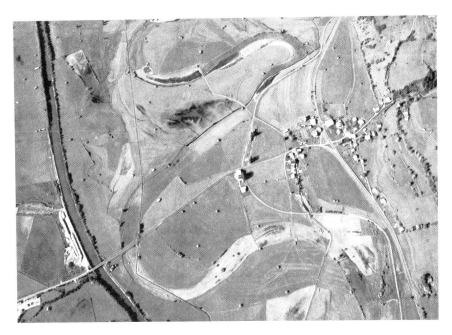

SALZACHREGULIERUNG

Links die regulierte Salzach, daneben die nun trockenen Mäander des ehemaligen Fluß-
verlaufs. Die negativen Folgen dieser Landschaftsveränderung überwiegen den einzigen
Vorteil der Landgewinnung für die landwirtschaftliche Nutzung bei weitem.

RAIFFEISENKASSE

Wilhelm Raiffeisen wollte eine demokratische und solidarische Institution gegen die politisch und ökonomisch Mächtigen gründen. Heute ist das in der Raiffeisenorganisation
zusammengefaßte ländliche Genossenschaftswesen (Raiffeisenkassen etc.) selbst zu einem
gewaltigen Großunternehmen geworden.

INTAKTE LANDSCHAFT

Eine gesellschaftlich sinnvolle, das heißt nützliche, schonende und pflegende Landbewirtschaftung gibt es heute nur in jenen Räumen, in denen das Land nicht alleine nach den Gesichtspunkten der Rentabilität und mit Hilfe einer harten Technologie gestaltet wird. Die Zerstörung einer Landschaft ist häufig eine Folge davon, daß die Bedürfnisse vieler Menschen weniger Gewicht haben als die Interessen einiger. Daher wird auch diese Landschaft nur intakt bleiben, wenn ihre Zerstörung durch die Betroffenen selbst verhindert wird.

KAHLSCHLAG

Künftige Generationen werden sich den Kopf zerbrechen müssen, wie sie der durch eine derartige Waldwirtschaft hervorgerufenen Probleme der Bodenerosion, der erhöhten Lawinengefahr und des Humusschwundes Herr werden. Daß nach solchen Kahlschlägen nichts anderes wieder aufkommt als die allein rentablen Fichten und Lärchen, ist dem rigorosen Einsatz von chemischen Unkrautbekämpfungsmitteln zuzuschreiben.

OTHMAR BARTH

Landschaft und Gesetzgebung

Etappen und Perspektiven einer Entwicklung am Beispiel Südtirol

1.

Um die Jahrhundertwende werden die Städte Bozen, Meran und Brixen von kräftigen Impulsen beherrscht. In den beiden Hauptorten entsteht geschlossene und kompakte Stadtsubstanz: Hotels, Kurhäuser, Promenaden, Cafés, Brücken, Theater, Alleen wachsen in Meran zu einem Corso zwischen dem Passerfluß und der Altstadt zusammen, der sich als grünschillerndes Band vom Bahnhof bis hinein in die Gilfenklamm und hinauf nach Obermais erstreckt: die Kurstadt, Flaniergarten an der Sonnenseite der Alpen, ist geboren.

Im 24.000 Einwohner zählenden Bozen entsteht damals die sogenannte „Perathoner-Stadt", ein engbegrenzter, urbaner Komplex. Die Stadtverwaltung, unter der fast dreißigjährigen Führung von Bürgermeister Perathoner, ist überaus bemüht, den Segen der Technik für die Verbesserung der städtischen „Lebensqualität" – ein Anliegen der Städte von damals – in die Scheune einzufahren. Hygienische, verkehrs- und versorgungstechnische wie bauliche Einrichtungen für die Betreuung der Menschen (von der Wiege bis zum Grab) sind und bleiben Jahrzehnte hindurch an der Tagesordnung, vereinzelt auch der Wohnbau.

Die Städte bleiben aber in dieser Zeit noch die Kontrastgebilde zum bäuerlichen Land. Obwohl sie ihre Greifer in Form von Straßen und Seilbahnen, Tram- und Eisenbahnen, Brücken und Promenaden ausfahren, bleibt ihre bauliche Ausstrahlung auf das Umland, räumlich durch die begrenzten Stadtterritorien und zeitlich durch den Ausbruch des Ersten Weltkrieges, gering.

2.

Unter dem Faschismus wird vor allem in Bozen das raumgreifende Gehabe römischer Stadtbauauffassung vorgetragen mit seinen Achsen, Prunkbrücken, Plätzen, Palazzi, Monumenten und Industriezonen, welche das für 100.000 Einwohner bemessene Großbozen aus dem Boden stampfen sollte. Eingemeindungen gegen den Willen der Bevölkerung waren die Voraussetzung, die urbane Kontrastwelt das sichtbare Zeichen dieses mediterranen Kraftaktes. Der erzeugte Verfremdungseffekt ist und bleibt auch heute eine Sedimentschicht im Bild der Stadt. Entstehende Qualitäten an Bauten und Stadträumen werden vom Einheimischen strikt verdrängt, weil das ganze Ansinnen verdammt wird.

3.

Der Altbozner selbst hat in dieser Zeit betroffen weggesehen, hat sich in die Altstadt eingekapselt oder ist nach Seis, dem Ritten, nach Jenesien und Kohlern, kurz in die Sommerfrischegebiete „ausgewichen". Dort entstehen die Prototypen landschaftsbewußten Bauens. Architekten wie Holzmeister, Welzenbacher, Baumann, Amonn & Fingerle haben entweder archetypisch klare, abbildhafte Bauten wie Bäume in die noch unberührte Landschaft gesetzt oder mit organhaften, plastischen Gebilden ein alpines Verhalten im Einfügen von Neuem vorexerziert, beides mit großer Könnerschaft.

4.

Der Zweite Weltkrieg hat alles zum Stillstand

gebracht, manches zerstört. Während in dieser Zeit die ältesten Gehöfte vermessen werden und viel Material und Bewußtsein über die Typologie von Haus und Hof der verschiedenen Talschaften entsteht, bleibt – und das wohl bis heute – eine ebenso bewußte Erforschung der Dörfer, Märkte und Städte außerhalb des Interesses. Die Aufzeichnungen dieser ländlichen Baukultur sind bis heute zum Teil noch in Staatsarchiven in Trient versperrt und unzugänglich. Verdrängung mit umgekehrten Vorzeichen!

5.

Während nach 1945 das Zerstörte nach der Matrix vorgegebener städtebaulicher Anlagen wieder aufgebaut und neu zum Klingen gebracht wird, ohne problembeladene Umstrukturierungen vornehmen zu müssen, regen sich zunächst in Stadt- und Landgemeinden aufs neue jene Kräfte, die schon vor dem ersten Krieg tatkräftig vorangeschritten sind: die Gebietskörperschaften, das Hotelgewerbe, die Kirche, die Genossenschaften, die Industriebetriebe und anderes mehr.

Sie versorgen das Wirtschafts- und Gemeindeleben mit frischem Blut. Der Innovationswille ist neu erwacht, und heute wie damals, vor dem ersten, großen Krieg, rangieren diese Impulse noch deutlich vor jenen der privaten Daseinsvorsorge. Zur Kriegsgeneration der Architekten stoßen die Jungen, und beide finden neue Aufgaben, Unternehmergeist, Aufbruchstimmung. Neues zu schaffen an neuen Orten und Plätzen für die neue Generation – das war Antrieb für die Architektur, die Unternehmungen und die Bauherren. Stadt und Landschaft waren Hintergrund, nicht Problem an sich.

6.

Erst Mitte der fünziger Jahre beginnt sich erstmals der private Anspruch auf Einkleidung individueller Wohnwünsche zu regen. Die Verbesserung des Lebensstandards verlangt nach Verbesserung des Behausungsstandards. Die wiedergewonnene politische Selbstbestimmung und die Eigenverwaltung sind auf die tatkräftige Selbsthilfe der Bürger angewiesen und lassen sie gewähren. Es geht nicht mehr um einzelne Bauaufgaben da und dort, sondern um Zehntausende Wohn- und Zweitwohnungswünsche überall im Land. Um eine Vorstellung zu geben: Alle drei Jahre wird eine Siedlungsfläche wie die der Landeshauptstadt irgendwo neu gebaut oder, anders ausgedrückt: jährlich werden 250 Hektar Bauland neu angerissen. Wer Südtirol kennt, weiß um diesen Dammbruch in seiner Besiedlungsgeschichte.

7.

Auf dem Land bestimmt die Vorstellungswelt des bäuerlichen Menschen das Geschehen: Hier geht es

– um die Verbesserung des Lebens und Hausens auf dem Bauernhof;
– um den Neubau von Ein- und Mehrfamilienhäusern für die weichenden Erben;
– um die Fremdenpension als Zuerwerbseinrichtung und Stabilisierungselement im Einkommensgefälle zur Stadt;
– und schließlich um die Zweitwohnung oder den „Landsitz" des Städters.

Alle vier Typen werden in die Standardfassung des sogenannten „Tirolerhauses" gekleidet. Die Eile und der Wunsch, gleichzuziehen, ergeben eine ungeheure Einförmigkeit im Erscheinungsbild, und da die bäuerliche Ratio nur die landwirtschaftlich bedeutungslosen Gründe fürs Bauen freigibt, erzwingt sie damit einen kolossalen Streuungseffekt der Siedlungen.

Die Steine wurden schon immer am Rande der Felder angehäuft, und dort verlaufen auch die willkommenen „Erschließungswege". Bauweise und „Raumordnung" werden also vom bäuerlichen Denken unter dem Streß endlicher, breiter und willkommener Aufholmöglichkeiten bestimmt. Weder die Baukultur der Pioniere landschaftsbewußten Bauens der dreißiger Jahre noch der Formenreichtum der traditionellen Architektursprache kann daher Geburtshelfer sein.

Sogar in den Kleinstädten und Marktsiedlungen in den Talsohlen entsteht das nämliche Bild: eine Explosion privater Bauwünsche an Stellen, die gerade zu haben waren – etwa nach dem Seufzer von Paul Flora: „Schließlich muß der Mensch irgendwo und irgendwie wohnen!"

8.

Gerade dieses Landschaftsfraßes wegen sieht sich die Landesregierung erstmals gezwungen, einzugreifen. 1960 wird das erste Landschaftsschutzgesetz erlassen, das weite Teile des Landes unter generellen Schutz stellt.

An einigen Stellen kann dadurch jedes Bauen verhindert werden, im allgemeinen erreicht man aber kaum mehr als kosmetische Tupfer an jenen Bauten, die ohnehin das patentierte Gesicht dazu hatten. Dem Gesetz war keine klare Zielvorstellung mitgegeben, es fehlt eine Inventarisierung wirklich schützenswerter Gebiete.

Die Landeslandschaftsschutzkommission muß die Lawine der Bauwünsche nach Gut und Böse beurteilen, Hunderten vorenthalten, was sie Tausenden anderen genehmigt. Sie ist überfordert.

9.

Wie ist es in den Städten?

Lediglich in der Landeshauptstadt Bozen und in der Kurstadt Meran bestimmt die Vorstellungswelt des Städters das Geschehen: Hier entstehen die Miteigentumsbauten – sogenannte Condominien – vorrätig und stellvertretend für die Wohn- und Kapitalanlagewünsche einer anonymen Käuferschicht. In diese Apparate schlüpfen jene, welche eigene Bauwünsche hier nicht selbst realisieren können und daher Anteile an Vorratsbauten zu ergattern trachten, die Firmen errichten, welche sich das Monopol auf dem Baugrund beizeiten gesichert haben.

Die Stadtterritorien sind zudem klein, Eingemeindungen aussichtslos, die Grundpreise hoch, die Formensprache notwendigerweise und traditionell urban. Außerdem herrscht im Unterschied zum mehrheitlich deutschsprachigen Land in diesen beiden Städten das italienische Element vor.

Stadtbau ist kein Anliegen. Bauordnung ersetzt Stadtplanung. Die ethnischen Gruppen sind im Hick-Hack von Grundveräußerung und Bauspekulation verwickelt.

Für den sozialen Wohnungsbau kommen fast nur abseitige Plätze in Frage, die zu unerfreulichen Ghettos führen. Die Wohnkaserne ist das Trauma für die vielen.

10.

Auf dem Land und in den Städten sind die Wirkungen ähnlich:
- der eine Trend vollzieht sich zu den Stadtzentren und ihrer Arbeitswelt hin;
- der andere von den Zentren weg in die Erholungs- und Freizeitgebiete;
- die erste ergibt eine Verstädterung der Talsohlen;
- die zweite eine Zersiedelung der ländlichen Gebiete.

Anfang der sechziger Jahre gerät zudem der ganze alpine Raum und mit ihm Südtirol in den Streß der Ferienwünsche der Ballungsgebiete nördlich und südlich der Alpen.

Zu den touristischen Erholungsträumen gesellen sich noch industrielle Niederlassungswünsche.

Sie erpressen einen Beschleunigungseffekt in der Zeit und eine Verdichtung im Raum, denen die öffentliche Hand nun nicht mehr zusehen kann.

Ein genereller Baustopp ist die späte Reaktion der Regierung auf diese Lawine, die etwa innerhalb von fünfzehn Jahren zum Schock führte; der Bebauungsplan wird zur Vorschrift und zum Schlüssel für die Wiedereröffnung des versperrten Tores. Diese Nötigung leitet eine Reihe von Gesetzen ein, mit der die öffentliche Hand die verlorene Initiative allmählich wieder zurückgewinnt, allerdings auch unterstützt von der aufkommenden Wirtschaftskrise.

11.

Erster Akt: Das Urbanistik-Gesetz 1970
- der Bauleitplan wird die Voraussetzung für jedes Bauen und für die Investitionslenkung;
- die Bauflächen sollen so bemessen sein, wie es ausschließlich das natürliche Bevölkerungs- und Wirtschaftswachstum verlangt;
- die Widmungsflächen so abgestimmt, daß sowohl dem privaten wie dem kollektiven Bedürfnis der notwendige Flächenbedarf und der richtige Standort gesichert sind;
- das Bauen in der freien Landschaft wird verboten, dem Landwirt ist es nur mehr an der Hofstätte erlaubt.

Trotzdem kommt Entscheidendes zu kurz:
Wohl hat der Baustopp die 117 Gemeinden Südtirols in wenigen Jahren zur Verabschiedung von Bauplänen gezwungen, diese Eile hat aber meist nur für Flächenwidmungen gereicht, und in der Tretmühle der aufgescheuchten Interessen ist das „Bauleitgwandl" meist um Nummern zu groß geraten.

In der Anwendung dann ist das Ziel dieser Planung oft vergessen worden: Der Private schaut nur, was er für sein Grundstück zu beachten hat, die Gemeinde, daß die juridische Pragmatik stimmt (in Italien sind Bauleitpläne damals noch Gesetze, nicht Verwaltungsakte gewesen).

Zwar war erstmals wieder das kollektive Wohl vor das private gestellt, aber sowohl das Private wie das Kollektiv blieben im Grunde der bisher geübten Praxis verhaftet und verstanden die neuen Möglichkeiten noch nicht. Vor allem bleibt die soziale Wohnbaufrage ungelöst.

So diente dieser erste Akt vornehmlich der „Lawinenverbauung".

12.

Zweiter Akt: Wohnbaureformgesetz 1972
Den Familien mit niedrigem Einkommen gewährt es das Recht auf angemessene Wohnung an angemessenem Platz innerhalb der Siedlungen und die finanzielle Hilfe für den Erwerb dieser Wohnung.

Um das zu ermöglichen, muß *jeder* Grundbesitzer im Wohnbauland die Hälfte der im Bauleitplan zugestandenen Kubatur für Sozialwohnungen abtreten, nur die Resthälfte kann privat verbaut werden.

Das bedeutet:

1. Jedes in den Bauleitplänen ausgewiesene Bauland ohne spezielle Widmung wird zur Wohnbauzone erklärt.
2. Die Wohnbauzonen können nur nach einem Teilbebauungsplan bebaut werden, der auch alle Infrastrukturen und Einrichtungen festlegt und die bauliche Gestalt weitgehend bestimmt.
3. Die vorhandene Parzellenstruktur wird aufgelöst, verbindlich wird jene des Planes.
4. Alle Grundbesitzer einer Wohnbauzone müssen eine Eigentumsgemeinschaft eingehen, die grundbücherlich eingetragen wird.
5. Das soziale Wohnbauland innerhalb der Zone wird nach seinem Agrarwert geschätzt und enteignet, das freie Wohnbauland muß innerhalb von zehn Jahren bebaut sein, sonst kann es ebenfalls enteignet werden.
6. Die Mindestdichte der Zonen muß 130 EW/Hektar betragen, die auch vom freien Wohnbau zu 80 Prozent erreicht werden muß.
7. Familien und Bürgern, deren Jahreseinkommen weniger als 5 Millionen Lire beträgt, werden Wohnbaukredite gewährt, die je nach Art innerhalb von 25 bis 35 Jahren zurückzuzahlen sind. Sie müssen Wohnbaugenossenschaften bilden.
8. Für jene Bürger, deren Einkommen die Rückzahlungen nicht erlaubt, baut die autonome Provinz in den Wohnbauzonen soziale Mietwohnungen.

Aus diesen wenigen Bestimmungen schon geht die Absicht des Gesetzgebers hervor:
- Die neuen Wohngebiete sind allen Einkommensklassen gleichberechtigt vorbehalten, *das „Volkswohnbaughetto" ist vermieden.*
- Die finanzielle Förderung der einkommensschwachen Bürger ermöglicht ihnen nicht nur

123

den Wohnungsbesitz, sondern auch die Mitgestaltung desselben sowie des ganzen Miteigentumskomplexes der Genossenschaft.

- Da die Ausführungen einem relativ hohen Standard entsprechen müssen, ist das Gefälle zu jenem des freien Wohnungsbaues abgebaut, wenn nicht getilgt, *das Trauma der Wohnkasernen überwunden*, die Wohnbauspekulation empfindlich gedämpft.

- Die vorgeschriebene Mindestdichte, die Enteignung von Bauland für Sozialwohnungen und der Zwang zur Bebauung innerhalb einer Zehn-Jahres-Frist haben bewirkt, daß die Gemeinden ihre oft üppigen Baulandflächen in den Bauleitplänen auf das reale Maß zurückstutzen konnten. Mehrere hundert Hektar Land wurden so in Agrarland zurückverwandelt. *Der Grundverschwendung ist ein Riegel vorgeschoben.*

- Der Angelpunkt des Gesetzes ist das Quartier als Ganzes in seiner Integration mit allen Gemeinschaftseinrichtungen, in seiner sozialen Mischung und seiner gestalthaften Durchbildung. *Das Hausdenken wird abgelöst vom Siedlungsdenken*, und das sowohl in den Städten und Marktgemeinden als auch in den Dörfern.

Nach vierjähriger Anwendung dieses Wohnbaureformgesetzes eine vorläufige Bilanz:

- Es hat den entscheidenden Anstoß gebracht, das Siedeln als die Aufgabe von heute zu sehen, die das Leben der Gemeinschaft – das ganze Leben – einkleidet und gestaltet.

- Schrittmacher scheint die Aktivität zu sein, die die genossenschaftlich organisierten Sozialsiedler mitunter auszeichnet:
Die Möglichkeiten, alles mitzuentscheiden, Wahlprozesse zu verantworten, Pläne, Modelle, Wohnungsgrundrisse und Hausformen zu verstehen, sich das Siedlungsganze und die Infrastrukturen vorzustellen, Finanzierungen zu organisieren, Behörden zu aktivieren, Gesetze auszuloten und noch vieles andere gemeinsam anzupacken, läßt das Ganze und den individuellen Anteil gleichermaßen zum Zuge kommen.

Schließlich will man mit dem Resultat vor den anderen im Ort bestehen, sich darstellen können. Die Dynamik des Häuslbauens – die so lange der Ausdruck des alpenländischen Individualismus war und als einzige noch mögliche Behausungsform angesehen wurde –, diese Dynamik ist, wie man sieht, übertragbar auf den Siedlungsbau.

- Die Sozialwohnungsbereiche werden in der Regel früher bebaut, der freie Wohnungsbau zögert nachzuziehen, einerseits, weil der Durchführungsplan und die Dichtebestimmung die Eigenheimidylle behindern, und andererseits, weil es für den spekulativen Wohnungsbau zur Zeit weniger Geld und Interessenten gibt. Das Risiko, in den freien Wohnungsbaubereichen Ferienheime, Pensionen oder Hotels zu bauen, auf denen man wegen der sozialen Quartierlandschaft eventuell sitzen bleiben könnte, ist manchmal groß. So bleibt die Siedlung oft ein Torso. Hier zeigen sich gewisse Nachteile der starren Regel, 50 Prozent der Kubatur dem sozialen, 50 Prozent dem freien Wohnungsbau zuzuweisen.

- In ländlichen Gebieten wird die Enteignung als große Härte empfunden, hängt doch oft, freilich nicht immer und überall, die Existenz der Bauern von Investitionen ab, die ihnen durch den Grundverkauf überhaupt erst möglich werden.

- Die Gestalt und das „Klima" dieser neuen Siedlungen werden entscheidend sein. Viel Geschick und planerisches Feingefühl wird es dort brauchen, wo an gute Substanz anzuschließen ist, schwierig wird es dort sein, wo zwischen dem Neuen und dem Kern das „Schwemmgebiet der Villen", die anonyme Landschaft der Häuser liegt. Auf dem Lande ist das vorgeschriebene Zusammenrücken der Häuser oder gar eine geschlossene Bebauung noch weitgehend unverdaut. Die Gestalt von Siedlungen und urbanen Bereichen läßt sich nämlich nicht so einfach vorstellen und so leicht in Standardformeln pressen wie das Einzelhaus. Hier entscheidet sich, ob ein städtebauliches Gewissen erwachen und ob der Schock der hektischen Landnahme und der Verhüttelung für eine Wende ausreichen wird.

– Schließlich wird es unerläßlich sein, auch für die Sanierungsgebiete der alten Dorf- und Stadtsubstanzen eine ebenso zielbewußte Regelung und finanzielle Unterstützung gesetzlich zu verankern. Sie sind die Muttergebilde, wenn sie leben, pumpen sie neues Verständnis für das heran, was um sie herum jetzt zu neuer Bedeutung gelangt: die urbanen Organismen.

Im baulichen Geschehen Südtirols der letzten sieben Jahrzehnte ist das Handeln immer zwischen Hausbau und Stadtbau hin und her gependelt, je nachdem, ob die Gemeinschaft in der Lage war, ein Gesamtanliegen zu formulieren und durchzuführen, oder ob sie darauf angewiesen war, daß der einzelne für sich selbst sorgt.

Ob eine dramatische Epoche in der Besiedlungsgeschichte des Landes sich nun zum Besseren wendet, wird davon abhängen, ob sich der Alpenländer nicht nur als Landschaftsgärtner für die Touristen versteht, sondern seine Siedlungsräume wieder zu gestalten weiß.

Eine neue alte Aufgabe eigentlich, wenn er sich recht besinnt!

Rudolf Hradil, Stadtbahnbogen Nußdorferstraße, Wien, 1972

FRIEDRICH ACHLEITNER

Landschaft als Lebensraum

In allen Beiträgen dieses Buches wird „Landschaft" als etwas Veränderbares und sich permanent Änderndes erkannt. Das gilt nicht nur vom Begriff Landschaft, sondern auch von der Sache selbst. So ausgesprochen, mag dies selbstverständlich erscheinen. Im praktischen Umgang aber mit Landschaft, etwa in den Zielen eines Natur- und Landschaftsschutzes, wird diese Tatsache durchaus nicht allgemein akzeptiert.

Es wurde vielleicht auch deutlich und verständlich, daß der Landschaftsbegriff in seiner Vielfalt und die jeweiligen Landschaften in einem dialektischen Verhältnis zueinander stehen, das heißt, Landschaftsbegriffe verändern tatsächlich die Landschaften, wie auch umgekehrt veränderte Landschaften auf die Begriffe zurückwirken.

Es hat sich obendrein herausgestellt, daß der intellektuelle Umgang mit Landschaft, der „kulturelle Gebrauch der Landschaft", im Gegensatz zur Funktion der Landschaft als Lebensraum, einen viel größeren, ja einen fast unbeschränkten Spielraum besitzt. Die Rolle der Landschaft in der Kunst ist ein anschauliches Beispiel dafür. Es scheint, als erhalte sich hier der Mensch ein Reservat an Freiheit, ein psychologisches Rückzugsgebiet, ein Territorium der Verteidigung seiner selbst, das Landschaft als kaputten Lebensraum immer noch erträglich macht. Man könnte vereinfachend sagen, der permanente Prozeß der Bewußtseinserweiterung, der Entdeckung neuer Aspekte, ist ein Ästhetisierungsprozeß der Umwelt, der von den tradierten Erlebnisklischees wegführt und neue Bereiche erobert.

Konkretes Beispiel: Die Überlastung bestimmter Landschaften als Urlaubs- und Erholungsgebiete ist zum Teil auch das Ergebnis überkommener Sehgewohnheiten, von Erlebniserwartungen, die von früheren Generationen einmal entdeckt und kultiviert wurden. Es bestünde die reelle Chance, durch die Verlagerung von Interessen, durch eine realistische Kritik der Landschaftsklischees (werden die Erwartungen wirklich noch erfüllt?), durch Information und differenziertes Sehen, auch andere Landschaften, andere Lebensräume interessant und erlebenswert zu machen. Also nicht nur die schönen, historischen Städte, die immer mehr zu Verkaufswüsten degenerieren und deren fortschreitende Zerstörung man bei jedem Besuch bedauert, und nicht nur die schönen Alpen-, Seen- oder Küstenlandschaften, deren touristischen Verschleiß man ebenso permanent beklagt. Es ist also nicht daran gedacht, daß vom Tourismus immer neue, attraktive Landschaften entdeckt, erschlossen und schließlich ausgebeutet werden, was ja tatsächlich geschieht.

Wenn sich heute vom Naturschutz unbeachtete Gegenden einer steigenden Wertschätzung erfreuen, wenn etwa alte Arbeitersiedlungen als erhaltenswerte Milieus entdeckt werden, wenn die ramponierte, seit langem diskriminierte Großstadt wieder an Attraktivität gewinnt und unauffällige, „gewöhnliche" Agrarlandschaften für den Familienurlaub vorgezogen werden, so sind dies kleine Zeichen, die zur Hoffnung berechtigen, daß der Konsum von Landschaft sich aus den kommerzialisierten, verwüsteten Zentren zurückzuziehen vermag, daß die Freiheit der Wertung noch Veränderungen schaffen kann und daß die Klischees des Landschaftserlebnisses durchaus keine „gültigen" und „unveränderbaren" Werte darstellen.

Das Problem ist vordergründig belastet durch jene ungeheure Vermarktung der Landschaft, die in den letzten Jahrzehnten stattgefunden hat. Bald wird es nicht mehr möglich sein, unorganisiert oder als nicht zahlender „Gast" an irgendein Seeufer zu gelangen, da jeder Meter bereits in „Privathand" ist, auch wenn es sich dabei zum Teil um öffentliche Körperschaften handelt wie Gewerkschaften, Versicherungen oder Vereine. Die Landschaft nimmt immer mehr Warencharakter an und wird auch als solche gehandelt. Interessant dabei ist, daß zur Aufwertung der Ware „alte Werte", ideologische Ladenhüter verwendet werden und das Geschäft floriert. Die Vermarktung der Landschaft bringt einseitige Nutzungen, die Angebote der Landschaft werden ebenso einseitig ausgebeutet, so daß ihr gerade dort am meisten Gefahr droht, wo sie den größten Gewinn einbringt.

Die Erzeuger und Erhalter dieser Landschaften, also die Bauern, sind an dem Ausverkauf kaum beteiligt. Dieses Problem wurde von agrarwirtschaftlicher Seite behandelt. Aber nicht nur der Lebensraum des Bauern wird bedrängt, auch die Bewohner der Urlauberparadiese zahlen einen immer fragwürdigeren Tribut. Verschönerungsaktionen mit städtischen Blumenkübeln und in Granit gefaßten Rasenbeeten verderben bald das letzte Dorf. Statt Lebensraum wird dem Städterauge Pflanz (im wörtlichen Sinn) geboten. Der Einheimische kann kaum noch aus dem Fenster schauen, weil es vom Blumenschmuck für den Gast überwuchert wird. Unbedeutende Details? Oder Zeichen für eine alle Bereiche des Lebens erfassende Prostitution? Verändert sich der Lebensraum eines Zimmervermieters nicht, wenn er Sommer und Winter monatelang mit seinen Kindern im Keller schläft? Folgt nicht der schon sprichwörtlich gewordenen Unwirtlichkeit der Städte nun auch noch eine größere Unwirtlichkeit der Erholungsräume? Der Gast wird bald nur mehr die Vorkehrungen für sein Wohlbefinden registrieren – Angebote, Leistungen, deren Absichten leicht zu durchschauen sind. Die Landschaft als gigantischer Schröpfapparat – eine wahrhaft kafkaeske Vision.

Wenn man auch nicht davon ausgehen kann, daß die großen Urlauberströme sich von den klassischen Erholungsräumen zu lösen vermögen – schließlich haben diese „Klischeelandschaften" auch ihre unanfechtbaren Qualitäten –, so steht doch eines fest, das nämlich, daß sich für die Kurz- oder Naherholung vieles ändern könnte. Erwiesenermaßen ist der hektische Ausflugsverkehr eine Folge der schlechten Wohnbedingungen in den Städten. Während sich durch die Gartenstadtbewegung das Siedeln zur aktiven Umraumgestaltung entwickelte – schon der Besitzer eines bescheidenen Schrebergartens überlegt sich einen Wochenendausflug –, ist es bei den städtischen Wohnformen nicht gelungen, ähnliche Bedürfnisse zu befriedigen. Sogar die auf der Grundlage eines „sozialen Wohnbaus" geschaffenen Quartiere sind durch die verschiedenen Planungs-, Finanzierungs- und Verwaltungskompetenzen zu öden, lebensfeindlichen Zonen herabgesunken.

Was kann man ändern?

Eine etwas kühne Frage angesichts der allgemeinen Hilflosigkeit diesen Problemen gegenüber: bessere Planer, bessere Architekten, bessere Baumeister, bessere Beamte, bessere Bürgermeister, bessere Lehrer und bessere Hoteliers, bessere Leitbilder und bessere Gesetze, mehr Diskussion, mehr Öffentlichkeit, mehr Problembewußtsein, weniger Eigennutz, weniger Blindheit? Und so weiter. Diese Verbesserungen oder Veränderungen können wir wohl kaum erwarten.

Was kann man also wirklich ändern? Salzburg ist geradezu ein Paradebeispiel dafür, wie nötig zunächst eine gründliche Kritik des bestehenden Landschaftsbegriffes ist. Versuchen wir uns einmal von dem Salzburgbild zu lösen, das in den letzten Jahrzehnten durch Kunstgeschichte und Festspiele, durch Publizistik und Photographie, durch Werbung und Selbsttäuschung errichtet wurde. Ist dieses Bild nicht so perfekt und unwirklich, daß jede kleinste Ver-

Arbeitsgruppe 4 (Wilhelm Holzbauer, Friedrich Kurrent, Johannes Spalt) Kolleg St. Josef, Aigen, 1961—64. — Dieser Bau steht isoliert in einem Park. Er ist keinem Ensemble verpflichtet. Die Seiten des „Vierkanters" zeigen jedoch seine Beziehung zum Umraum, die durch die Himmelsrichtungen, die Erschließung und die Raumnutzungen bestimmt ist.

änderung, jede Entscheidung daran scheitern muß? Sollte es nicht zu denken geben, daß jede Handlung, jeder kleinste Bau schon im Prinzip unmöglich ist? Wenn man sich auch darauf einigen könnte, daß der Großteil des neuen Salzburg schlecht gebaut wurde, daß das allgemeine Niveau der Architektur erbärmlich ist und daß die neuen Erweiterungsgebiete soviel wie gar nichts mit Städtebau zu tun haben, so muß es doch einen geringen Prozentsatz von Neuem mit Qualität geben, das man in dieser Stadt akzeptieren kann.

Wenn man daran glaubt, daß auch unsere Zeit fähig ist, bauliche Leistungen zu erbringen, die in einer Stadt wie Salzburg bestehen können, wenn man außerdem der Meinung ist, daß Salzburg mehr ist als ein internationales Museum, das die Kulissen für den Festspielrummel liefert, so muß man wohl daran gehen, das heutige Salzburg-Bild zu korrigieren. Die praktischen Wirkungen eines so hochstilisierten Leitbildes sind keine anderen, als daß große Teile des städtischen Lebensraumes (in Salzburg praktisch alles, was nicht Altstadt ist)

damit gar nicht mehr in Beziehung gebracht werden können. Den Bauten der zwanziger Jahre war dies noch möglich. Bauliche Probleme der Altstadt sind unter diesem ideellen Druck überhaupt nicht zu lösen. Beweis dafür ist die permanente Imitation, in die man sich geflüchtet hat, wodurch die Verfälschung der alten Substanz im Schein einer ästhetischen Ordnung vor sich geht. Trotz der Ausnahmestellung, die sich Clemens Holzmeister in Salzburg erworben hat, zeigen seine beiden Festspielhäuser den Konflikt und die Bewußtseinsänderung, die in Salzburg zwischen den zwanziger und den fünfziger Jahren vor sich ging.

Salzburg konkret

So sehr es zu begrüßen ist, daß in Salzburg Bauprobleme immer mehr öffentliches Interesse erlangen, so alarmierend ist andererseits die Tatsache der völligen Blindheit den Möglichkeiten und Qualitäten einer gegenwärtigen Architektur gegenüber. Groteskerweise verhin-

129

Friedrich Kurrent, Schaubild zum Wohnbau-Wettbewerb Salzburg-Süd, 1971. — Die landschaftliche Situation mit ihren Blicklinien und Achsen, mit ihren historischen Schwerpunkten der Bausubstanz wurde sorgfältig studiert und dem Bebauungsvorschlag zugrunde gelegt.

dern hier sogar Bürgerinitiativen bescheidene Ansätze oder Versuche einer Verbesserung. So sehr man Verständnis dafür haben kann, daß man dem neuen Baugeschehen wenig Kredit gibt, so verhängnisvoll ist doch andererseits auch wiederum dieses Anheizen der öffentlichen Meinung zu Pauschalurteilen. Einfach nein zu sagen, ist der bequemste Weg, wenn man sich mit einem Problem nicht auseinandersetzen will oder kann.

Ein Testfall war der mit viel Sorgfalt von der Stadtverwaltung vorbereitete Wettbewerb Salzburg-Süd, der zum Ziel hatte, durch eine sehr behutsame Wohnbebauung das eher chaotische Gebiet um die Alpenstraße gegen die Hellbrunner Allee hin für alle Zeit abzuschließen. Der Preisträger, der in dieser Gegend aufgewachsen und wie kein anderer mit der Bausubstanz vertraut ist, hat ein äußerst zurückhaltendes, in diesen Landschaftsraum eingebundenes Projekt vorgelegt. Statt sich nun für diese Arbeit einzusetzen, hat eine Bürgerinitiative (in Form einer Unterschriftensammlung) mit gefälschten Plänen und Photomontagen gegen diese Verbauung gekämpft und das Ganze zu Fall gebracht. Um es noch einmal zu sagen, Angst und Mißtrauen der Bürger sind verständlich, besorgniserregend dagegen aber ist auch die Manipulierbarkeit der öffentlichen Meinung gegen positive Verände-

rungen, eben auf Grund eines historisierenden Salzburg-Klischees. Sicher wäre es möglich gewesen, durch eine öffentliche Diskussion etwa zu dem Ergebnis zu gelangen, daß es besser sei, im Bereich der Hellbrunner Allee überhaupt nicht zu bauen. Dann hätten aber Garantien für einen generellen Baustopp für dieses Gebiet geschaffen werden müssen. Die gibt es aber nicht, und deshalb wird sich die chaotische Verbauung in der bewährten Salamitaktik weiter ausdehnen. Die Gefahr in Salzburg besteht darin, daß das aus vielen Interessen und Wünschen zusammengebastelte Salzburg-Bild institutionalisiert und damit jede Entwicklung abgeblockt wird. Andererseits besteht auch darin eine kleine Chance, dieses „Bild" eben auf der gleichen Ebene zu kritisieren, in realistische Relationen zu bringen und zu korrigieren.

Wenn also eine gründliche Korrektur des Landschaftbegriffes notwendig ist, so müssen wir weiter fragen, wie diese Korrektur denn aussehen könnte. Salzburg ist – durch seine natürliche wie durch seine künstliche Schönheit – ein Beispiel für eine Landschaft, die mit großen überregionalen Interessen verbunden ist. Damit ist sie nicht nur Lebensraum für die Salzburger, sondern auch touristisches Gastland. Und damit sind wiederum ein ausgeprägteres Selbstverständnis, eine größere

Selbstdarstellung verbunden, über die bereits in anderen Artikeln gesprochen wurde. Diese für große Gebiete einseitige Funktion der Landschaft führt zum Übergewicht einer ebenso einseitigen Nutzung, die die Landschaft bis an die Grenzen der Zumutbarkeit belastet*. Die Tendenz ist verständlich: es kommt immer mehr Raum, meist privater Lebensraum mit dieser Funktion in Berührung oder gerät in ein Abhängigkeitsverhältnis zu ihr.

Immer größere Teile des Landes werden zu Monokulturen dieser Nutzung. Schipisten, Parkflächen, ganze Lift- und Seilbahnsysteme, ja schließlich ganze Orte und Zonen liegen eine Zeit des Jahres über brach. Handelt es sich auch oft um mehr als die Hälfte der Jahreszeit, so ist diese doch wiederum zu kurz, auch sind die Interessen der Bewohner wiederum zu einseitig, um diese Ferienwüsten in das System der Kulturlandschaft zurückzubinden. Wo noch einigermaßen eine gesunde Agrarlandschaft überwiegt, sind die Schäden relativ erträglich und kaum auffallend. Aber diese Agrarlandschaft ist im Rückzug begriffen, und die Interessenskollisionen werden überall sichtbar.

Weitere Probleme: Die Landschaft hat durch Natur und Geschichte eine bestimmte Substanz. Diese bildet das „Kapital", das sich in Form von Tourismus verzinst. Diese Verzinsung aber hat wiederum eine Eigengesetzlichkeit der Entwicklung, und die bedeutet Veränderung. Diese Veränderung steht in einem engen Verhältnis zu den Funktionen. Können also überhaupt Veränderungen vor sich gehen, ohne die Substanz – das „Kapital" – anzugreifen? Allein schon dadurch werden wir gezwungen werden, Begriffe wie Landschaft und Ortsbild neu zu definieren, wenn wir nicht einen unlösbaren Konflikt zwischen Vorstellung (Wunschbild) und Wirklichkeit riskieren wollen.

Ein anderes Problem innerhalb desselben The-

* Ausführlich spricht über diese Probleme Jost Krippendorf in „Die Landschaftsfresser", Hallwag-Verlag, 2. Aufl. 1975.

mas: Die Substanz der Salzburger Landschaft ist zum Großteil das Produkt einer historischen Nutzung als Lebensraum. Diese – ob die des Bauern oder des Städters – wird durch neue Nutzungen verdrängt oder verändert. Das heißt, die historische Substanz wird abgebaut. Hier müßte eine zweite Korrektur einsetzen: das größere Verständnis für die Landschaft als Lebensraum. Übertrieben formuliert: Vorrang haben die Interessen aller Bewohner. Die Nutzung des Umraumes ist wichtiger als dessen Darstellung für einen ästhetischen Konsum. Das Ortsbild sollte das Ergebnis eines intakten Lebensraumes und erst in zweiter Linie ein Photoobjekt für den Sommerfrischler sein. Außerdem kann man behaupten, daß es nur dann auf lange Sicht ein Photoobjekt (= begehrter Ferienort) bleibt, wenn es eben ein intakter Lebensraum ist.

Natürlich sind auch die Interessen der Bewohner mit dieser Darstellung verknüpft, sie ist ja ein wichtiger Bestandteil des Verkaufes von Landschaft. Aber die Interessen daran sind verschieden, und es sind beileibe nicht die aller Bewohner.

Wenden wir uns aber zunächst noch einigen anderen Problemen zu: Es hat sicher wenig Sinn, nach den „Schuldigen" zu fragen, die für das heutige Bauchaos verantwortlich sind. Zuerst müßte man sogar danach fragen, ob dieses festgestellte Chaos nicht zum Teil auch ein Produkt falscher Erwartungen ist. Wo liegen denn die Maßstäbe und Rechtfertigungen für unsere Begriffe wie Einheitlichkeit, Ordnung und landschaftliche Harmonie? Nehmen wir diese Maßstäbe nicht von Zeiten und Gesellschaftsordnungen, die wir überwunden haben und die wir nicht zurück wünschen? Dazu nur ein Vergleichsmaßstab, der immer wieder benützt wird:

Anonyme Architektur

In ihr scheinen Momente vorhanden zu sein, die die beste Planung nicht mehr erreichen kann. Die Ursachen des Scheiterns liegen heute weniger (natürlich auch) in den für diese Probleme schlecht ausgebildeten Architekten – schließlich entstand die anonyme Architektur ohne akademische Planer – als in der gesamten wirtschaftlich-kulturellen Situation. Charakteristisch für diese Baukulturen waren eine homogene Lebensform, ein geschlossener Kreis von Bedürfnissen und Möglichkeiten und eine beschränkte materiale und handwerkliche Basis. Das heißt, die Einheitlichkeit dieser Baukulturen ist auf eine lange, im gleichen Problemkreis verharrende Entwicklung zurückzuführen, deren Variationsbreite gering, deren Erfahrungsschatz jedoch (in bezug auf Leistung, Gebrauch, soziale Rollen) sehr groß war.

Heute ist gerade das Gegenteil der Fall: praktisch steht auf jedem Punkt der Erde jede Information, jedes Material und jede Produktionstechnik zur Verfügung. Beschränkungen bringen nur Momente der Wirtschaftlichkeit. Das Überangebot von Möglichkeiten macht Entscheidungen immer schwieriger, einem individuellen Pluralismus sind keine Schranken gesetzt.

Das bedeutet, daß alle Qualitäten einer historischen anonymen Architektur nur noch durch Zwang, durch politischen oder wirtschaftlichen Druck erreicht werden könnten oder durch freiwillige Disziplinierung, die aber in der heutigen Situation meist höchste Individualität darstellt, also von vornherein keine allgemeine Verbindlichkeit beanspruchen kann. Mit einem Wort: Die Maßstäbe, die uns die anonyme Architektur liefert, sind nur sehr bedingt anwendbar, und die Vorstellungen oder Wünsche, die sie erzeugt, sind heute einfach nicht mehr zu erfüllen.

Typen

Obwohl die Gefahr des Mißverständnisses besteht, möchte ich in diesem Zusammenhang doch auch diesen Hinweis geben: Die anonyme und auch die allgemeine Architektur haben immer wieder zu Typenbildungen geführt, ob es sich nun um einzelne Bauaufgaben oder um ganze Siedlungsstrukturen handelt. Auch heute gibt es, trotz der scheinbaren Vielfalt, so etwas wie eine „wilde Typenbildung" – wie das das „Maurerhäuschen", das im Pfusch erbaute Eigenheim, beweist.

Die Architekten haben – fast ausschließlich mit dem Besonderen beschäftigt – diesen Prozessen viel zu wenig Aufmerksamkeit gewidmet. Es müßte doch möglich sein, mit planerischer Einsicht und auf Grund des allgemeinen Bedürfnisniveaus, im Zusammenhang mit bewährten und je nach Gebiet modifizierten Siedlungsstrukturen, zu einem Angebot von Typen zu kommen, die dem beklagten Chaos entgegenwirken. Das Bedürfnis danach wäre vorhanden, nur sollte man dessen Befriedigung nicht den Bausparkassen überlassen. Unter Haustyp wird hier nicht ein starres System von festgelegten, formalen Details verstanden, sondern eine Grundform, die Variabilität erlaubt und die sich in der Konkurrenz zum freistehenden Einfamilienhaus behaupten kann (vgl. S. 49 ff. und 89 ff.).

Gesetze

Es liegt in der Natur des Themas, mit wenigen Ausnahmen auch in der Natur der Autoren dieses Buches, daß bei den aufgeworfenen Problemen die sichtbare Umwelt im Vordergrund stand. Zum unsichtbaren Bestandteil der Umwelt gehören die Gesetze, obwohl ihre Wirkung zweifellos sichtbar wird. Eine Beschreibung oder Analyse dieser Wechselwirkung würde ein eigenes Buch ergeben. Es kann hier nur auf die Problematik hingewiesen werden, die daraus entsteht, wenn der Schutz oder die Schaffung architektonischer Qualitäten (etwa im Ortsbild) durch Gesetze festgelegt werden soll. Hier werden die Grenzen einer sprachlichen Festlegung sichtbar. Der Gesetzgeber kann die eigentlichen Entscheidungen nur an Kommissionen delegieren, damit fällt aber alles wieder auf das herrschende fachliche Niveau und gesellschaftliche Bewußtsein zurück, ebenso auf die persönliche Qualifikation der

Entscheidenden, was konkret bedeuten kann, daß auch fortschrittliche Gesetze keine Veränderung oder manchmal sogar eine Verschlechterung bewirken.

Naturgemäß handelt es sich bei Schutz-Gesetzen vordergründig um eine Tendenz der Verhinderung von gröberen Eingriffen in eine bestehende Substanz. Diese Tendenz kann auf die Dauer von Schaden sein, wenn die dann doch notwendigen Veränderungen auf ein falsches Leitbild hin entschieden werden.

Die größeren Landschaftsveränderungen geschehen aber dort, wo sich die neuen Funktionen des Lebensraumes baulich manifestieren, also in den Erweiterungsgebieten der Siedlungen. Hier zeigt das Beispiel Südtirol (Wohnbaureformgesetz 1972), wie stark strukturelle Veränderungen, die bis zur Bebauungsform reichen, durch Gesetze beeinflußt oder überhaupt erst geschaffen werden können (vgl. S. 120 ff.).

Übergeordnete Planungen

Angesichts der alarmierenden „Entwicklung" wird immer wieder der Ruf nach wirksameren übergeordneten Planungen laut, die endlich Ordnung schaffen sollen. Es ist auch zur Mode geworden, die kaum lösbaren Probleme der baulichen Mikrostruktur an eine Raum- oder Stadtplanung zu delegieren, so ungefähr nach dem Motto: Laßt uns zuerst die großen Probleme lösen, dann werden die kleinen von selbst folgen. Dieses Wunschdenken geht von der Annahme aus, daß Probleme ein für allemal aus der Welt geschafft werden können, ohne daß dadurch neue entstehen. Diese übergeordneten Planungsbereiche entwickeln außerdem – abgesehen vom immer weniger durchschaubaren politischen Interventionismus – eine gefährliche Eigendynamik, was ja die

Erfahrungen mit dem Straßen- oder Wasserbau leicht erkennen lassen. Im vollen Bewußtsein ihrer elementaren Weltverbesserung nehmen sie immer weniger andere Interessensbereiche zur Kenntnis. Die Hypertrophie einzelner Baubereiche ist kaum zu beschneiden, da sie sich nicht nur auf große Budgets, sondern auch auf massive Gruppenwünsche (etwa der Autofahrer) stützen. Innerhalb dieser Entscheidungsprozesse können sich aber die eigentlich Betroffenen kaum artikulieren, so daß diese „fachlichen Entscheidungen" in der gewohnten Isolation getroffen werden.

Die Landschaft wird immer mehr zum Schlachtfeld von Interessen, und es gehört gerade zur Schizophrenie der Situation, daß die sogenannten allgemeinen Interessen oft die größten Schäden anrichten.

Schluß

Wenn es auch utopisch erscheint, so kann zum Schluß nichts anderes empfohlen werden, als die Landschaft als Lebensraum neu zu bedenken, die heutigen Landschaftsbegriffe (um im alpinen Bild zu bleiben) danach abzuklopfen, was daran brüchig, also gefährlich geworden ist. Eines ist ganz sicher: So verschiedene Begriffe von der Landschaft auch existieren mögen, es handelt sich immer um dasselbe Faktum, um denselben Lebensraum. Und dieser Lebensraum ist sogar überschaubar, wir haben sogar ein Gefühl dafür, was wir ihm zumuten können, wenn wir uns von kurzsichtigen Interessen nicht allzusehr irritieren lassen. Die Beiträge in diesem Buch sollten dazu beitragen, die gewohnten Blicklinien, die scheinbar so festliegenden Erwartungen etwas zu relativieren, um die Auseinandersetzung in Fluß zu bringen. Mehr nicht. Wenn es gelänge, wäre viel geschehen.

Anhang

MAUTERNDORF
Für die Erhaltung und Erneuerung wertvoller historischer Bausubstanz ist die Bewußtseinsbildung in der Bevölkerung ebenso notwendig wie die Schaffung spezifischer gesetzlicher Bestimmungen, eine angemessene finanzielle Förderung und die Heranziehung qualifizierter Planer. Mauterndorf ist für diese Voraussetzungen und die bauliche Durchführung ein charakteristisches Beispiel.

136

Für jene Leser, die sich im Zusammenhang mit unserem Thema mit der konkreten Gesetzeslage näher beschäftigen wollen, werden hier das „Salzburger Altstadterhaltungsgesetz" (1967) und das „Salzburger Ortsbildschutzgesetz" (1974) im Wortlaut abgedruckt. Es handelt sich dabei um neue Gesetze, deren gutgemeinte Absichten nicht in Frage gestellt werden. Wie schwierig jedoch die ganze Problematik ist, mag im Zusammenhang mit einigen Beiträgen (vor allem von Achleitner, Barth, Reichlin/Steinmann und Wawrik) beurteilt werden.   F. A.

Salzburger Altstadterhaltungsgesetz

Gesetz vom 10. Mai 1967, LGBl. Nr. 54, mit dem besondere Bestimmungen zum Schutze des Stadtbildes der Altstadt von Salzburg getroffen werden (Salzburger Altstadterhaltungsgesetz), i. d. F. LGBl. Nr. 33/1971, 56/1973, 17/1976.

Der Erhaltung des Stadtbildes der Altstadt von Salzburg, das in seiner baulichen und architektonischen Gestalt den Ausdruck hoher Stadtbaukunst trägt, kommt im Rahmen umfassender Stadterneuerungsbestrebungen ein vorrangiges öffentliches Interesse zu. Der Salzburger Landtag hat daher beschlossen:

I. Schutz der Salzburger Altstadt
Allgemeine Bestimmungen
§ 1

(1) Jenes Gebiet der Stadt Salzburg, das wegen seines eigenartigen, für die Salzburger Bautradition charakteristischen Gepräges, das es dem Stadtbild verleiht, besonders erhaltungswürdig ist, unterliegt dem Schutz dieses Gesetzes.

(2) Der sachliche Geltungsbereich dieses Gesetzes ist auf den selbständigen Wirkungsbereich des Landes (Art. 15 Abs. 1 des Bundes-Verfassungsgesetzes) beschränkt. Durch ihn werden daher insbesondere die Angelegenheiten des Denkmalschutzes nicht berührt.

(3) Die in diesem Abschnitt bestimmte Zuständigkeit von Organen der Stadt Salzburg (§ 3 Abs. 4, § 4 Abs. 2, § 5) ist im eigenen Wirkungsbereich der Gemeinde wahrzunehmen.

Schutzgebiet
§ 2

(1) Die Grenze des im § 1 Abs. 1 bezeichneten Gebietes (Schutzgebiet) verläuft wie folgt: Vom Müllnersteg über die Friedrich-Gehmacher-Straße in gedachter Verlängerung dieser Straße durch den Kurpark zum Mirabellplatz — Paris-Lodron-Straße — Wolf-Dietrich-Straße — Linzergasse unter Einschluß des Gst. 773 KG. Salzburg-Stadt; von hier in derselben Katastralgemeinde in einer gedachten Linie nach Osten über den Kapuzinerberg zum Gst. 1835/12, und sodann entlang den Außenrändern der Gst. 1835/1, 1827 (Straßen-

mitte), 1890/6, 1890/11, 1890/8, 1890/1, 3846 (Straßenmitte), 1888, 1885, 1883, 3848 (Straßenmitte), 1983/2, 1987/1, 1983/5, 1981/2, 1981/3, 1981/4; weiter in Richtung Nonntaler Brücke bis zur Bürglsteinstraße — Bürglsteinstraße — Gersbach — Gisela-Kai — Nonntaler Brücke — Rudolfsplatz — Nonntaler Hauptstraße — Hellbrunnerbach — Nebenarm des Almkanals — Fürstenallee — Sinnhubstraße — Am Rainberg — Ernst-Sompek-Straße — Hildmannplatz — Reichenhaller Straße — Augustinergasse — Lindhofstraße — Gaswerkgasse — Böschungsfuß der ÖBB-Strecke — Franz-Josefs-Kai — Müllnersteg.

(2) Diese Grenzen des Schutzgebietes sind in der einen Bestandteil dieses Gesetzes bildenden Anlage* ersichtlich.

Erhaltung der äußeren Gestalt der Bauten
§ 3

(1) Im Schutzgebiet haben die Liegenschaftseigentümer die Bauten, die für das charakteristische Gepräge des Stadtbildes von Bedeutung sind, in ihrer äußeren Gestalt zu erhalten. Insbesondere ist, soweit dies allgemein wirtschaftlich vertretbar erscheint, die Demolierung solcher Bauten aus anderen als Gründen der Einsturzgefahr oder der technischen Unmöglichkeit der Behebung der Baufälligkeit unzulässig. Weiter sind die bisherigen Baulinien, Baufluchtlinien und Bauhöhen zu wahren und die Vorder- und Rückfassaden einschließlich der Durchhäuser und Höfe sowie die charakteristischen Dachformen in ihrem originalen Bestand zu erhalten, soweit dies technisch möglich und allgemein wirtschaftlich vertretbar ist; Portale und Schaufenster haben im Ausmaß ihrer Öffnungen die tragende Funktion der Außenmauern klar erkennen zu lassen.

(2) Soweit es zur Erreichung dieses Zweckes erforderlich erscheint, hat die Landesregierung nähere Bestimmungen durch Verordnung zu erlassen. Diese können sich insbesondere beziehen auf

a) die Erklärung von nach den baurechtlichen Vorschriften wegen ihrer Geringfügigkeit nur anzeige-

---

* (Von einem Abdruck der Anlage wurde aus technischen Gründen Abstand genommen.)

pflichtigen Baumaßnahmen, die sich auf die äußere Gestalt des Baues auswirken, als bewilligungspflichtige Baumaßnahmen;

b) die Gestaltung der Fassaden einschließlich der Fenster, der Durchhäuser, Höfe, Dachformen, Portale und Schaufenster einschließlich des hiefür zu verwendenden bodenständigen Materials;

c) das Material und die Farbgebung der Dächer sowie das Verbot der Anbringung von Dachfenstern;

d) die Anbringung von Ankündigungen zu Reklamezwecken an den Bauten.

(3) Die vorstehenden Vorschriften sind auch dann zu beachten, wenn die allgemeinen baurechtlichen Vorschriften etwas anderes zuließen oder anordnen.

(4) Ob ein Bau für das charakteristische Gepräge des Stadtbildes von Bedeutung ist (Abs. 1), hat die Baubehörde vor Durchführung eines baupolizeilichen Verfahrens durch Bescheid festzustellen.

Verbauung von Baulücken, Erneuerung von Bauten
§ 4

(1) Im Schutzgebiet ist beim Wiederaufbau demolierter Bauten sowie bei der Verbauung von Baulücken und sonst unverbauter Grundstücke den Bauten eine solche äußere Gestalt zu geben, daß diese sich nach den Grundsätzen der Vorschriften des § 3 dem Stadtbild harmonisch einfügen. Dasselbe gilt für die Erneuerung sowie für Zu- oder Umbauten bestehender Bauten.

(2) Für bauliche Maßnahmen nach Abs. 1 dürfen Baulinien, Baufluchtlinien und Bauhöhen nur festgelegt und eine Baubewilligung nur erteilt werden, wenn sichergestellt erscheint, daß die Maßnahme dem Erfordernis des Abs. 1 entspricht. Die Baubehörde kann in der Baubewilligung auch Bedingungen und Auflagen vorschreiben, die dieses Erfordernis sicherstellen.

Liegenschaften mit Stockwerkseigentum
§ 4a

(1) Betreffen bauliche Maßnahmen, die im öffentlichen Interesse der Erhaltung des Stadtbildes liegen, Liegenschaften, an denen im Sinne der Verordnung der Ministerien des Inneren und der Justiz vom 8. Februar 1853, RGBl. Nr. 25, Eigentum nach materiellen Anteilen (Stockwerkseigentum) besteht, so ist die Liegenschaft so zu behandeln, als wären die in Betracht kommenden Stockwerkseigentümer mit der Maßgabe Liegenschaftsmiteigentümer im Sinne des § 361 ABGB, daß sich der Miteigentumsanteil nach dem Verhältnis richtet, das für die allen Stockwerkseigentümern gemeinsamen Teile der Liegenschaft zutrifft. Hiebei sind solche bauliche Maßnahmen jedenfalls als Maßnahmen anzusehen, die der Erhaltung oder besseren Benützung der Liegenschaft im Sinne des § 834 ABGB dienen.

(2) Ob eine bauliche Maßnahme im öffentlichen Interesse der Erhaltung des Stadtbildes gelegen ist, hat die Baubehörde ohne Rücksicht darauf, ob die bau-

liche Maßnahme der ordnungsgemäßen Erhaltung des Baues dient, auf Antrag festzustellen.

Evidenz des Baubestandes
§ 5

(1) Über die im Schutzgebiet gelegenen Bauten hat die Stadt Salzburg eine Evidenz des Baubestandes anzulegen und zu führen.

(2) Die näheren Vorschriften hierüber hat der Gemeinderat durch Verordnung zu erlassen. In dieser Verordnung können insbesondere Bestimmungen über die technische Einrichtung der Evidenz (z. B. Kartei) und über die ersichtlich zu machenden Daten bezüglich der einzelnen Bauten (z. B. Auszüge aus dem Grundbuch, Beschreibung des Bauwerkes, Bauzustand, Lichtbild) getroffen werden.

(3) Die Eigentümer beziehungsweise verfügungsberechtigten Besitzer oder Inhaber der Liegenschaften haben den Organen der Stadt Salzburg die zur Anlegung und Führung der Evidenz erforderliche Bestandsaufnahme unentgeltlich zu gestalten.

II. Sachverständigenkommission
§ 6

(1) Vor Erlassung einer Verordnung oder eines Bescheides in Vollziehung der Bestimmungen des I. Abschnittes hat die hiefür zuständige Behörde ein Gutachten einer beim Amt der Landesregierung eingerichteten Sachverständigenkommission einzuholen. Darüber hinaus ist die Sachverständigenkommission auch berufen, Gutachten und Vorschläge in Angelegenheiten der freien Förderung abzugeben.

(2) Diese Sachverständigenkommission besteht aus

a) dem Leiter der mit den technischen Angelegenheiten des Bauwesens betrauten Abteilung des Amtes der Landesregierung (Landesbaudirektor) oder im Falle dessen Verhinderung dem von ihm bestellten Vertreter als Vorsitzenden;

b) drei vom Gemeinderat der Stadt Salzburg bestellten Vertretern der Stadt Salzburg;

c) einem vom Präsidenten des Bundesdenkmalamtes bestellten Vertreter dieser Behörde;

d) drei von der Landesregierung bestellten Fachleuten.

(3) Für die im Abs. 2 lit. b bis d angeführten Mitglieder der Sachverständigenkommission ist von der zuständigen Stelle je ein Ersatzmann zu bestellen, der das Mitglied im Verhinderungsfalle zu vertreten hat.

(4) Die Bestellung der im Abs. 2 lit. b bis d angeführten Mitglieder der Sachverständigenkommission und ihrer Ersatzmänner hat jeweils — unbeschadet der Möglichkeit einer früheren Abberufung — auf die Dauer von fünf Jahren zu erfolgen. Ihre Tätigkeit ist ehrenamtlich auszuüben.

(5) Die Mitglieder der Sachverständigenkommission und ihre Ersatzmänner haben vor Übernahme ihrer Funktion in die Hand des Landeshauptmannes zu geloben,

daß sie ihr Amt gewissenhaft und unparteiisch ausüben werden.

(6) Auf die Mitglieder und Ersatzmänner der Sachverständigenkommission finden die Bestimmungen des § 7 Abs. 1 Z. 1 bis 4 AVG. 1950 sinngemäße Anwendung.

(7) Die Geschäfte der Sachverständigenkommission hat das Amt der Landesregierung zu besorgen.

(8) Die Sachverständigenkommission wird zu ihren Sitzungen vom Vorsitzenden einberufen und ist beschlußfähig, wenn nach ordnungsgemäßer Einberufung der Sitzung an dieser außer dem Vorsitzenden vier Mitglieder teilnehmen. Für die Beschlußfassung entscheidet die Stimmenmehrheit, wobei bei Stimmengleichheit die Stimme des Vorsitzenden, der zuletzt abstimmt, den Ausschlag gibt.

(9) Die Sachverständigenkommission kann ihren Sitzungen auch weitere Fachleute mit beratender Stimme beiziehen.

(10) Bescheide, die unter Außerachtlassung der Vorschrift des Abs. 1 erlassen wurden, leiden an einem mit Nichtigkeit bedrohten Fehler (§ 68 Abs. 4 lit. d AVG. 1950).

III. Altstadterhaltungsfonds
Zweck, Bezeichnung und Sitz des Fonds
§ 7

(1) Zum Zwecke der Förderung von baulichen Maßnahmen, die über die ordnungsgemäße Erhaltung der Bauten hinausgehen und auf Grund der Vorschriften des § 3 im ausschließlichen oder überwiegenden öffentlichen Interesse an der Erhaltung des Stadtbildes erforderlich werden, wird ein Fonds mit eigener Rechtspersönlichkeit errichtet.

(2) Dieser Fonds führt die Bezeichnung „Salzburger Altstadterhaltungsfonds" und hat seinen Sitz in Salzburg.

Verwaltung und Geschäftsführung des Fonds
§ 8

(1) Der Fonds wird von einem Kuratorium verwaltet, das sich aus dem Bürgermeister der Stadt Salzburg oder dem von ihm bestimmten Vertreter als Vorsitzenden, drei vom Gemeinderat zu entsendenden Vertretern der Stadt Salzburg, drei von der Landesregierung zu entsendenden Vertretern des Landes sowie je einem Vertreter der Kammer der gewerblichen Wirtschaft für Salzburg und der Kammer für Arbeiter und Angestellte für Salzburg zusammensetzt.

(2) Für jedes Mitglied des Kuratoriums ist von der entsendenden Stelle ein Ersatzmitglied zu bestellen, das das Mitglied im Verhinderungsfalle zu vertreten hat.

(3) Die Geschäftsführung der Fondsverwaltung obliegt dem Magistrat der Stadt Salzburg als Geschäftsstelle des Fonds. Der mit der Leitung der Geschäftsführung der Fondsverwaltung betraute Bedienstete des Magistra-

tes ist den Sitzungen des Kuratoriums mit beratender Stimme beizuziehen.

(4) Die Mitglieder und die Ersatzmitglieder des Kuratoriums haben vor Übernahme ihrer Funktion in die Hand des Vorsitzenden zu geloben, daß sie ihr Amt gewissenhaft und unparteiisch ausüben werden. Auf sie finden die Bestimmungen des § 7 Abs. 1 Z. bis 4 AVG. 1950 sinngemäße Anwendung.

(5) Das Kuratorium wird zu seinen Sitzungen vom Vorsitzenden einberufen und ist beschlußfähig, wenn nach ordnungsgemäßer Einberufung der Sitzung an dieser außer dem Vorsitzenden sechs Mitglieder teilnehmen. Für die Beschlußfassung entscheidet die Stimmenmehrheit, wobei bei Stimmengleichheit die Stimme des Vorsitzenden, der zuletzt abstimmt, den Ausschlag gibt.

(6) Der Fonds wird nach außen durch den Vorsitzenden des Kuratoriums vertreten, wobei die rechtsverbindliche Zeichnung durch diesen oder durch den Leiter der Geschäftsführung der Fondsverwaltung (Abs. 3) zu erfolgen hat.

(7) Das Kuratorium hat nach Ablauf jedes Kalenderjahres an die Landesregierung und an den Gemeinderat der Stadt Salzburg einen Bericht über den Vermögensstand und die Gebarung des Fonds zu erstatten.

(8) Die näheren Bestimmungen über die Geschäftsführung des Fonds durch das Kuratorium und die Geschäftsstelle sind in einer Geschäftsordnung zu treffen, die das Kuratorium zu beschließen hat. Der Beschluß bedarf zu seiner Wirksamkeit der Zustimmung der Landesregierung und des Gemeinderates der Stadt Salzburg vom Standpunkt der Gesetzmäßigkeit.

Mittel des Fonds
§ 9

(1) Die Mittel des Fonds werden aufgebracht durch
a) Zuwendungen der Stadt Salzburg;
b) Zuwendungen des Landes;
c) die Aufnahme von Darlehen durch den Fonds;
d) die Erträgnisse aus dem Fondsvermögen;
e) Stiftungen und sonstige Zuwendungen und Einnahmen.

(2) Die Zuwendungen der Stadt Salzburg und des Landes haben im Kalenderjahr im Verhältnis 60:40 zu erfolgen.

(3) Die Mittel des Fonds sind gesondert von den Geldbeständen des Landes und der Stadt Salzburg zinsbringend anzulegen.

Art und Umfang der Förderung
§ 10

(1) Die Förderung wird auf Grund Rechtsanspruches oder als freie Förderung gewährt.

(2) Die Förderung kann unter Bedachtnahme auf ihre Zweckmäßigkeit und auf die Leistungsfähigkeit des Fonds in der Gewährung eines Baukostenzuschusses, in der Übernahme der Zinsen oder Annuitäten von Dar-

lehen oder in der Gewährung von Zuschüssen hiezu oder in der Übernahme von Bürgschaften bestehen. Auf die Art der Förderung besteht kein Rechtsanspruch.

(3) Nach Maßgabe der Mittel des Fonds kann ein Baukostenzuschuß in jährlichen, zehn nicht übersteigenden Raten flüssiggemacht werden. Die Fälligkeit der einzelnen Raten tritt jeweils am 1. April des in Betracht kommenden Kalenderjahres ein.

(4) Die Förderung darf nur dann gewährt werden, wenn unter Einbeziehung der Förderung vom Liegenschaftseigentümer die Mittel für die gesamte Baumaßnahme sichergestellt sind.

(5) Die Förderung von baulichen Maßnahmen, die auf einem baupolizeilichen Auftrag (§ 102 der Stadtbauordnung für Salzburg) zurückgehen, ist vom Fonds vor anderen Förderungsfällen zu behandeln. Die Fälligkeit des Förderungsanspruches bezüglich anderer baulicher Maßnahmen kann der Fonds nach Maßgabe seiner Leistungsfähigkeit auf einen Zeitpunkt innerhalb von sieben Jahren ab Einlangen des Förderungsantrages (§ 11b Abs. 1 und 2) festsetzen.

(6) Von einer Förderung ausgeschlossen sind bauliche Maßnahmen an Liegenschaften, die im Eigentume von Rechtsträgern stehen, deren Gebarung der Überprüfung durch den Rechnungshof unterliegt.

Förderung auf Grund Rechtsanspruches
§ 11

Der Liegenschaftseigentümer hat gegenüber dem Fonds einen Rechtsanspruch auf Abgeltung jener ihm erwachsenden Mehrkosten, die sich aus dem gemäß § 3 im ausschließlichen oder überwiegenden öffentlichen Interesse an der Erhaltung des Stadtbildes erforderlichen baulichen Maßnahmen ergeben; als solche Mehrkosten sind Kosten zu verstehen, die über die Kosten für die ordnungsgemäße Erhaltung des Baues hinausgehen und die bei Anwendung der allgemeinen baurechtlichen Vorschriften nicht erwachsen würden.

Freie Förderung
§ 11a

(1) Der Fonds kann, soweit seine nicht für die Förderung auf Grund Rechtsanspruches erforderlichen Mittel dies gestatten, die Erhaltung von Bauten, welche für das charakteristische Gepräge des Stadtbildes von Bedeutung sind, fördern.

(2) Einer Erhaltung gemäß Abs. 1 sind solche Maßnahmen gleichgestellt, die Beeinträchtigungen beheben, die durch frühere Umgestaltungen von Bauten für das Stadtbild, das äußere Ansehen des Baues oder dessen sonstigen baulichen Bestand eingetreten sind.

(3) Die freie Förderung soll in erster Linie Maßnahmen erfassen, die auf das Stadtbild unmittelbare Auswirkungen haben, sodann bei anderen Maßnahmen vorerst solche, die der Herstellung oder Erhaltung der Übereinstimmung zwischen dem äußeren Ansehen und dem sonstigen baulichen Bestand dienen. Weiters soll darauf Bedacht genommen werden, daß eine möglichst umfassende Sanierung ermöglicht und ein Zustand erreicht wird, der für die künftige Erhaltung des Baues insbesondere in seiner für das Stadtbild maßgebenden Erscheinung Gewähr bietet. Eine im Einzelfall gegebene wirtschaftliche Unmöglichkeit, die Erhaltungsmaßnahme ohne freie Förderung vorzunehmen, kann bei deren Gewährung berücksichtigt werden.

(4) Voraussetzung für die freie Förderung ist, wenn nicht besondere Hindernisse hiefür bestehen, daß der Förderungswerber die auf Grund anderer Regelungen offenstehenden Förderungsmöglichkeiten ausschöpft.

Verfahren
§ 11b

(1) Der Fonds darf eine Förderung nur über Antrag des Liegenschaftseigentümers (Förderungswerbers) gewähren. Der Antrag ist beim Magistrat der Stadt Salzburg als Geschäftsstelle des Fonds einzubringen.

(2) Dem Antrag sind alle zur Beurteilung und Überprüfung der zu fördernden Maßnahme erforderlichen Unterlagen anzuschließen, insbesondere der der baulichen Maßnahme zugrundeliegende baubehördliche Bescheid und, soferne eine Förderung gemäß § 11 begehrt wird, ein Sachverständigengutachten hinsichtlich des Vorliegens von Mehrkosten, eine gegliederte Darstellung (Kostenberechnung) der zur Ausführung der Maßnahme notwendigen Gesamtkosten und der Finanzierungsplan.

(3) Ist eine Förderung gemäß § 11 zu gewähren, so hat der Fonds auf Grund eines Beschlusses des Kuratoriums durch Bescheid die Höhe und die Art der Förderung sowie allenfalls die Flüssigmachung in Raten (§ 10 Abs. 2 und 3) und den Zeitpunkt der Fälligkeit der Förderung (§ 10 Abs. 5) festzusetzen. Sind die Voraussetzungen für eine Förderung nicht gegeben, so hat der Fonds, wenn nicht für die Maßnahme eine freie Förderung gemäß Abs. 5 angeboten und angenommen wird, auf Grund eines Beschlusses des Kuratoriums durch Bescheid den Antrag des Förderungswerbers abzuweisen.

(4) Steht dem Grunde nach fest, daß bei einem Bauvorhaben Mehrkosten im Sinne des § 11 vorliegen, so kann der Fonds durch Beschluß des Kuratoriums auf Grund einer derartigen in einem Sachverständigengutachten getroffenen grundsätzlichen Feststellung dem Förderungswerber eine bestimmte, angemessen erscheinende Höhe und Art der Förderung unter Angabe des Zeitpunktes der Fälligkeit anbieten. Nimmt der Förderungswerber das Angebot an, so wird durch die Erbringung der angebotenen Leistung der Anspruch gemäß § 11 abgegolten; diesfalls entfällt die Erlassung eines Bescheides gemäß Abs. 3. Nimmt jedoch der Förderungswerber das Angebot nicht an, so hat der Fonds das zur Erlassung eines Bescheides gemäß Abs. 3 erforderliche Ermittlungsverfahren hinsichtlich der Feststellung des Rechtsanspruches auf Erbringung einer

Förderungsleistung dem Grunde und der Höhe nach durchzuführen.

(5) Für die Gewährung einer freien Förderung gilt Abs. 4 sinngemäß mit der Maßgabe, daß von dem Förderungsangebot über das Vorhaben ein Gutachten der Sachverständigenkommission gemäß § 6 durch das Kuratorium darüber einzuholen ist, ob und worin das Vorhaben den mit der freien Förderung gemäß § 11a verbundenen Interessen entspricht und mit der Maßgabe, daß die Erlassung eines Bescheides nicht in Betracht kommt. Mit dem Angebot der freien Förderung ist gegebenen Falles auch das Angebot gemäß Abs. 4 so zu verbinden, daß nur eine einheitliche Förderleistung ausgewiesen wird. Das Angebot hat die geförderten Maßnahmen zu bezeichnen; es kann auch — dies vor allem unter Zugrundelegung des Gutachtens der Sachverständigenkommission — Bedingungen, Befristungen und Auflagen im Sinne der genannten Interessen enthalten, welche der Förderungswerber bei Annahme der Förderung unter Beachtung der baurechtlichen Vorschriften zu erfüllen hat. Wird das Angebot nicht angenommen, so ist hinsichtlich der allenfalls geltend gemachten Mehrkosten das Verfahren zur Erlassung eines Bescheides gemäß Abs. 3 durchzuführen; daneben kann der Fonds durch Beschluß des Kuratoriums jedoch für die sonstigen förderbaren Kosten dem Förderungswerber neuerlich eine freie Förderung in der dargestellten Weise anbieten.

(6) Auf das behördliche Verfahren des Fonds findet das AVG. 1950 Anwendung.

(7) Gegen Bescheide des Fonds ist das Rechtsmittel der Berufung zulässig, über die die Landesregierung zu entscheiden hat. In den verwaltungsbehördlichen Verfahren des Fonds ist die Landesregierung auch die in Betracht kommende Oberbehörde.

Zusicherung einer freien Förderung
§ 11c

(1) Der Liegenschaftseigentümer kann vor dem Ansuchen um baubehördliche Bewilligung für geplante Maßnahmen die Zusicherung einer freien Förderung durch den Fonds begehren.

(2) Einer solchen Zusicherung hat eine — erforderlichen Falles mit einer Besichtigung an Ort und Stelle zu verbindende — Beratung voranzugehen, zu der der Fonds durch das Kuratorium neben dem Förderungswerber die Baubehörde I. Instanz und die Sachverständigenkommission gemäß § 6 beizuziehen hat. Zweck dieser Beratung ist es einerseits, das Vorhaben so zu gestalten, daß den mit der Förderung verbundenen Interessen in bestmöglicher Weise gedient wird und andererseits dem Förderungswerber jene Maßnahmen zu bezeichnen, für welche bei entsprechend zügiger Verfolgung eine freie Förderung erwartet werden kann. Eine Zuziehung der Sachverständigenkommission kann dann unterbleiben, wenn der Förderungswerber bereits

ein auf Grund eines Gutachtens der Sachverständigenkommission erstelltes Sanierungsprojekt vorlegt.

(3) Das Ergebnis dieser Beratungen ist festzuhalten. Wenn hienach eine freie Förderung in Betracht kommt, ist dem Förderungswerber dieses Ergebnis unter Beschreibung des gesamten Vorhabens und der einzelnen geförderten Maßnahmen, der Art und des Umfanges der zu erwartenden freien Förderung sowie der Zeit, für welche diese Festlegungen gelten können, vom Fonds über Beschluß des Kuratoriums bekanntzugeben.

(4) Wird unter Vorlage der erstellten entsprechenden Unterlagen unter Berufung auf die gegebene Zusicherung der Antrag auf Gewährung der freien Förderung gestellt, so ist diesem nach Maßgabe der Zusicherung zu entsprechen.

Pflichten des Förderungswerbers
§ 12

(1) Im Falle der Gewährung einer Förderung ist der Förderungswerber verpflichtet, die geförderte Maßnahme entsprechend der Anordnung oder Bewilligung der Baubehörde auszuführen und die Förderung bestimmungsgemäß zu verwenden.

(2) Bei Nichterfüllung dieser Verpflichtung hat der Förderungswerber bereits empfangene Förderungsmittel über Aufforderung des Fonds innerhalb einer angemessenen bestimmten Frist dem Fonds zurückzuzahlen beziehungsweise den Fonds für alle erbrachten oder zu erbringenden Leistungen schadlos zu halten. Eine weitere Förderung hat der Fonds einzustellen.

(3) Die im Zusammenhang mit einer Förderung stehenden Eingaben und Amtshandlungen sind von der Entrichtung von Landes- und Gemeindeverwaltungsabgaben befreit. Der Förderungswerber hat die mit der Inanspruchnahme der Förderung verbundenen Kosten und Gebühren zu tragen. Er ist verpflichtet, über Aufforderung des Fonds über die Verwendung der Förderungsmittel Rechnung zu legen.

Förderungsrichtlinien
§ 13

Im übrigen hat für die Behandlung der einzelnen Förderungsfälle das Kuratorium des Fonds nähere Richtlinien aufzustellen, die zu ihrer Wirksamkeit der Zustimmung der Landesregierung und des Gemeinderates der Stadt Salzburg vom Standpunkt der Gesetzmäßigkeit und der Zweckmäßigkeit bedürfen.

IV. Strafbestimmungen
§ 14

(1) Wer entgegen den im § 3 und im § 4 enthaltenen Vorschriften eine bauliche Maßnahme trifft, begeht eine Verwaltungsübertretung und ist hiefür nach den für die Herstellung eines nicht bewilligten Baues in der Stadtbauordnung für Salzburg vorgesehenen Strafbestimmungen zu bestrafen.

141

(2) Wer dem im § 5 Abs. 3 aufgestellten Gebot zuwiderhandelt, begeht, soweit nicht ein strenger zu ahndender Tatbestand gegeben ist, eine Verwaltungsübertretung und ist hiefür mit Geld bis zu 3000 S oder Arrest bis zu zwei Wochen zu bestrafen.

(3) Die Geldstrafen fließen dem Salzburger Altstadterhaltungsfonds zu.

V. Wirksamkeitsbeginn
§ 15

(1) Dieses Gesetz tritt mit 1. September 1967 mit der Maßgabe in Kraft, daß eine Förderung durch den Salzburger Altstadterhaltungsfonds erst nach dem 1. Jänner 1968 gewährt werden darf.

(2) Verordnungen auf Grund des § 3 Abs. 2 und des § 5 Abs. 2 können bereits vom Zeitpunkt der Kundmachung dieses Gesetzes an erlassen werden; sie treten jedoch frühestens mit dem Wirksamkeitsbeginn des Gesetzes in Kraft.

(3) Ebenfalls vom Zeitpunkt der Kundmachung dieses Gesetzes an können die Sachverständigenkommission (§ 6) und das Kuratorium des Salzburger Altstadterhaltungsfonds (§ 8) konstituiert werden.

Durchführungsverordnung zum Salzburger Altstadterhaltungsgesetz

Verordnung der Salzburger Landesregierung vom 15. Jänner 1968, LGBl. Nr. 15, mit der nähere Bestimmungen über die Erhaltung der äußeren Gestalt der Bauten in der Altstadt von Salzburg getroffen werden. Auf Grund des § 3 Abs. 2 des Salzburger Altstadterhaltungsgesetzes, LGBl. Nr. 54/1967, wird verordnet:

Geltungsbereich
§ 1

(1) Die Bestimmungen dieser Verordnung gelten in dem nach § 2 des Salzburger Altstadterhaltungsgesetzes festgesetzten Schutzgebiet für Bauten, die für das charakteristische Gepräge des Stadtbildes von Bedeutung sind.

(2) Die Bestimmungen dieser Verordnung finden nach Maßgabe des § 4 des Salzburger Altstadterhaltungsgesetzes als Richtlinien für den Wiederaufbau demolierter Bauten, die Verbauung von Baulücken und sonst unbebauter Grundstücke sowie für die Erneuerung und für Zu- und Umbauten bestehender Bauten im Schutzgebiet (Abs. 1) Anwendung.

Bewilligungspflichtige Baumaßnahmen
§ 2

(1) Im Geltungsbereich dieser Verordnung sind sämtliche Baumaßnahmen, die sich auf die äußere Gestalt des Baues auswirken, bewilligungspflichtig.

(2) Insbesondere unterliegt auch dieser Bewilligungspflicht die äußerlich sichtbare Anbringung von Fernseh- und Rundfunkantennen an den Bauten. Eine derartige Baubewilligung ist zu erteilen, wenn die Anbringung der Fernseh- und Rundfunkantenne auf die äußere Gestalt des Baues den geringstmöglichen Einfluß ausübt.

Gestaltung der Fassaden
§ 3

(1) Fassaden sind in ihrer baulichen Gestaltung zu erhalten oder in einer für das charakteristische Gepräge des Stadtbildes entsprechenden Form zu gestalten. Insbesondere betrifft dies das Hauptgesimse und die Fassadengliederung mit Lisenen, Fensteranordnung, Fensterumrahmungen, horizontalen Faschen im Anschluß an das Hauptgesimse oder an Kordongesimse sowie vorhandenen Unregelmäßigkeiten der Fassadenfläche.

(2) Der Verputz der Fassaden darf nur in einer für das Stadtbild charakteristischen Art erfolgen. Der Verputz ist handwerksgerecht freihändig aufzutragen. Verputzverfahren wie Kratzputz, Verputz mit betonten Abdrücken der Kelle, mit betonten Spuren von mitverriebenen Steinchen, der als „Edelputz" bezeichnete Verputz u. dgl. dürfen nicht angewendet werden.

(3) Fassaden sind so zu färbeln, daß ihre Gliederung in harmonisch aufeinander abgestimmten Farbtönen in Erscheinung tritt. Es dürfen keine Färbelungsmaterialien verwendet werden, die eine glatte oder glänzende Oberflächenwirkung ergeben.

(4) Der Anstrich von Dachrinnen und Ablaufrohren, die an der Fassade angebracht sind und nicht aus Kupfer bestehen, darf nur in einer Farbe erfolgen, die sich harmonisch in die Färbelung der Fassade einfügt.

(5) Fassaden dürfen nur im Erdgeschoß und nur mit Natursteinen bodenständiger Art verkleidet werden. Eine Verkleidung über das Erdgeschoß hinaus ist nur in den Fällen zulässig, in denen eine solche Verkleidung historisch begründet erscheint.

Fenster
§ 4

(1) Fenster in Fassaden, mit Ausnahme solcher im Zusammenhang mit Ladenbauten im Erdgeschoß, müssen in einer dem charakteristischen Gepräge des Stadtbildes, insbesondere der näheren Umgebung des Baues, eigentümlichen Art und Proportion ausgebildet sein.

142

Sie sind in Holzkonstruktion mit echter Scheibenteilung auszuführen.

(2) Der Anstrich der Fenster und deren Vergitterung darf nur in Farben erfolgen, die sich harmonisch in die Färbelung der Fassade einfügen.

Dächer
§ 5

(1) Die Dächer sind in der für das charakteristische Gepräge des Stadtbildes eigentümlichen Form (z. B. Grabendach, Walmdach, Satteldach oder Krüppelwalmdach) zu erhalten.

(2) Für die Eindeckung der Dächer darf nur Blech, Asbestzementschiefer (Rechteckform in Doppeldeckung oder sogenannte „Steinschindeln"), grauer Dachziegel oder Material verwendet werden, das in seiner äußeren Erscheinung diesen Materialien gleichkommt.

(3) Mit Ausnahme von Kupferblech muß die Farbe der Dächer dunkelgrau sein. Blechdächer müssen einen dunkelgrauen Anstrich erhalten.

(4) Dachausbauten, die über das übliche Maß der Dachfenster von nicht bewohnbaren Dachräumen hinausgehen, sind unzulässig.

(5) Bestehende Plattformen auf Dächern, die zum Aufhängen von Wäsche als kleiner Dachgarten oder ähnlichen Zwecken dienen, dürfen nur in Form und Ausmaß ihres Bestandes erhalten werden. Eine Erweiterung solcher Plattformen, insbesondere auch durch massive Aufbauten, Flugdächer u. dgl. sowie die Herstellung neuer derartiger Plattformen ist unzulässig.

Haustore
§ 6

(1) Für das charakteristische Gepräge des Stadtbildes eigentümliche Haustore sind zu erhalten. Insbesondere betrifft dies auch die Erhaltung alter Türdrücker, Glockenzüge, Torbeschläge, Schmiedeeisenzierate u. dgl.

(2) Die Haustore und ihre Umrahmung aus Stein oder Putz dürfen nicht durch Ladenbauten, Schaufenster, Vitrinen u. dgl. überbaut oder teilweise verdeckt werden. Auch in den steinernen oder verputzten Gewänden der Haustore dürfen keine Vitrinen oder ähnliche Einrichtungen angebracht werden.

(3) Bei der Erneuerung von Haustoren sind die Haustorflügel als glatte, gestemmte, aufgedoppelte oder mit Fries und Füllungen versehene Flügel in einer Weise auszubilden, die den für das Stadtbild charakteristischen Haustoren am nächsten kommt; Schmiedeeisengitter an Oberlichten müssen vor der Verglasung angebracht werden.

(4) Der Anstrich der Haustore darf nur in einer Farbe erfolgen, die sich harmonisch in die Färbelung der Fassade einfügt.

(5) Schilder und Aufschriften an den Hauseingängen sind nur in kleinem Format und nur in einer Form und

Art zulässig, die sich harmonisch in das gesamte Bild der Fassade einfügen; insbesondere dürfen solche Schilder nicht aus grellfarbigem Material oder mit bunter Bemalung hergestellt sein.

Ladenbauten
§ 7

(1) Die Um- und Neugestaltung von Ladenbauten in der Art von zurückgesetzten Lauben oder Passagen ist mit Ausnahme von verkehrsbedingten Sonderfällen unzulässig. Öffnungen für Haustore (Portale), Schaufenster und Vitrinen sowie die zwischen ihnen verbleibenden Pfeiler sind nach Form und Größe so anzuordnen, daß der Charakter des Erdgeschosses als ein die darüberliegenden Geschosse tragendes Mauerwerk gewahrt bleibt. Verglasungen von derartigen Pfeilern sind unzulässig.

(2) Verkleidungen von Pfeilern, Sockeln und sonstigen Wandflächen sind in einem Material bodenständiger Art herzustellen. Die Verwendung von blankem oder eloxiertem Metall, poliertem Naturstein, Glas oder Mosaik sowie Kunststoffen ist unzulässig.

Einfriedungen
§ 8

Die Einfriedungen (§ 10 Abs. 1 der Stadtbauordnung für Salzburg) dürfen nach der Lage im Stadtbild nur als verputzte Mauern, handwerklich gefertigte eiserne Gitter oder Holzzäune gestaltet werden.

Anbringung von Ankündigungen zu Reklamezwecken
§ 9

Schilder, Reklameaufschriften, Werbe- und Firmenzeichen an den Fassaden sind nur in einer Form, Art und Größe zulässig, die sich harmonisch in das gesamte Bild der Fassade einfügen. In Fenstern und auf Dächern dürfen Reklameaufschriften, Werbe- und Firmenzeichen nicht angebracht werden.

Vorlage weiterer Beilagen des Baugesuches
§ 10

(1) Unbeschadet der allgemeinen baurechtlichen Vorschriften über die Vorlage von Unterlagen, mit denen das Baugesuch zu belegen ist, sind dem Baugesuch hinsichtlich einer Abänderung oder Neugestaltung der Fassade oder der Vornahme von Ladenbauten eine genaue Darstellung der Gestaltung der Fassade im Maßstab 1:50 einschließlich ihrer Färbelung (Färbelungsplan) sowie die genaue Darstellung der Nachbarbauten mit Angabe der Fassadenfärbelung beizuschließen.

(2) Wenn es die Baubehörde zur Beurteilung der Fassadengestaltung für erforderlich erachtet, sind über ihre Aufforderung noch weitere Detailpläne in dem von ihr verlangten Maßstab vorzulegen.

Salzburger Ortsbildschutzgesetz

Gesetz vom 23. Oktober 1974, LGBl. Nr. 1/1975 zum Schutz des Ortsbildes.
Der Salzburger Landtag hat beschlossen:

I. Abschnitt
Begriff
§ 1

Ortsbild im Sinne dieses Gesetzes ist das allgemein wahrnehmbare und vorwiegend durch Bauten und sonstige bauliche Anlagen geprägte Bild einer Stadt, eines Ortes oder von Teilen hievon.

Aufgabe
§ 2

Die Gemeinden sind verpflichtet, das Ortsbild nach Kräften zu pflegen und es in seinem erhaltungswürdigen, für die örtliche Bautradition charakteristischen Gepräge zu bewahren. Dies gilt für sie insbesondere auch in ihrer Eigenschaft als Träger von Privatrechten.

II. Abschnitt
Grobe Beeinträchtigungen des Ortsbildes
§ 3

(1) Die Behörde hat die Verhinderung und — im Rahmen des wirtschaftlich Zumutbaren — die Abstellung grober Beeinträchtigungen des Ortsbildes zu veranlassen.
(2) Für Bauten und sonstige bauliche Anlagen gilt Abs. 1 nur insoweit, als die Beeinträchtigung in einer Verwahrlosung oder darin besteht, daß die Vollendung der baulichen Maßnahme unangemessen lange Zeit nicht erfolgt.
(3) Auf Anlagen, die im öffentlichen Interesse auf Grund einer nach landesgesetzlichen Vorschriften erteilten Bewilligung bestehen oder für die nur bundesgesetzliche Regelungen in Betracht kommen, findet Abs. 1 keine Anwendung.
(4) Zur Behebung der Beeinträchtigung ist deren Veranlasser verpflichtet. Als solcher gilt auch der Eigentümer (Nutzungsberechtigte) des Grundstückes, wenn er um die Maßnahme gewußt und sie geduldet hat oder wenn er deren Behebung durch die Gemeinde nicht zustimmt. Kann ein Veranlasser nicht ermittelt werden, obliegt die Behebung der Beeinträchtigung der Gemeinde, welcher hieraus ein Anspruch gegen den Veranlasser auf Ersatz des Aufwandes erwächst.

III. Abschnitt
Ankündigungen zu Reklamezwecken
Anzeigepflicht
§ 4

(1) Die Anbringung jeder Art von privaten, im Ortsbild in Erscheinung tretenden Ankündigungen zu Reklamezwecken sowie die nicht nur geringfügige Änderung solcher Ankündigungen ist der Behörde vorher anzuzeigen. Als geringfügig ist eine solche Änderung anzusehen, die die Auswirkung der Ankündigung auf das Ortsbild nicht ändert.
(2) Zur Erstattung der Anzeige ist verpflichtet, wer die Anbringung der Ankündigung unmittelbar veranlaßt. In der Anzeige ist die beabsichtigte Ankündigung anhand von Plänen darzustellen und sind Ort, Größe, Art, Inhalt, Form, Farbgebung, Material und Dauer der Ankündigung anzugeben. Ist der Einschreiter nicht zugleich der über den Anbringungsort Verfügungsberechtigte, so ist dessen Zustimmung nachzuweisen. Bei der Ankündigung von Veranstaltungen mit überwiegend örtlicher Bedeutung genügt die Vorlage des Plakates und die genaue Bezeichnung der Ankündigungsorte.
(3) Die Behörde kann, wenn es zur Beurteilung des Vorhabens erforderlich erscheint, die Vorlage von Schaubildern und Fotos verlangen.

Berechtigung, Untersagung
§ 5

(1) Die Anbringung der Ankündigung oder deren Änderung ist zu untersagen, wenn sie das Ortsbild stören oder verunstalten würde. Erfolgt eine solche Untersagung nicht innerhalb einer Frist von zwei Monaten nach Einlangen der vollständigen Anzeige bei der Behörde, so ist der Einschreiter zur Anbringung der Ankündigung berechtigt. Das gleiche gilt, wenn dem Vorhaben vor Ablauf der Frist von der Gemeinde ausdrücklich zugestimmt wird. Ortsübliche Ankündigungen von Veranstaltungen mit überwiegend örtlicher Bedeutung (Festlichkeiten, Vorträge, Bälle, kleinere Sportveranstaltungen, Kirtage u. dgl.) dürfen bereits ab der Erstattung der Anzeige angebracht werden.
(2) Über Verlangen ist dem Einschreiter eine Bestätigung über die unterbliebene Untersagung und den Wirksamkeitsbeginn der Berechtigung auszustellen.

Ankündigungsanlagen
§ 6

(1) Die Errichtung und die nicht nur geringfügige Änderung von Anlagen, die für die Anbringung wechselnder Ankündigungen gemäß § 4 Abs. 1 bestimmt sind (Plakatwände, Litfaßsäulen u. dgl.) bedarf einer Bewilligung. Als Errichtung gilt auch die Widmung baulicher oder sonstiger Anlagen oder von Teilen hievon für solche Zwecke.
(2) Für das Ansuchen um die Bewilligung gilt § 4 Abs. 2 und 3 sinngemäß.
(3) Die Bewilligung ist zu erteilen, wenn durch die

144

Ankündigungsanlage unter Berücksichtigung der darauf vorzunehmenden Ankündigungen das Ortsbild weder gestört noch verunstaltet wird. Zur Sicherstellung dieses Erfordernisses kann die Bewilligung auch unter Auflagen erteilt werden.

Dauer der Berechtigung
§ 7

(1) Die Berechtigung zur Ankündigung oder zu deren Änderung auf Grund der Nichtuntersagung oder der ausdrücklichen Zustimmung gemäß § 5 sowie die mit der Bewilligung zur Errichtung (Änderung) verbundene Berechtigung zur Verwendung einer Anlage für wechselnde Ankündigungen (§ 6) gilt für die begehrte Zeitdauer, bei Ankündigung eines bestimmten Ereignisses (Veranstaltung u. dgl.) aber bis zu diesem, höchstens jedoch für fünf Jahre ab dem Ablauf der Untersagungsfrist bzw. der Erteilung der Bewilligung.

(2) Der Inhaber der Berechtigung kann vor Ablauf der Berechtigungsdauer um deren Verlängerung ansuchen. Liegen die Voraussetzungen für die Erteilung der Berechtigung vor, so ist die Berechtigung für die begehrte Zeitdauer höchstens aber für fünf Jahre zu verlängern. Bei Ankündigungsanlagen darf das Ansuchen nur abgewiesen werden, wenn die Anlage eine erhebliche Störung oder erhebliche Verunstaltung des Ortsbildes bewirkt. Bei Verlängerung der Berechtigungsdauer können die zur Instandsetzung der Anlage oder Ankündigung dienlichen Auflagen vorgeschrieben werden. Bei Ankündigungen gilt für die Verlängerung der Berechtigungsdauer oder deren Versagung § 5 sinngemäß.

Entfernung von Ankündigungen und Ankündigungsanlagen
§ 8

(1) Ankündigungen, die nicht angezeigt, die untersagt oder die von der Anzeige nicht nur geringfügig abgewichen errichtet wurden, sowie Ankündigungen, hinsichtlich welcher die Berechtigungsdauer abgelaufen ist, sind von demjenigen, der die Ankündigung veranlaßt hat, zu entfernen.

(2) Behördliche Aufträge zur Beseitigung einer Ankündigung können auch an den Eigentümer (Nutzungsberechtigten) des Gegenstandes der Ankündigung oder der betreffenden Liegenschaft gerichtet werden, wenn er um die Ankündigung gewußt und sie geduldet hat oder wenn er deren Beseitigung durch die Gemeinde nicht zustimmt. Kann ein zur Beseitigung Verpflichteter nicht ermittelt werden, obliegt die Entfernung der Ankündigung der Gemeinde, welcher hieraus ein Anspruch gegen den zur Beseitigung Verpflichteten auf Ersatz des Aufwandes erwächst.

(3) In der gleichen Weise sind Ankündigungsanlagen, die ohne Bewilligung oder von einer solchen nicht nur geringfügig abgewichen errichtet wurden, oder Ankündigungsanlagen, hinsichtlich welcher die Berechtigungs-

dauer abgelaufen ist, zu entfernen, soweit sie ausschließlich dem Ankündigungszweck dienen.

Ausnahmen
§ 9

(1) Die vorstehenden Bestimmungen über Ankündigungen finden keine Anwendung auf

1. Ankündigungen auf bewilligten Ankündigungsanlagen während der Berechtigungsdauer nach § 7;

2. ortsübliche Ankündigungen von Veranstaltungen mit überwiegend örtlicher Bedeutung (Festlichkeiten, Vorträge, Bälle, kleinere Sportveranstaltungen, Kirtage u. dgl.), die an Objekten, in denen die Veranstaltungen stattfinden, angebracht werden;

3. die am Standort, der Geschäfts- oder Betriebsstätte angebrachte Bezeichnung dieser, wenn sie das übliche Maß nicht überschreitet, von der gebräuchlichen Form nicht abweicht und nicht als Steckschild ausgebildet ist;

4. die übliche Werbung in Geschäftsauslagen, Schaufenstern und Vitrinen;

5. Ankündigungen (Wahlwerbungen) für Wahlen des Bundespräsidenten, Wahlen zu den allgemeinen Vertretungskörpern und zu den satzungsgebenden Organen (Vertretungskörpern) der gesetzlichen beruflichen Vertretungen zu Wahlzeiten.

(2) Die Bestimmungen über die Beseitigung von Ankündigungen finden auf Ankündigungen gemäß Abs. 1 Z. 2 und 5 jedoch sinngemäß Anwendung.

IV. Abschnitt

Besonderer Ortsbildschutz
Ortsbildschutzgebiet
§ 10

(1) Wo das Ortsbild wegen seines eigenartigen, für die örtliche Bautradition charakteristischen Gepräges besonders erhaltungswürdig ist, gelten die folgenden Bestimmungen.

(2) Die Landesregierung hat nach Anhörung der in Betracht kommenden Gemeinden sowie des Bundesdenkmalamtes durch Verordnung jene Ortsgebiete zu bestimmen (Ortsbildschutzgebiete), für welche die Voraussetzungen des Abs. 1 zutreffen.

Schutz der Bauten
§ 11

(1) Im Ortsbildschutzgebiet haben die Eigentümer von Bauten diese in ihrer äußeren Gestalt und ihrem Ansehen, wozu jedenfalls auch Dachformen, Durchhäuser und Höfe gehören, zu erhalten, soweit dies technisch möglich und wirtschaftlich zumutbar ist. In dem Umfang, in dem es für die Erhaltung der äußeren Gestalt und des Ansehens eines Baues erforderlich ist, erstreckt sich diese Erhaltungspflicht auch auf nicht in Erscheinung tretende Bauteile.

(2) Im Ortsbildschutzgebiet bedarf die Beseitigung sowie die im Ortsbild wahrnehmbare Änderung von Bauten oder Bauteilen einschließlich aller größeren Instandsetzungsmaßnahmen (Fassadenverputz, Fassadenfärbelung, Auswechslung der Fenster u. dgl.) einer Bewilligung. Diese Bewilligung darf unbeschadet der sonstigen hiefür geltenden Vorschriften nur erteilt werden, wenn die beabsichtigte Maßnahme dem Ortsbild nicht abträglich und ihre vollständige Ausführung sichergestellt ist.

(3) Werden zur Wahrung des geschützten Ortsbildes Erhaltungsmaßnahmen für Bauten oder Bauteile notwendig, so hat die Behörde deren Eigentümer entsprechend Abs. 1 die Vornahme unter Setzung einer angemessenen Frist aufzutragen.

Neubauten
§ 12

Beim Wiederaufbau demolierter Bauten sowie bei der Verbauung von Baulücken und sonst unbebauter Grundstücke sind die Bebauungsgrundlagen so festzulegen und ist den Bauten eine solche äußere Gestalt und ein solches Ansehen zu geben, daß sich die Bauten dem charakteristischen Gepräge des geschützten Ortsbildes nach den Grundsätzen der §§ 10 und 11 harmonisch einfügen. Im baubehördlichen Verfahren sind die hiefür erforderlichen Bedingungen und Auflagen vorzuschreiben.

Liegenschaften mit Stockwerkseigentum
§ 13

(1) Betreffen bauliche Maßnahmen, die im öffentlichen Interesse der Erhaltung des Ortsbildes liegen, Liegenschaften, an denen Eigentum nach materiellen Anteilen (Stockwerkseigentum) besteht, so ist die Liegenschaft so zu behandeln, als wären die in Betracht kommenden Stockwerkseigentümer mit der Maßgabe Liegenschaftsmiteigentümer im Sinne des § 361 ABGB, daß sich der Miteigentumsanteil nach dem Verhältnis richtet, das für die allen Stockwerkseigentümern gemeinsamen Teile der Liegenschaft zutrifft. Hiebei sind solche baulichen Maßnahmen jedenfalls als Maßnahmen anzusehen, die der Erhaltung oder besseren Benützung der Liegenschaft im Sinne des § 834 ABGB dienen.

(2) Ob eine bauliche Maßnahme im öffentlichen Interesse der Erhaltung des Ortsbildes gelegen ist, hat die Baubehörde ohne Rücksicht darauf, ob die bauliche Maßnahme der ordnungsgemäßen Erhaltung des Baues dient, auf Antrag festzustellen.

Beschränkungen für andere Anlagen und Grundflächen; Ankündigungen im Ortsbildschutzgebiet
§ 14

(1) Im Ortsbildschutzgebiet gelegene öffentliche Flächen (Verkehrsflächen, insbesondere auch Durchhäuser, Parks u. dgl.) sowie sonstige Grundflächen und Anlagen dürfen nur so umgestaltet und verwendet werden, daß hiedurch das geschützte Ortsbild weder beeinträchtigt noch seine Wahrnehmbarkeit erheblich vermindert wird. Dies gilt nicht für Anlagen, für deren Gestaltung nur bundesgesetzliche Regelungen in Betracht kommen.

(2) Die Behörde hat über Antrag festzustellen, ob eine geplante Umgestaltung oder Verwendung das geschützte Ortsbild beeinträchtigen oder seine Wahrnehmbarkeit erheblich vermindern würde.

(3) Im Falle unzulässiger Umgestaltung oder Verwendung ist der Veranlasser zur Wiederherstellung des früheren Zustandes im erforderlichen Ausmaß zu verhalten. Dies gilt auch für den Eigentümer (Nutzungsberechtigten) des Gegenstandes oder der betreffenden Liegenschaft, wenn er um die Umgestaltung oder Verwendung gewußt und diese geduldet hat oder wenn er der Wiederherstellung durch die Gemeinde nicht zustimmt. Kann ein hiezu Verpflichteter nicht ermittelt werden, obliegt die Wiederherstellung der Gemeinde, welcher hieraus ein Anspruch gegen den Verpflichteten auf Ersatz des Aufwandes erwächst.

(4) Die Anbringung sowie die nicht nur geringfügige Änderung von Ankündigungen gemäß § 4 im Ortsbildschutzgebiet bedarf einer behördlichen Bewilligung. Im übrigen gelten hiefür die Bestimmungen des III. Abschnittes mit der Maßgabe sinngemäß, daß die Bewilligung nur erteilt werden darf, wenn durch die Maßnahme das geschützte Ortsbild weder beeinträchtigt noch seine Wahrnehmbarkeit erheblich vermindert wird. Dies gilt auch bei der Erteilung einer Bewilligung für Ankündigungsanlagen gemäß § 6.

Ortsbildbesichtigung
§ 15

(1) Die Gemeinde hat in höchstens dreijährigen Abständen eine Besichtigung des Ortsbildschutzgebietes durchzuführen. Diese Besichtigung hat die Prüfung der Freiheit des Ortsbildes von unzulässigen Beeinträchtigungen, seiner unverletzten Erhaltung und bei Bauten auch deren Erhaltungszustandes im Umfang des § 11 Abs. 1 zum Gegenstand.

(2) Die Ortsbildbesichtigung darf von niemandem behindert werden. Sie ist unter tunlichster Schonung und unter Vermeidung jeder unnötigen Belästigung durchzuführen. Eine vorherige Verständigung der über Gegenstände der Ortsbildbesichtigung Verfügungsberechtigten verpflichtet diese zur erforderlichen Mitwirkung.

Evidenz des Baubestandes
§ 16

(1) Über die im Ortsbildschutzgebiet gelegenen Bauten hat die Gemeinde eine Evidenz des Baubestandes anzulegen und zu führen.

(2) Die Evidenz besteht aus der Kartei, der Aktensammlung und dem Planoperat.

(3) Die Kartei ist nach örtlichen Gesichtspunkten (Stra-

ßenzüge, fortlaufende Orientierungsnummer u. dgl.) geordnet anzulegen und hat für jeden im Ortsbildschutzgebiet gelegenen Bau zumindest folgende Merkmale zu enthalten: Evidenzzahl des Baues, Straßenbezeichnung, Orientierungsnummer, Hausnamen, Katastralgemeinde, Grundbuchseinlage der Liegenschaft und Anführung der zu dieser im Ortsbildschutzbereich gehörigen Bauflächen und Grundstücke, Angabe ob und hinsichtlich welcher Teile der Bau unter Denkmalschutz steht.

(4) Die für jeden Bau anzulegende Aktensammlung hat alle den Ortsbildschutz berührenden wichtigen behördlichen Verfügungen und Entscheidungen, ferner einen Lageplan, aus dem die Situation und Umgebung des Baues ersichtlich ist, zu umfassen. Die auf Grund landesgesetzlicher Bestimmungen erlassenen einschlägigen Bescheide sind der die Evidenz führenden Stelle zu übermitteln.

(5) Das Planoperat besteht aus den Katasterplanunterlagen (Katastermappenblätter möglichst im Maßstab 1:1000 und Feldskizzen) über das gesamte Ortsbildschutzgebiet und den Fassadenplänen, die Straßenzüge oder Teile hievon darstellen, soweit solche Pläne ausgearbeitet und der Gemeinde erreichbar sind. Diese Unterlagen sind nach Möglichkeit von der Gemeinde laufend zu ergänzen.

(6) Zur Anlegung der Evidenz ist den Organen und Beauftragten der Gemeinden die erforderliche Bestandaufnahme unentgeltlich zu gestatten und im nötigen Umfang hieran mitzuwirken.

Sachverständigenkommission
§ 17

(1) Zur Beratung der Behörde bei der Vollziehung der Bestimmungen dieses Abschnittes wird bei der Bezirksverwaltungsbehörde eine Sachverständigenkommission eingerichtet.

(2) Die Sachverständigenkommission besteht aus fünf Mitgliedern, die vom Leiter der Bezirksverwaltungsbehörde zu bestellen sind. Als Vorsitzender der Sachverständigenkommission und als dessen Stellvertreter für den Fall der Verhinderung ist tunlichst ein bautechnischer Sachverständiger dieser Behörde zu berufen, als Beisitzer ein Vertreter des Bundesdenkmalamtes sowie drei Fachleute. Der Vertreter des Bundesdenkmalamtes wird von diesem und einer der Fachleute von der in Betracht kommenden Gemeinde namhaft gemacht. Für jeden Beisitzer ist für Fälle seiner Verhinderung auf die gleiche Weise ein Ersatzmann zu bestellen. Die nicht amtlichen Mitglieder und Ersatzmänner haben bei ihrer Bestellung dem Leiter der Bezirksverwaltungsbehörde das Gelöbnis strengster Unparteilichkeit und gewissenhafter Erfüllung der mit dem Amt verbundenen Pflichten zu geloben. Auch auf diese Sachverständigen finden die Bestimmungen des § 7 Abs. 1 Z. 1 bis 4 AVG 1950 sinngemäß Anwendung. Die Be-

stellung der Beisitzer und Ersatzmänner hat jeweils — unbeschadet der Möglichkeit einer früheren Abberufung — auf die Dauer von fünf Jahren zu erfolgen. Ihre Tätigkeit ist ehrenamtlich auszuüben.

(3) Die Geschäfte der Sachverständigenkommission hat die Bezirksverwaltungsbehörde zu besorgen.

(4) Die Sachverständigenkommission wird zu ihren Sitzungen vom Vorsitzenden einberufen und ist beschlußfähig, wenn nach ordnungsgemäßer Einberufung an der Sitzung außer diesem oder dessen Stellvertreter wenigstens zwei weitere Mitglieder der Kommission anwesend sind. Für die Beschlußfassung entscheidet die Stimmenmehrheit, wobei bei Stimmengleichheit die Stimme des Vorsitzenden, der zuletzt abstimmt, den Ausschlag gibt.

(5) Die Sachverständigenkommission kann ihren Sitzungen auch weitere Fachleute mit beratender Stimme beiziehen.

Aufgaben der Sachverständigenkommission
§ 18

(1) Vor der Erlassung eines Bescheides in Vollziehung der Bestimmungen dieses Gesetzesabschnittes hat die Behörde ein Gutachten der Sachverständigenkommission einzuholen. Das gleiche gilt bei der Erlassung von Verordnungen zur Festlegung von Bebauungsgrundlagen. Die Sachverständigenkommission ist weiters der Ortsbildbesichtigung beizuziehen und zur Beurteilung der Frage, ob und durch welche Maßnahmen Mehrkosten (§ 21 Abs. 1) verursacht werden und ob die Voraussetzungen für die freie Förderung (§§ 22 und 24) zutreffen, zu hören. Die Sachverständigenkommission kann aber auch selbsttätig mit Gutachten und Vorschlägen in Angelegenheiten der freien Förderung an die Behörde herantreten.

(2) Bescheide, die unter Außerachtlassung der Vorschrift des Abs. 1 erlassen werden, leiden an einem mit Nichtigkeit bedrohten Fehler (§ 68 Abs. 4 lit. d AVG 1950). Die Aufhebung solcher Bescheide kann, wenn es sich um im eigenen Wirkungsbereich der Gemeinde erlassene Bescheide handelt, auch durch die Aufsichtsbehörde in Ausübung des Aufsichtsrechtes erfolgen.

Förderung
§ 19

Für Erhaltungsmaßnahmen an Bauten im Ortsbildschutzgebiet, die in Übereinstimmung mit den Zielsetzungen des Ortsbildschutzes erfolgen, kommt eine Förderung nach Maßgabe der nachstehenden Bestimmungen in Betracht.

Art und Umfang der Förderung
§ 20

(1) Die Förderung wird auf Grund Rechtsanspruches oder als freie Förderung von der Gemeinde gewährt.

(2) Die Förderung kann unter Bedachtnahme auf ihre

Zweckmäßigkeit und auf die Leistungsfähigkeit der Gemeinde in der Gewährung eines Baukostenzuschusses, in der Übernahme von Zinsen oder Annuitäten von Darlehen oder in der Gewährung von Zuschüssen hiezu bestehen. Auf die Art der Förderung besteht kein Rechtsanspruch.

(3) Nach Maßgabe der verfügbaren Mittel kann ein Baukostenzuschuß in jährlichen, zehn nicht übersteigenden Raten flüssig gemacht werden. Die Fälligkeit der einzelnen Raten tritt jeweils am 1. April des in Betracht kommenden Kalenderjahres ein.

(4) Die Förderung darf nur dann gewährt werden, wenn unter Einbeziehung der Förderung vom Liegenschaftseigentümer die Mittel für die gesamte Baumaßnahme sichergestellt sind.

(5) Die Förderung von baulichen Maßnahmen, die auf einen Auftrag gemäß § 11 Abs. 3 dieses Gesetzes oder einen Auftrag zu § 20 Abs. 4 des Baupolizeigesetzes, LGBl. Nr. 117/1973, zurückgehen, ist vor anderen Förderungsfällen zu behandeln. Die Fälligkeit der Förderung bezüglich anderer baulicher Maßnahmen kann nach Maßgabe der Leistungsfähigkeit auf einen Zeitpunkt innerhalb von sieben Jahren ab Einlangen des Förderungsantrages (§ 23 Abs. 1 und 2) festgesetzt werden.

(6) Von einer Förderung ausgeschlossen sind bauliche Maßnahmen an Liegenschaften, die im Eigentume von Rechtsträgern stehen, deren Gebarung der Überprüfung durch den Rechnungshof unterliegt.

Förderung auf Grund Rechtsanspruches
§ 21

Der Liegenschaftseigentümer hat gegenüber der Gemeinde einen Rechtsanspruch auf Abgeltung jener ihm erwachsenden Mehrkosten, die sich aus den gemäß § 11 im ausschließlichen oder überwiegenden öffentlichen Interesse an der Erhaltung des geschützten Ortsbildes erforderlichen baulichen Maßnahmen ergeben; als solche Mehrkosten sind Kosten zu verstehen, die über die Kosten für die ordnungsgemäße Erhaltung des Baues hinausgehen und die bei Anwendung der allgemeinen baurechtlichen Vorschriften nicht erwachsen würden.

Freie Förderung
§ 22

(1) Die Gemeinde kann die Erhaltung von Bauten, welche für das charakteristische Gepräge des geschützten Ortsbildes von Bedeutung sind, über den Umfang des § 21 hinaus fördern.

(2) Einer Erhaltung gemäß Abs. 1 sind solche Maßnahmen gleichgestellt, die Beeinträchtigungen beheben, die durch frühere Umgestaltungen von Bauten für das geschützte Ortsbild, die äußere Gestalt oder das Ansehen des Baues oder dessen sonstigen baulichen Bestand eingetreten sind.

(3) Die freie Förderung soll in erster Linie Maßnahmen erfassen, die auf das geschützte Ortsbild unmittelbare Auswirkungen haben, sodann bei anderen Maßnahmen vorerst solche, die der Herstellung oder Erhaltung der Übereinstimmung zwischen der äußeren Gestalt sowie dem äußeren Ansehen und dem sonstigen baulichen Bestand dienen. Weiters soll darauf Bedacht genommen werden, daß eine möglichst umfassende Sanierung ermöglicht und ein Zustand erreicht wird, der für die künftige Erhaltung des Baues insbesondere in seiner für das geschützte Ortsbild maßgebenden Erscheinung Gewähr bietet. Eine im Einzelfall gegebene wirtschaftliche Unmöglichkeit, die Erhaltungsmaßnahme ohne freie Förderung vorzunehmen, kann bei deren Gewährung berücksichtigt werden.

(4) Voraussetzung für die freie Förderung ist, wenn nicht besondere Hindernisse hiefür bestehen, daß der Förderungswerber die auf Grund anderer Regelungen offenstehenden Förderungsmöglichkeiten ausschöpft.

Verfahren
§ 23

(1) Eine Förderung darf nur über Antrag des Liegenschaftseigentümers (Förderungswerbers) gewährt werden.

(2) Dem Antrag sind alle zur Beurteilung und Überprüfung der zu fördernden Maßnahme erforderlichen Unterlagen anzuschließen, insbesondere der der baulichen Maßnahme zugrundeliegende baubehördliche Bescheid, soferne eine Förderung gemäß § 21 begehrt wird, ein Sachverständigengutachten hinsichtlich des Vorliegens von Mehrkosten, eine gegliederte Darstellung (Kostenberechnung) der zur Ausführung der Maßnahme notwendigen Gesamtkosten und der Finanzierungsplan.

(3) Ist eine Förderung gemäß § 21 zu gewähren, so hat die Gemeinde durch Bescheid die Höhe und die Art der Förderung sowie allenfalls die Flüssigmachung in Raten (§ 20 Abs. 2 und 3) und den Zeitpunkt der Fälligkeit der Förderung (§ 20 Abs. 5) festzusetzen. Sind die Voraussetzungen für eine Förderung nicht gegeben, so ist, wenn nicht für die Maßnahme eine freie Förderung gemäß Abs. 5 angeboten und angenommen wird, durch Bescheid der Antrag des Förderungswerbers abzuweisen.

(4) Steht dem Grunde nach fest, daß bei einem Bauvorhaben Mehrkosten im Sinne des § 21 vorliegen, so kann die Gemeinde auf Grund einer derartigen in einem Sachverständigengutachten getroffenen grundsätzlichen Feststellung dem Förderungswerber eine bestimmte, angemessen erscheinende Höhe und Art der Förderung unter Angabe des Zeitpunktes der Fälligkeit schriftlich anbieten. Nimmt der Förderungswerber das Angebot an, so wird durch die Erbringung der angebotenen Leistung der Anspruch gemäß § 21 abgegolten; diesfalls entfällt die Erlassung eines Bescheides

gemäß Abs. 3. Nimmt jedoch der Förderungswerber das Angebot nicht an, so ist das zur Erlassung eines Bescheides gemäß Abs. 3 erforderliche Ermittlungsverfahren hinsichtlich der Feststellung des Rechtsanspruches auf Erbringung einer Förderungsleistung dem Grunde und der Höhe nach durchzuführen.

(5) Für die Gewährung einer freien Förderung gilt Abs. 4 sinngemäß mit der Maßgabe, daß vor dem Förderungsangebot über das Vorhaben ein Gutachten der Sachverständigenkommission gemäß § 17 darüber einzuholen ist, ob und worin das Vorhaben den mit der freien Förderung gemäß § 22 verbundenen Interessen entspricht, und mit der Maßgabe, daß die Erlassung eines Bescheides nicht in Betracht kommt. Mit dem Angebot der freien Förderung ist gegebenen Falles auch das Angebot gemäß Abs. 4 so zu verbinden, daß nur eine einheitliche Förderungsleistung ausgewiesen wird. Das Angebot hat die geförderten Maßnahmen zu bezeichnen; es kann auch — dies vor allem unter Zugrundelegung des Gutachtens der Sachverständigenkommission — Bedingungen, Befristungen und Auflagen im Sinne der genannten Interessen enthalten, welche der Förderungswerber bei Annahme der Förderung unter Beachtung der baurechtlichen Vorschriften zu erfüllen hat. Wird das Angebot nicht angenommen, so ist hinsichtlich der allenfalls geltend gemachten Mehrkosten das Verfahren zu Erlassung eines Bescheides gemäß Abs. 3 durchzuführen; daneben kann jedoch für die sonstigen förderbaren Kosten dem Förderungswerber neuerlich eine freie Förderung in der dargestellten Weise angeboten werden.

(6) Bescheide gemäß § 21, Angebote gemäß Abs. 4 und 5 und Zusicherungen gemäß § 24 sind dem Land in einer Ausfertigung zuzustellen. Von Erklärungen des Förderungswerbers zu Angeboten und Zusicherungen ist dem Land durch die Gemeinde unverzüglich Mitteilung zu machen.

Zusicherung einer freien Förderung
§ 24

(1) Der Liegenschaftseigentümer kann vor dem Ansuchen um baubehördliche Bewilligung für geplante Maßnahmen die Zusicherung einer freien Förderung durch die Gemeinde begehren.

(2) Einer solchen Zusicherung hat eine — erforderlichen Falles mit einer Besichtigung an Ort und Stelle zu verbindende — Beratung voranzugehen, zu der die Baubehörde I. Instanz und die Sachverständigenkommission gemäß § 17 beizuziehen sind. Zweck dieser Beratung ist es, einerseits das Vorhaben so zu gestalten, daß den mit der Förderung verbundenen Interessen in bestmöglicher Weise gedient wird und andererseits dem Förderungswerber jene Maßnahmen zu bezeichnen, für welche bei entsprechend zügiger Verfolgung eine freie Förderung erwartet werden kann. Eine Zuziehung der Sachverständigenkommission kann dann unterbleiben, wenn der Förderungswerber bereits ein auf Grund eines Gutachtens der Sachverständigenkommission erstelltes Sanierungsprojekt vorlegt.

(3) Das Ergebnis dieser Beratungen ist festzuhalten. Wenn hienach eine freie Förderung in Betracht kommt, ist dem Förderungswerber dieses Ergebnis unter Beschreibung des gesamten Vorhabens und der einzelnen geförderten Maßnahmen, der Art des Umfanges der zu erwartenden freien Förderung sowie der Zeit, für welche diese Festlegungen gelten können, von der Gemeinde schriftlich bekanntzugeben (Zusicherung).

(4) Wird unter Vorlage der erstellten entsprechenden Unterlagen unter Berufung auf die gegebene Zusicherung der Antrag auf Gewährung der freien Förderung gestellt, so ist diesem nach Maßgabe der Zusicherung zu entsprechen.

Landesbeitrag
§ 25

(1) Der Gemeinde sind vom Land 40 v. H. der von ihr gemäß § 20 Abs. 1 aufgewendeten Förderungsmittel zu ersetzen (Landesbeitrag). Bei Gemeinden, deren finanzielle Leistungskraft durch die Förderungen überschritten wird, erhöht sich dieser Satz auf 50 v. H. Der Zeitraum, für welchen dies jeweils zu gelten hat, ist über Antrag der Gemeinde von der Landesregierung durch Bescheid auszusprechen.

(2) Eine Verpflichtung zur Beitragsleistung besteht nicht, wenn das Land
a) bei einer Förderung gemäß § 21 vor der Erlassung des Bescheides nicht gehört wurde;
b) bei einer Förderung gemäß § 22 vor Stellung des Angebotes (§ 23 Abs. 4 und 5) oder Abgabe der Zusicherung (§ 24) hiezu nicht seine ausdrückliche Zustimmung erklärt hat.

(3) Gemäß § 26 rückerstattete Förderungsleistungen sind in dem im Abs. 1 bestimmten Verhältnis dem Land weiterzugeben.

Pflichten des Förderungswerbers
§ 26

(1) Im Falle der Gewährung einer Förderung ist der Förderungswerber verpflichtet, die geförderte Maßnahme entsprechend der Anordnung oder Bewilligung der Baubehörde auszuführen und die Förderung bestimmungsgemäß zu verwenden.

(2) Bei Nichterfüllung dieser Verpflichtung hat der Förderungswerber bereits empfangene Förderungsmittel über Aufforderung der Gemeinde innerhalb einer angemessen bestimmten Frist der Gemeinde zurückzuzahlen beziehungsweise die Gemeinde für alle erbrachten oder zu erbringenden Leistungen schadlos zu halten. Eine weitere Förderung ist einzustellen.

(3) Die im Zusammenhang mit einer Förderung stehenden Eingaben und Amtshandlungen sind von der Entrichtung von Landes- und Gemeindeverwaltungs-

abgaben befreit. Der Förderungswerber hat die mit der Inanspruchnahme der Förderung verbundenen Kosten und Gebühren zu tragen. Er ist verpflichtet, über Aufforderung der Gemeinde über die Verwendung der Förderungsmittel Rechnung zu legen.

V. Abschnitt
Behörden und Strafen
Behörden
§ 27

(1) Für die Zuständigkeit zur behördlichen Vollziehung dieses Gesetzes gelten, soferne nichts Besonderes bestimmt ist, die allgemeinen baurechtlichen Bestimmungen sinngemäß.

(2) Angelegenheiten, deren Besorgung der Gemeinde obliegt, fallen in den eigenen Wirkungsbereich der Gemeinde.

Strafbestimmungen
§ 28

(1) Wer

a) entgegen der Bestimmung des § 11 Abs. 2 Bauten oder Bauteile ändert,

b) ohne Berechtigung Ankündigungen oder Ankündigungsanlagen anbringt oder abändert oder solche entgegen bestehender Verpflichtung nicht beseitigt, gegen die Bestimmungen des § 14 Umgestaltungen vornimmt oder zuläßt, die Ortsbildbesichtigung (§ 15 Abs. 2) oder die Arbeiten zur Anlegung der Evidenz des Baubestandes (§ 16 Abs. 6) behindert, oder den auf Grund dieses Gesetzes ergangenen Bescheiden und Anordnungen zuwiderhandelt,

begeht eine Verwaltungsübertretung und ist hiefür unbeschadet sonstiger Folgen (behördlicher Auftrag, Vollstreckung, Schadenersatz u. dgl.) von der Bezirksverwaltungsbehörde im Falle der lit. a mit Geldstrafe bis zu 100.000 S oder Arrest bis zu drei Monaten, im Falle der lit. b mit Geldstrafe bis zu 10.000 S oder Arrest bis zu zwei Wochen zu bestrafen. Bei besonders erschwerenden Umständen können Geld- und Arreststrafe nebeneinander verhängt werden. Als erschwerender Umstand ist es insbesondere anzusehen, wenn eine verschuldete Beeinträchtigung des Ortsbildes nicht mehr voll behoben werden kann.

(2) Ankündigungen sowie Ankündigungsanlagen, die den Gegenstand einer Verwaltungsübertretung bilden, können für verfallen erklärt werden.

VI. Abschnitt
Anwendungsbereich, Wirksamkeitsbeginn und
Übergangsbestimmungen
Anwendungsbereich
§ 29

(1) Die Bestimmungen des III. Abschnittes gelten, soweit sie sich auf die Anbringung von Ankündigungen zu Reklamezwecken an Bauten beziehen, nicht im jeweiligen Anwendungsbereich des Salzburger Altstadterhaltungsgesetzes, LGBl. Nr. 54/1967.

(2) Die Bestimmungen des IV. Abschnittes gelten nicht im Gebiet der Landeshauptstadt Salzburg.

Wirksamkeitsbeginn und
Übergangsbestimmungen
§ 30

(1) Dieses Gesetz tritt mit dem Beginn des zweiten, seiner Kundmachung folgenden Monats in Kraft.

(2) Mit diesem Zeitpunkt verlieren ihre Wirksamkeit:

a) das Salzburger Naturschutzgesetz, LGBl. Nr. 67/1929, soweit es gemäß § 37 Abs. 3 des Salzburger Naturschutzgesetzes 1957, LGBl. Nr. 72 noch gilt:

b) §§ 5, 7, 12 und 13 der Ersten Baupolizeiverordnung für die Landeshauptstadt Salzburg, VuABl. Nr. 44/1941. § 3 gilt mit der Maßgabe, daß das Wort „Landschaftsbildes" durch das Wort „Ortsbildes" ersetzt wird, und daß Übertretungen der erlassenen Anordnungen nach § 28 Abs. 1 lit. b dieses Gesetzes strafbar sind.

(3) Für bestehende, zulässig angebrachte Ankündigungen und Ankündigungsanlagen im Sinne des III. Abschnittes dieses Gesetzes gilt die Berechtigung zur Anbringung als im Zeitpunkt des Inkrafttretens dieses Gesetzes erteilt. Festgesetzte Berechtigungsfristen, aus denen sich ein früherer Ablauf der Berechtigung ergibt, als dies nach dem ersten Satz der Fall wäre, bleiben aufrecht.

Schmidinger

Dr. Lechner   Dr. Katschthaler

Literatur

ALLGEMEIN

Beckel, Lothar	Im Flug über Salzburg, Otto Müller Verlag, Salzburg 1975
Beckel, Lothar	Im Flug über Österreich, Otto Müller Verlag, Salzburg 1973
Jellicoe, Geoffry/Susan	The Landscape of Man, Thames and Hudson, London 1975
Krippendorf, Jost	Die Landschaftsfresser, Hallwag Verlag, Bern/Stuttgart, 2. Auflage 1975
Mattern, Hermann	Gras darf nicht mehr wachsen, Ullstein Bauwelt Fundamente 13, 1964
Seefelder, Erich	Salzburg und seine Landschaft, Verlag Das Bergland-Buch, Salzburg/Stuttgart 1961
Seifert, Alwin	Im Zeitalter des Lebendigen, Müllersche Verlagshandlung, Planegg vor München, 2. Auflage, 1942
Seifert, Alwin	Ein Leben für die Landschaft, Eugen Diederichs Verlag, Düsseldorf/Köln 1962
Wächtler, Fritz (Hrg.)	Die neue Heimat (Vom Werden der nationalsozialistischen Kulturlandschaft), Deutscher Volksverlag, München 1940
Wormbs, Brigitte	Über den Umgang mit Natur — Landschaft zwischen Illusion und Ideal, Hanser Verlag, München 1976

ARCHITEKTUR, STÄDTEBAU, SIEDLUNGSWESEN

Bentmann, Reinhard/ Müller, Michael	Die Villa als Herrschaftsarchitektur, edition suhrkamp, Frankfurt/Main 1970
Böckler, Erich	Landschaftsgemäß bauen? Verlag Georg D. W. Callwey, München 1942
Greiderer, Sebastian	Haus und Hof im Salzburgischen, Österreichischer Bundesverlag, Wien 1925
Hoffmann, Alfred	Geschichte der deutschen Gartenkunst, Bd. III: Der Landschaftsgarten, Hamburg 1963
Klaar, Adalbert	Die Siedlungsformen von Salzburg, Verlag S. Hirzel, Leipzig 1939
Koepf, Hans	Stadtbaukunst in Österreich, Residenz Verlag, Salzburg 1972
Petsch, Joachim	Baukunst und Stadtplanung im Dritten Reich, Hanser Verlag, München 1976
Rainer, Roland	Lebensgerechte Außenräume, Verlag für Architektur: Artemis Verlag, Zürich 1972
Rainer, Roland	Die Welt als Garten, Akademische Druck- und Verlagsanstalt, Graz 1976
Rossi, Aldo	Die Architektur der Stadt, Bauwelt Fundamente 41, Bertelsmann Fachverlag, Düsseldorf 1973
Sedlmayr, Hans	Stadt ohne Landschaft, Otto Müller Verlag, Salzburg 1970
Troost, Gerdy	Das Bauen im Neuen Reich, Gauverlag Bayerische Ostmark, Bayreuth 1938
Venturi, Robert	Complexity and Contradiction in Architecture, The Museum of Modern Art, New York 1966

KUNST, KUNSTGESCHICHTE

Bayrische Akademie der Schönen Künste (Hrg.)	Mensch und Landschaft im Technischen Zeitalter, München 1966
Carus, Carl Gustav	Friedrich der Landschaftsmaler, Dresden 1841, Neudruck 1944 Berlin
Carus, Carl Gustav	Neun Briefe über Landschaftsmalerei, Villingen o. J.
Clark, Kenneth	Landscape into Art, London 1949
Frecot/Geist/Kerbs	Fidus 1868—1948, zur ästhetischen Praxis bürgerlicher Fluchtbewegungen, Prestel Verlag, München 1972
Fuhrmann, Franz	Salzburg in alten Ansichten — Die Stadt (aus der Reihe: Österreich in alten Ansichten), Residenz Verlag, Salzburg 1963
Gerstenberg, Kurt	Die ideale Landschaftsmalerei, ihre Begründung und Vollendung in Rom, Halle 1923
Hinz, Berthold	Die Malerei im deutschen Faschismus, Kunstwissenschaftliche Untersuchungen des Ulmer Vereins für Kunstwissenschaften III, Wien/München 1974
Hofmann, Werner (Hrg.)	Caspar David Friedrich und die deutsche Nachwelt, Frankfurt/Main 1974
Kataloge	Die Alpen, Malerei und Graphik aus 7 Jahrhunderten, Residenzgalerie Salzburg, 1960
	Caspar David Friedrich 1774—1840, Zyklus „Kunst um 1800", Hamburger Kunsthalle 1974
	Turner und die Landschaftsmalerei seiner Zeit, Zyklus „Kunst um 1800", Hamburger Kunsthalle 1976
Pötschner, Peter	Genesis der Wiener Biedermeierlandschaft, Wiener Schriften, Heft 19, Wien 1964
Ritter, Jochen	Landschaft — Zur Funktion des Ästhetischen in der modernen Gesellschaft, Schriften der Gesellschaft zur Förderung der westfälischen Wilhelms-Universität zu Münster, Heft 54, Münster/W. 1962
Sager, Paul	Neue Formen des Realismus, Kunst zwischen Illusion und Wirklichkeit, München 1974
Schneider, N.	Natur und Religiösität in der deutschen Frühromantik. Zu Caspar David Friedrichs „Tetschener Altar" in: Kritische Berichte, Mitteilungsorgan des Ulmer Vereins für Kunstwissenschaft, 1974
Schult, HA.	Die Welt, in der wir atmen, Präsentation des Schleswig-Holsteinischen Kunstvereins, Kunsthalle Kiel 1974
Schwarz, Heinrich	Salzburg und das Salzkammergut, Schroll Verlag, Wien 1926 (1936/1958)
Sedlmayr, Hans	Verlust der Mitte, Otto Müller Verlag, Salzburg 1948
Turner, A. Richard	The vision of landscape in Renaissance Italy, Princeton 1966
Wedewer, Rolf	Zum Landschaftstypus Gerhard Richters, in: Pantheon XXXIII/1, 1975, p. 41 ff.

LITERATUR, PHILOSOPHIE, SPRACHWISSENSCHAFT etc.

Adorno, Theodor W.	Ästhetische Theorie, Suhrkamp Verlag, Frankfurt/Main 1970
Barthes, Roland	Mythen des Alltags, Suhrkamp Verlag, Frankfurt/Main 1964

Bloch, Ernst — Verfremdungen II (Geographica), in: Literarische Aufsätze, Suhrkamp Verlag, Frankfurt/Main 1965

Borchardt, Rudolf — Der Deutsche in der Landschaft, München 1925

Enzensberger, Hans Magnus — Einzelheiten, Suhrkamp Verlag, Frankfurt/Main 1962

Grebe, P. — Der semantisch-syntaktische Hof unserer Wörter, in: Wirkendes Wort 16, 1966, S. 391—394

Gruenter, Rainer — Landschaft — Bemerkungen zur Wort- und Bedeutungsgeschichte, in: Germanisch-romanische Monatsschrift, Neue Folge 3, 34, 1953, S. 110—120

Hard, Gerhard — Die Diffusion der „Idee der Landschaft". Präliminarien zu einer Geschichte der Landschaftsgeographie, in: Erdkunde 23, 1969, S. 149—264

Hard, Gerhard — „Dunstige Klarheit". Zu Goethes Beschreibung der italienischen Landschaft, in: Die Erde 100, 1969, S. 138—154

Hard, Gerhard — „Kosmos" und „Landschaft", in: H. Pfeiffer (Hrsg.): Alexander von Humboldt. Werk und Weltgeltung, München 1969, S. 133—177

Hard, Gerhard — Die „Landschaft" der Sprache und die „Landschaft" der Geographen. Semantische und forschungslogische Studien zu einigen zentralen Denkfiguren in der deutschen geographischen Literatur, Bonn 1970 (Colloquium Geographicum, Bd. 11)

Hard, Gerhard — „Landschaft" — Folgerungen aus einigen Ergebnissen einer semantischen Analyse, in: Landschaft und Stadt 3, 1972, S. 77—89

Hauser, Arnold — Sozialgeschichte der Kunst und Literatur, Beck Verlag, München 1953

Heisenberg, Werner — Das Naturbild der heutigen Physik, Rowohlt Verlag, Reinbek 1955

Hörmann, H. — Psychologie der Sprache, Berlin 1967

Lorenz, Konrad — Die acht Todsünden der zivilisierten Menschheit, Piper Verlag, München 1973

Martinet, A. — Connotations, poésie et culture, in: To honor Roman Jakobson 2, Den Haag und Paris 1967, S. 1288—1294

Mauthner, Fritz — Wörterbuch der Philosophie, 2 Bde., München und Leipzig 1910

Paffen, Karlheinz (Hrg.) — Das Wesen der Landschaft, Wissenschaftliche Buchgesellschaft, Darmstadt 1973

Ritter, Alexander (Hrg.) — Landschaft und Raum in der Erzählkunst, Wissenschaftliche Buchgesellschaft, Darmstadt 1975

Schmidt, Arno — Sitara und der Weg dorthin, Stahlberg Verlag, Karlsruhe 1963

Temming, Rolf L. — Entdecker, Forscher, Weltenbummler, Frankfurt/Main 1974

Thoreau, Henry D. — Walden, Diogenes Verlag, Zürich 1971

Topitsch, Ernst — Sprachlogische Probleme der sozialwissenschaftlichen Theoriebildung, in: E. Topitsch (Hrg.): Logik der Sozialwissenschaften, Köln und Berlin, 2. Aufl. 1965, S. 18—34

Topitsch, Ernst — Phylogenetische und emotionale Grundlagen menschlicher Weltauffassung, in: W. E. Mühlmann u. E. W. Müller (Hrsg.): Kulturanthropologie, Köln und Berlin 1966, S. 50—79

Ullmann, G. — Sprache und Wahrnehmung, Frankfurt/Main und New York 1975

Die Autoren

FRIEDRICH ACHLEITNER wurde 1930 in Schalchen, Oberösterreich, geboren und studierte Architektur an der Akademie der bildenden Künste in Wien. Seit 1958 war er freier Schriftsteller und Mitglied der „Wiener Gruppe" — zuletzt publizierte er seinen „quadratroman", 1973 — und lebt heute in Wien als Professor für „Geschichte der Baukonstruktion" an der Akademie der bildenden Künste und Lehrbeauftragter für „Baukunst" sowie „Architektur und Umwelt" an der Hochschule für angewandte Kunst. Achleitner arbeitet an einem umfangreichen Führer zur österreichischen Architektur des 20. Jahrhunderts, der 1978 im Residenz Verlag erscheint.

OTHMAR BARTH, geboren 1927 in Brixen, studierte Architektur in Graz und Rom und leitet seit 1955 ein Architektur- und Urbanistikbüro in Brixen. Er ist Gründungsmitglied und 1. Vorsitzender des Arbeitskreises für Umweltgestaltung in Südtirol, war 1971—1975 Lehrbeauftragter an der Technischen Fakultät der Universität Innsbruck und ist dort seit 1975 ordentlicher Universitätsprofessor am Institut für Raumgestaltung und Entwerfen, Bauten für Tourismus, Kirchen- und Gemeindezentren, Industrie, Unterricht; Planungen für Stadtentwicklung, Sanierungen, Wohnquartiere u. ä.

LUCIUS BURCKHARDT, Dr. phil., geboren 1925 in Basel, Soziologe, war Dozent an der Hochschule für Gestaltung in Ulm, dann Lehrbeauftragter für Soziologie und Inhaber einer Gastdozentur an der Architekturabteilung der ETH Zürich. Eine Reihe von Jahren redigierte er die Schweizerische Zeitschrift „Werk". Burckhardt ist seit 1974 Professor an der Gesamthochschule Kassel. Der Deutsche Werkbund wählte ihn kürzlich zu seinem Ersten Vorsitzenden.

FRANZ FUHRMANN, Dr. phil., geboren 1916 in Zell am See, studierte in Wien Kunstgeschichte, Geschichte und Musikwissenschaft. Nach jahrelangem Museumsdienst ist er seit 1969 Ordinarius für Kunstgeschichte an der Universität Salzburg. Seine Veröffentlichungen beschäftigen sich vorwiegend mit Themen zur Kunst Salzburgs. Er leitet die Reihe „Österreich in alten Ansichten" des Residenz Verlages, die er mit dem ersten Band „Salzburg — Die Stadt" eröffnet hat.

ADELHEID GLIEDNER wurde 1950 in Merzig (Saarland) geboren, studierte seit 1969 an der Pädagogischen Hochschule Rheinland (Abteilung Bonn) Pädagogik, Psychologie, Soziologie sowie Didaktik der Geographie, Mathematik und bildende Kunst, legte Staats- und Diplomprüfung ab und ist jetzt an derselben Hochschule als Wissenschaftliche Hilfskraft und Doktorandin tätig. Veröffentlichungen zur Inhaltsanalyse von Erdkunde-Schulbüchern.

GERHARD HARD, geboren 1934 in Ensdorf (Saarland), studierte Geographie, Germanistik und Botanik in Saarbrücken, Freiburg im Breisgau und Bonn, wurde 1969 an der Universität Bonn für Geographie habilitiert und ist jetzt ordentlicher Professor für Geographie an der Universität Osnabrück. Er veröffentlichte vor allem Arbeiten über vegetationsgeographische, sprachgeographische und wissenschaftstheoretische Themen; Bücher: „Kalktriften", 1964; „Zur Mundartgeographie", 1966; „Die *Landschaft* der Sprache und die *Landschaft* der Geographen", 1970; „Die Geographie", 1973; „Brachflächen in der Landschaft" (zusammen mit E. Bierhals und W. Nohl), 1976.

JOSEF KRAMMER, Dr. rer. pol., wurde 1945 in Osterwitz (Steiermark) geboren. Nach einer landwirtschaftlichen Fachausbildung studierte er an der Universität Wien Politikwissenschaft und Soziologie. Zur Zeit ist er Assistent am Institut für Höhere Studien in Wien und arbeitet an einer wissenschaftlichen Analyse über das österreichische Agrarsystem. Publikationen u. a.: „Landwirtschaft und Kapitalismus in Österreich" (gemeinsam mit G. Scheer), 1975; „Zur Arbeits- und Lebenssituation der Bauern in Österreich" (gemeinsam mit G. Scheer), 1976; „Analyse einer Ausbeutung I, Geschichte der Bauern in Österreich", 1977; „Analyse einer Ausbeutung II, Das Bewußtsein der Bauern in Österreich", 1977.

MAX PEINTNER, geboren 1937 in Hall, Tirol. Halbes Bauingenieurstudium an der TH Wien, Architekturstudium an der Akademie der bildenden Künste in Wien. Lebt in Wien, seit 1969 als freier Zeichner. Einzelausstellungen in München, Wien, Düsseldorf und Innsbruck, Beteiligung u. a. an „14 mal 14", Baden-Baden 1972, und der „Documenta 6", 1977. Buchveröffentlichungen: „Otto Wagner" (mit Heinz Geretsegger; Residenz Verlag), 1964 und 1976; „Ewigkeit im Tagbau", 1977.

REINHARD PRIESSNITZ, geboren 1945 in Wien. Lyrik, Prosa und essayistische Beiträge in zahlreichen in- und ausländischen Anthologien, Zeitschriften und Magazinen; Vorworte und Katalogtexte. 1968—1974 Redakteur beim „Neuen Forum".

BRUNO REICHLIN, geboren 1941, aufgewachsen in Bellinzona, Dipl.-Arch. 1961—1967 Studium an der ETH Zürich, 1969—1970 Assistent von Prof. Giovanni Klaus Koenig für Semiotik an der Universität Florenz.

Seit 1970 Atelier in Lugano, gemeinsam mit Fabio Reinhart. 1972—1974 Assistent von Professor Aldo Rossi an der ETH Zürich. Seit 1972 auch Mitarbeiter am Institut für Geschichte und Theorie der Architektur. Semiotische Forschung über das Werk von Le Corbusier, Zeitschriften-Artikel in verschiedenen Sprachen, meist gemeinsam mit Fabio Reinhart. Bauten: Haus Tonini, 1972—1974, Haus Sartori, 1975—1977, und Restaurierungen im Valle Maggia.

GÜNTER SCHEER, Dr. rer. pol., wurde 1948 in Wien geboren. Er studierte Wirtschaftswissenschaften an der Universität Wien und Politikwissenschaften am Institut für Höhere Studien, Wien. Derzeit ist er Assistent am Institut für Höhere Studien und arbeitet an einer wissenschaftlichen Studie über die ökonomischen, politischen und sozialen Probleme im österreichischen Agrarsektor. Publikationen u. a.: „Landwirtschaft und Kapitalismus in Österreich" (gemeinsam mit J. Krammer), 1975; „Zur Arbeits- und Lebenssituation der Bauern in Österreich" (gemeinsam mit J. Krammer), 1976.

DIETMAR STEINER, geboren 1951 in Wels, Oberösterreich. Unvollendetes Architekturstudium an der Akademie der bildenden Künste, Wien (Prof. Plischke, Prof. Peichl). Mitarbeiter von Friedrich Achleitner (Österreich-Architekturführer, Forschungsstudie über Wohnbau). Verschiedene Arbeiten zu Theorie und Kritik der Architektur u. a.: „Experimentelle Architektur in Österreich", 1976; „Inselarchitektur", 1977.

MARTIN STEINMANN, geboren 1942, aufgewachsen in Rapperswil, Dipl.-Arch. 1961—1967 Studium an der ETH Zürich. 1968—1970 Assistent von Prof. Adolf Max Vogt für Architekturgeschichte an der ETH Zürich, seit 1968 auch Mitarbeiter am Institut für Geschichte und Theorie der Architektur, Leiter des CIAM-Archivs (Congrès Internationaux d'Architecture Moderne), Forschung über die CIAM. Mitarbeiter der Zeitschrift „Archithèse", Zeitschriften-Artikel in verschiedenen Sprachen. Bücher: „Neuere Architektur im Tessin" (gemeinsam mit Tamas Boga), 1975; „Imaginäres Zürich" (gemeinsam mit Martin Fröhlich), 1975.

RENATE TRNEK, geb. Borchers, Dr. phil., geboren 1949 in München. Seit 1968 Studium der Kunstgeschichte und Islamwissenschaften in München; ab 1970 der Kunstgeschichte und Archäologie in Wien; hier 1975 Promotion. Seitdem wissenschaftliche Mitarbeiterin an der Gemäldegalerie der Akademie der bildenden Künste in Wien. Beschäftigung mit museums-pädagogischen Fragen, Bearbeitung der Ausstellung „Landschaftsmalerei 1500 bis 1900" aus Beständen der Gemäldegalerie im Bundesrealgymnasium Grieskirchen 1976. In diesem Zusammenhang auch Untersuchungen zum Thema „Landschaft" in der bildenden Kunst.

GUNTHER WAWRIK, geboren 1930 in Salzburg. Realschule und einjährige Baupraxis in Salzburg. Architekturstudium an der Technischen Hochschule Wien. Internationale Sommerakademie bei Konrad Wachsmann. Seit 1961 Architekturbüro in Wien (mit H. Puchhammer). 1969 Präsentation beim U.I.A.-Kongreß in Buenos Aires. Städtebauliche Wettbewerbe und Projekte.

Bildnachweis

(Wenn keine Angaben gemacht sind, stammt das Material von den Verfassern oder den betreffenden Künstlern.)

Seite 8: Josef Dapra, Salzburg. — Seite 24: Foto Meyer, Wien. — Seite 46: Aus: „Walter Pichler", Residenz Verlag, Salzburg 1973. — Seite 60: Dapra. — Seite 66: Friedrich Achleitner, Wien. — Seite 67: 1. Aus: Rob Krier, „Notizen am Rande", Abakonverlag, Berlin 1975; 2. Aus: Dieter Hennebo, Alfred Hoffmann, „Geschichte der deutschen Gartenkunst", Band I: Gärten des Mittelalters, Broschek Verlag Hamburg, 1962. — Seite 68: Aus: Corpus Palladianum, Camillo Semenzato „La Rotonda", Centro Internazionale di Studi di Architettura „Andrea Palladio" Vicenza, o. J. — Seite 69: Aus: Peter Weninger, „Niederösterreich in alten Ansichten", Residenz Verlag, Salzburg 1975. — Seite 71: 2. Schuhmann, Wien. — Seite 72: 1. Aus: Gerda Wangerin, Gerhard Weiss, „Heinrich Tessenow", 1876 bis 1950, Verlag Richard Bacht GmbH, Essen 1976. — Seite 74: 1. Dapra; 2. Achleitner. — Seite 75: Magistrat der Stadt Salzburg. — Seite 76: Aus: „Lois Welzenbacher", Residenz Verlag, Salzburg 1968. — Seite 77: Archiv Plischke. — Seite 78: Magistrat der Stadt Salzburg. — Seite 81: 2. Oskar Anrather, Salzburg. — Seite 82: Salzburger Museum Carolino Augusteum. —

Seite 90: Aus: Adalbert Klaar, „Die Siedlungsformen von Salzburg", Verlag S. Hirzel, Leipzig 1939. — Seite 91: 1. Klaar, „Die Siedlungsformen von Salzburg"; 2. Lothar Beckel, Bad Ischl. — Seite 92, 93: Klaar, „Die Siedlungsformen von Salzburg". — Seite 94: Lothar Beckel, Bad Ischl. — Seite 95: Aus: Hans Koepf, „Die Stadtbaukunst in Österreich", Residenz Verlag, Salzburg 1972. — Seite 96: 1. Lothar Beckel, Bad Ischl; 2. Koepf, „Stadtbaukunst in Österreich"; 3. Klaar, „Die Siedlungsformen von Salzburg". — Seite 100: 1. Dapra; 2. Dapra. — Seite 102: 1. Achleitner; 2. Aus: Otto Antonia Graf, „Die vergessene Wagnerschule", Verlag für Jugend und Volk, Wien 1969. — Seite 103: 1. Achleitner; 2. Dapra. — Seite 104: 1. Dapra; 2. Dapra; 3. Steiner. — Seite 105: 1. Dapra; 2. Achleitner. — Seite 106: 1. Achleitner; 2. Achleitner; 3. F. Wolfsbauer, Badgastein. — Seite 107: F. Wolfsbauer, Badgastein. — Seite 108: Achleitner. — Seite 109: Achleitner. — Seite 110: Dapra. — Seite 115: 1. Dapra; 2. Alfons Dworsky, Wien. — Seite 116: Achleitner. — Seite 117: 1. Aus: Lothar Beckel, „Flug über Salzburg", Otto Müller Verlag, Salzburg; 2. Dapra. — Seite 118: Dapra. — Seite 119: Dapra. — Seite 126: Aus: „R. Hradil", Residenz Verlag, Salzburg 1975. — Seite 129: Dapra. — Seite 134: Dapra.